imaginist

想象另一种可能

理
想
国
imaginist

漫长的余生

一个北魏宫女和她的时代

罗新 著

北京日报出版社

目 录

引言：慈庆之死 ………………………… 001

1 家在悬瓠 ………………………… 015
2 天有二日 ………………………… 023
3 淮北入魏 ………………………… 030
4 淮西惊变 ………………………… 038
5 北魏奚官 ………………………… 047
6 青齐女子 ………………………… 055
7 宫女人生 ………………………… 064
8 斛律昭仪 ………………………… 072
9 文明太后 ………………………… 079
10 子贵母死 ………………………… 089
11 祖孙政治 ………………………… 100
12 文昭高氏 ………………………… 111
13 冯家有女 ………………………… 120

14	夺宫废储	127
15	元恂之死	139
16	悬瓠长夏	150
17	大冯梦破	162
18	投迹四禅	176
19	宣武皇帝	193
20	晖光戚里	214
21	帝舅之尊	234
22	皇子不昌	253
23	胡嫔充华	265
24	高肇之死	280
25	灵后胡氏	296

余音：时间休止 313
后 记 321

引言：慈庆之死

北魏正光五年（524）孝明帝元诩十五六岁，已在位十年。南方则是梁普通五年，梁武帝萧衍在位的第二十三年，虽已六十一岁，那时却没有人会知道，他还将继续在位二十五年。这一年前后，从政治史来看，萧梁平平淡淡，没发生特大事件，显得没什么可记。这意味着社会安定，政治平稳。北魏就全然不同了，在长达百年的上升期和繁荣期之后，从西部秦陇和北边六镇开始，本来构成王朝统治基层力量的城民、镇民暴起反抗，拉开了随后长时间全国性大规模政治动荡的序幕。后人读史到此，不禁悬心，但当时无人可见后人之所见，底层社会与遥远边地的强烈震荡，经僵化官僚体制的一层层过滤，传到洛阳朝廷时已大大衰减，至多如月光之下天渊池上的涟漪微澜。

漫长的余生

  这一年的五月七日（524年6月23日），八十六岁的老尼慈庆在洛阳昭仪寺去世了，用佛教徒的说法，就是"迁神"了[1]。她虽早已出家，却一直住在宫里，直到这年四月三日（524年5月21日）"忽遘时疹，出居外寺"，可能感染了某种季节性流行病，按规矩要迁出皇宫，所以搬到宫外的昭仪寺。据《洛阳伽蓝记》，昭仪寺位于"东阳门内一里御道南"[2]。洛阳城的内城东城墙开有三座门，自北而南依次为建春门、东阳门和青阳门。东阳门向西直通铜驼街的大道便是"御道"，昭仪寺即在御道南侧。《洛阳伽蓝记》说该寺是"阉官等所立也"，寺以昭仪为名，可见该寺最初是宦官（也许还有宫女们）为某位昭仪而立，当然，这位昭仪未必是做了比丘尼，也许仅仅是因虔敬佛门而立此愿心。

---

1 中古僧尼以死亡为迁神，如梁宝唱《比丘尼传》卷一《司州令宗尼传》："交言未竟，奄忽迁神。"见王孺童《比丘尼传校注》，中华书局，2006年，第33页。梁慧皎《高僧传》卷七《宋京师东安寺释慧严传》载宋文帝之言"奄尔迁神，痛悼于怀"，见汤用彤校注、汤一玄整理本，中华书局，1992年，第263页。唐道宣《续高僧传》用例更多，兹不赘。墨香阁藏东魏女尼曹道洪墓志，记道洪之死亦称"以魏武定元年十一月一日迁神"，见叶炜、刘秀峰主编《墨香阁藏北朝墓志》，上海古籍出版社，2016年，第54—55页。
2 杨衒之：《洛阳伽蓝记》卷一，据范祥雍《洛阳伽蓝记校注》，上海古籍出版社，1978年，第54—55页。

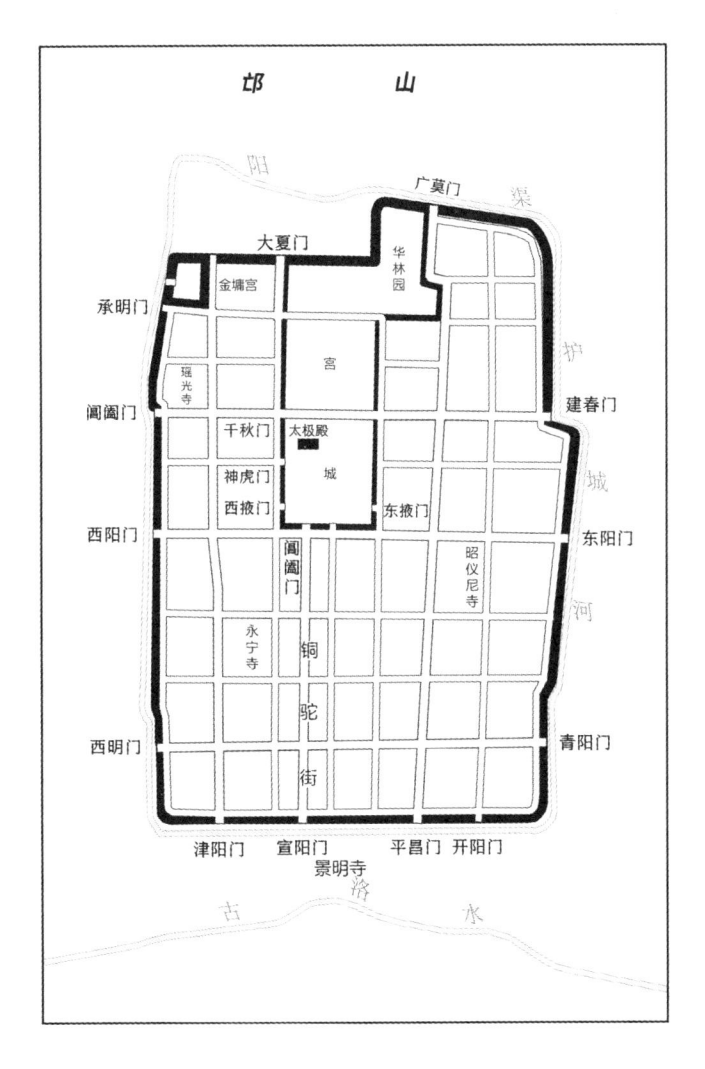

北魏洛阳城示意图（参照《中国史稿地图集》、钱国祥《北魏洛阳宫城的空间格局复原研究》等研究，冯博文制图）

北魏迁都洛阳以后，被废或失势的后妃有不少出家为尼的，无论是否自愿，比起佛教传入之前同样情形的那些宫廷女性，比丘尼的身份使她们能获得某种程度的自由和新生，至少能保持某种相对独立的社群生活。洛阳西城墙的阊阖门内，直对宫城千秋门的御道以北，有著名的瑶光尼寺，便是专为这些特殊身份的出家人准备的，如孝文废皇后冯氏、宣武皇后高氏和孝明皇后胡氏。据《洛阳伽蓝记》，瑶光寺有"尼房五百余间"，装饰极盛，"椒房嫔御学道之所，掖庭美人并在其中"，可见不只是出家人，宫中尊贵女性也来这里学道礼佛。这些当然意味着财富支持。具备同样经济能力的，是高门贵族之家的年轻女性，"亦有名族处女，性爱道场，落发辞亲，来仪此寺"。在洛阳复杂的社会网络中，瑶光寺自有一种贯通皇宫内外、连接上下僧俗的独特性。

可是老尼慈庆并不在瑶光寺出家，她出家后一直居住禁中，直到病逝之前。宫里有佛寺，大概是为了方便某些出家女性仍可在宫里事佛。但出家人终究身份特殊，跟她们出家前在宫里的制度规定比起来，多少有了些人身自由，宫墙不再是绝对的人生边界。若有一定的财力支持，她们可以在宫外立寺，可借以来往宫禁内外，因与宫里的寺庙相对，故称外寺。宫内寺庙虽不见于文献记录，但从外寺之称可知有一种对应的内寺。昭仪寺便是这样一所外寺，宏大豪侈不及瑶光，勾连内外

引言：慈庆之死

串接僧俗的功能则并无二致。[1]

据《洛阳伽蓝记》，昭仪寺塑像有一佛二菩萨，"塑工精绝，京师所无也"。这三尊艺术水平极高的塑像每年都会参加佛诞日（四月八日）的"行像"活动。平城时期四月八日行像已极为隆重，成为重大节庆。《魏书·释老志》说太武帝初即位时继续前两位皇帝的崇佛政策，"于四月八日，舆诸佛像，行于广衢，帝亲御门楼，临观散花，以致礼敬"[2]。这一庆典是从南亚和中亚传到中土的，《法显传》和《大唐西域记》都有相关记录。在经济水平大有提高的洛阳时期，行像庆典之盛大更是远超从前。这一天盛饰佛像，载以车辇，周行城市内外，受万众礼拜瞻仰，伴以五花八门的伎乐表演，极其热闹。

《北史·外戚传》记胡太后的父亲胡国珍"年虽笃老，而雅敬佛法"，勉力参与佛诞日的行像。在老尼慈庆因病迁出皇宫的六年前，即神龟元年的佛诞日庆典中，胡国珍以八十高龄参与了行像活动。首先，他在行像前一天，即四月七日（518年5月2日），从家里出发，把自己出资铸造的佛像送到洛阳内城西城墙的阊阖门（自北而南的第二座城门）。他跟在佛像

---

[1] 比丘尼的这种独特自由也见于南朝，所以《宋书》说"诸寺尼出入宫掖，交关妃后"，见《宋书》卷九七《夷蛮传》，中华书局点校本（修订本），2018年，第2619页。
[2] 《魏书》卷一一四《释老志》，中华书局点校本（修订本），2017年，第3294页。

漫长的余生

后面，全程步行，所谓"步从所建佛像，发第至阊阖门四五里"。八日这天，他"又立观像"，就是站立着观看行像大典（很可能是站在阊阖宫门的门楼上），站了一整天，"晚乃肯坐"。如此一番劳顿，终于病倒了，"劳热增甚，因遂寝疾"。虽然胡太后"亲侍药膳"，终究风烛残年，四天后，即四月十二日（518年5月7日）病逝。[1]《魏书》说他"时事斋洁，自强礼拜"，

---

1 《北史》卷八〇《外戚传》，中华书局点校本，1974年，第2688页。

引言：慈庆之死

年老体弱之时仍然依礼在佛像前跪拜。[1] 由胡国珍的故事，可见当时行像狂热之一斑。

《洛阳伽蓝记》说洛阳各寺的上千躯佛像都要在前一天（四月七日）先送到城南的景明寺，次日巡游入城。昭仪寺的三尊塑像因其美观绝伦，送入景明寺时，景明寺要抬出自己的三尊佛像来迎接，这叫以像迎像。到了第二天的正日子，千尊大像车载辇举，以次排列，从洛阳城的正南门宣阳门入城，经南北向的铜驼街来到阊阖宫门前，皇帝站在宫门楼上向下散花。

> 于时金花映日，宝盖浮云，幡幢若林，香烟似雾。梵乐法音，聒动天地，百戏腾骧，所在骈比。名僧德众，负锡为群，信徒法侣，持花成薮。车骑填咽，繁衍相倾。[2]

慈庆四月三日发病，至迟一两天后已转入昭仪寺。四月七日昭仪寺的一佛二菩萨三像送往景明寺时，寺中众尼都不会置身事外，慈庆虽在病中也必知晓。次日全城行像，欢声震天，慈庆也是听得见的。只是这时她病情转剧，不见得能留意这件盛事。昭仪寺有水池，据说就是西晋石崇绿珠楼下那个水

---

[1] 《魏书》卷八三下《外戚传下》，第 1982 页。
[2] 范祥雍：《洛阳伽蓝记校注》，第 132—133 页。

池。寺内佛堂前有"酒树面木",大概就是棕榈树,在那时的洛阳算是珍奇树种。不过水池也好,奇树也好,慈庆都已无从欣赏了。

当慈庆病情转重时,孝明帝元诩来到昭仪寺探视,时在四月二十七日(524年6月14日)。"车驾躬临省视,自旦达暮,亲监药剂",孝明帝在这里停留了整整一天,看着别人为慈庆熬药救治,反映出孝明帝对这位老保母的深厚感情。如果考虑到这个时期胡太后被元叉、刘腾等软禁在宣光殿已近五年,孝明帝如此表达对慈庆的感情,当别有深意。据说慈庆弥留之际,还不忘给孝明帝留话,涉及为国家治理献计献策,所谓"逮于大渐,余气将绝,犹献遗言,以赞政道"。这当然并不说明慈庆多么关怀国家大事,但多少能说明她对自己抚养长大的孝明帝的感情。

五月七日下午后半晌(晡时),慈庆在昭仪寺"迁神"。第二天皇帝手敕表哀,并指示后事细节,给慈庆追赠女尼的最高官职比丘尼统。丧事由宦官中给事中王绍监护,"赠物一千五百段"。皇帝"乃命史臣作铭志之",女尼哀荣,莫此为甚。墓志还特意载录孝明帝手敕,以显慈庆哀荣之高。这一年六月十八日(524年8月3日),慈庆葬于北邙山。一应花费是由宫里另外支出呢,还是从"赠物一千五百段"折算,还不是很

引言：慈庆之死

清楚。[1]

孝明帝"乃命史臣作铭志之"，就是由朝廷专职写作的官员来为慈庆撰写墓志铭，此人即中书舍人常景。常景是北魏宣武、孝明时期比较重要的笔杆子，洛阳的宫殿门阁及街巷里邑之名，就是他和刘芳一起制定的。胡太后很欣赏他，请他写了永宁寺碑。魏收在《魏书》里为他立传，收入他的诗文多篇，显然是看重这位前辈的，而且对他的评价相当高，甚至超过了那时名气更大的袁翻和祖莹。《洛阳伽蓝记》说常景"敏学博通，知名海内"，虽然后来官位不低，却一直"居室贫俭，事等农家，唯有经史，盈车满架"。《魏书》说他"清俭自守，不营产业"，以至于迁都邺城时，要不是高欢特批给他四辆牛车，他一家人还走不了。他奉命为慈庆写的墓志，至少以文学水平论在当时是第一流的。

常景所撰墓志刻于志石，随慈庆尸骨长埋北邙山的黄土之下，所谓"百年同谢西山日，千秋万古北邙尘"（唐刘希夷诗句）。这篇文字即使收入常景文集，随着他的文集在唐代失传，墓志文自然再也无人知晓。不过地不爱宝，这方墓志到

---

[1] 据吴丽娱研究，唐朝对官贵人物的赗赠主要是对死者家庭的补偿，官费营葬的支出与赗赠无关，见所著《终极之典——中古丧葬制度研究》，中华书局，2012年，第573—580页。北朝很可能也是如此。

20世纪20年代竟重见天日了（当然意味着慈庆墓被一再盗掘过）。据郭玉堂记录："（慈庆墓志）民国十二年阴历三月，洛阳城东山岭头村东南五里小冢内出土。志石厚三寸。"[1] 知墓志出土于1923年4月中旬至5月中旬之间。[2] 拓片流传，北图购得一份，收入赵万里《汉魏南北朝墓志集释》。[3] 正是这方墓志把湮没于岁月深处的慈庆推送到我们面前。[4]

如果没有常景这篇墓志，慈庆八十六年的人生早如轻烟一般散入虚空，随她长灭的还有许多具有历史节点意义的事件与事实。幸亏有墓志，我们得以一窥那遥远的往昔。

根据墓志，慈庆生于北魏太武帝太延五年（宋文帝元嘉十六年，439），她出家的时间是北魏孝文帝太和二十年或二十一年（496或497），出家之前是北魏皇宫里的一名宫女，俗家姓名是王钟儿。在成为平城皇宫的一个宫女之前，王钟儿生长于南朝刘宋的中下层官僚家庭，嫁给同样社会等级的夫

---

[1] 郭玉堂：《洛阳出土石刻时地记》，1941年复刻本，气贺泽保规编著"明治大学东洋史资料丛刊"第2号影印，2002年，第35页。
[2] 这方墓志的志石由罗振玉收藏，抗战胜利后苏军占据旅顺时，志石被击碎，仅余两小块残石。见罗继祖《枫窗三录》，大连出版社，2000年，第316页。
[3] 赵万里：《汉魏南北朝墓志集释》卷五及图版二三九，科学出版社，1956年。
[4] 近年颇见以慈庆（王钟儿）墓志为底本而伪造的墓志，请参看宫万松《北魏墓志"变脸"案例——北魏比丘尼统清莲墓志识伪》，《中原文物》2016年第1期，第84—86页。

家,后因南北战争,被掳掠到北方,沦为卑贱的、命如蝼蚁的奚官奴婢,送入平城宫做宫女。那一年王钟儿三十岁,对她来说,人生发生了惊天巨变,正常的生命轨迹骤然休止,剩下的便是暗黑无边的余生。可是谁想得到,她在北魏皇宫竟生活了长达五十六年。

这真是漫长的余生。

接下来我们看看,王钟儿/慈庆是如何一步步走过这漫长的余生。

附墓志全文[1]

魏故比丘尼统慈庆墓志铭

尼俗姓王氏，字钟儿，太原祁人，宕渠太守虔象之女也。禀气淑真，资神休烈，理怀贞粹，志识宽远。故温敏之度，发自韶华；而柔顺之规，迈于成德矣。年廿有四，适故豫州主簿行南顿太守恒农杨兴宗。谐襟外族，执礼中馈，女功之事既缉，妇则之仪惟允。于时宗父坦之出宰长社，率家从职，爰寓豫州。值玄瓠镇将汝南人常珍奇据城反叛，以应外寇。王师致讨，掠没奚官。遂为恭宗景穆皇帝昭仪斛律氏躬所养恤。共文昭皇太后有若同生。太和中固求出家，即居紫禁。尼之素行，爰谐上下，秉是纯心，弥贯终始。由是忍辱精进，德尚法流，仁和恭懿，行冠椒列。侍护先帝于弱立之辰，保卫圣躬于载诞之日。虽劬劳密勿，未尝懈其心；力衰年暮，莫敢辞其事。寔亦直道之所依归，慈诚之所感结也。正光五年，尼之春秋八十有六，四月三日，忽遘时疹，出居外寺。其月廿七日，车驾躬临省视，自旦

---

[1] 赵超：《汉魏南北朝墓志汇编》（修订本），中华书局，2021年，第195—197页。

引言：慈庆之死

达暮，亲监药剂。逮于大渐，余气将绝，犹献遗言，以赞政道。五月庚戌朔七日丙辰，迁神于昭仪寺。皇上伤悼，乃垂手诏曰："尼历奉五朝，崇重三帝，英名耆老，法门宿齿。并复东华兆建之日，朕躬诞育之初，每被恩敕，委付侍守。昨以晡时，忽致殒逝。朕躬悲悼，用惕于怀。可给葬具，一依别敕。"中给事中王绍鉴督丧事，赠物一千五百段。又追赠比丘尼统。以十八日窆于洛阳北芒之山。乃命史臣作铭志之。其词曰：

道性虽寂，淳气未离，冲凝异揆，缁素同规。于昭淑敏，寔粹光仪，如云出岫，若月临池。契阔家艰，屯亶世故，信命安时，初暌末遇。孤影易彰，穷昏难曙，投迹四禅，邀诚六渡。直心既亮，练行斯敦，洞窥非想，玄照无言。往荷眷渥，兹负隆恩，空嗟落晷，徒勖告存。停銮不久，徂舟无舍，气阻安般，神疲旦夜。延伫翠仪，淹留銮驾，灭彩还机，夷襟从化。悲缠四众，悼结两宫，哀数加厚，窆礼增崇。泉幽网景，陇首栖风，扬名述始，勒石追终。

征虏将军中散大夫领中书舍人常景文，李宁民书。

1　家在悬瓠

墓志说慈庆"俗姓王氏，字钟儿，太原祁人，宕渠太守虔象之女也"。北朝墓志记女性的"字"（以及北族人物的所谓"小字"），其实都是本名。王钟儿生于南朝刘宋文帝元嘉十六年（北魏太武帝太延五年，439），可惜我们不知道她家本来住在刘宋境内何处。墓志虽说她是太原郡祁县人，但只是郡望，郡望在那时主要用于表明自己的姓族来历。即使王钟儿的父祖的确出于汉晋名族太原王氏，经永嘉之乱及随后的百年动荡，南迁北人早已定居南方各地，很多还经历了"土断"，算是南方州郡本地人了。墓志说王钟儿的父亲王虔象担任过宕渠太守。刘宋梁州本有宕渠郡，后又立南宕渠郡，元嘉十六年此南宕渠割度益州，故梁、益二州均有宕渠郡，不知王虔象是在哪个州任职。

墓志用常见的赞美文辞来描述出嫁之前的王钟儿："禀气淑真，资神休烈，理怀贞粹，志识宽远。"当然都是套话，墓志作者不了解实际情况，或即使了解也必须只说好话，写这种放之四海而皆准的空话，因为墓志写作的格套要求在志主人生的每一个阶段给予评价。评价也分为两个部分，第一部分就是这样抽象的德行概括，然后是这些德行的外部表现："故温敏之度，发自韶华；而柔顺之规，迈于成德矣。"说王钟儿年少便温敏有度，柔顺不逾规矩，超过了一般的成年人。

接下来就进入王钟儿人生的另一个阶段——离开父母，嫁入夫家："年廿有四，适故豫州主簿行南顿太守恒农杨兴宗。"王钟儿二十四岁出嫁，算是晚婚，那时女性婚龄大概以十三至十五岁最为常见[1]。王钟儿的晚婚必有特殊原因，当然也许这并不是她的第一次婚姻，可惜已无从知悉。她的丈夫杨兴宗，郡望恒农，即弘农（因北魏献文帝名弘，故避讳改弘农为恒农）。弘农杨氏更是汉晋第一流高门，当然杨兴宗家是不是攀附就难说了，和王钟儿家自称太原王氏一样。杨兴宗的官职"豫州主

---

[1] 关于中古早期的婚龄，请参看薛瑞泽《魏晋南北朝婚龄考》，载《许昌师专学报》1993年第2期，第21—27页。此文的主要论点与考证，收入薛瑞泽《嬗变中的婚姻——魏晋南北朝婚姻形态研究》，三秦出版社，2000年，第109—124页。还可参看谢宝富《北朝婚丧礼俗研究》，首都师范大学出版社，1998年，第1—4页。

簿行南顿太守",应该是他生前最后的职位,即他以豫州主簿的身份临时代理了豫州所领的南顿郡太守的职务。王钟儿的父亲官至郡太守,她的丈夫(年轻时)为州主簿,可见两家为同一阶层,算得上门当户对,大概都属晋宋社会中的"次门",也就是"低等士族"[1]。

墓志对婚后女性的描写有自己固定的套路,反映那时的女性理想或伦理要求。墓志说王钟儿"谐襟外族,执礼中馈",就是社会伦理对一个年轻媳妇的要求:谨慎处理内外亲族的各种关系,履行包括手工劳动在内的各项家庭职责。因此,王钟儿在夫家"女功之事既缉,妇则之仪惟允",就是不仅家务劳动做得好,各方面也表现出堪为楷模的女性品德。所谓"谀墓"之辞,男女有别,官民有别,上下有别,老少有别,道俗有别,华夷有别,针对志主无不各尽谀美之极致。这些看似虚美无实、空洞艳俗的谀辞,其实饱含着时代内容,后人可借以观察那时的规范和理想,而在一个礼法纠缠的社会,规范和理想又意味着荣辱明暗的巨大黑洞。

王钟儿婚后自然住到夫家,而她的丈夫杨兴宗那时家住

---

[1] 低等士族、低级士族或次等士族,是中古史的经典话题,论者如云,兹不赘列。祝总斌先生指出,制度上晋代士族只有高低两个层级,见《刘裕门第考》,原载《北京大学学报》1982年第1期,收入祝先生的论文集《材不材斋史学丛稿》,中华书局,2009年,第313—325页。

汝南。墓志解释杨家何以会住在这里："于时宗父坦之出宰长社，率家从职，爰寓豫州。"据此，杨兴宗的父亲杨坦之担任过长社县（在今河南长葛）县令，因此举家迁至豫州。长社县传统上属豫州颍川郡，除晋末宋初不太长的一个时期外，并不在南朝军政范围内。宋文帝元嘉二十七年（450）大举北伐时，淮西军就是从汝南和上蔡出发，攻克长社，之后继续北进。不久北魏太武帝全线反攻，长社自然失守，宋军沿原路退回汝南。杨坦之任长社县令，也许在元嘉北伐时，也许只是刘宋的侨置，并无实土。侨置的长社，属于侨置于豫州的司州。刘宋前期的司州治汝南，所以司州官吏及家属多在汝南。

豫州汝南郡治悬瓠城，为刘宋淮西边境的要塞，地据汝水上游，战略意义极大。此城立于汝水南岸，据说因汝水在这一段迂曲旋绕，形如一枚悬垂的葫芦，故得此城名。这个说法首见于《水经注》："城之西北，汝水枝别左出，西北流，又屈西东转，又西南会汝，形若垂瓠。"[1]《元和郡县图志》可能就是据此说道："汝水屈曲行若垂瓠，故城取名焉。"[2] 隋唐蔡州治悬瓠，李愬雪夜入蔡州，就是袭取这个悬瓠城。刘宋时以新蔡

---

[1] 郦道元《水经注》卷二一汝水条，见杨守敬、熊会贞《水经注疏》，江苏古籍出版社，1989年，第1776—1777页。

[2] 李吉甫：《元和郡县图志》卷九蔡州汝阳县，中华书局，1983年，第238页。

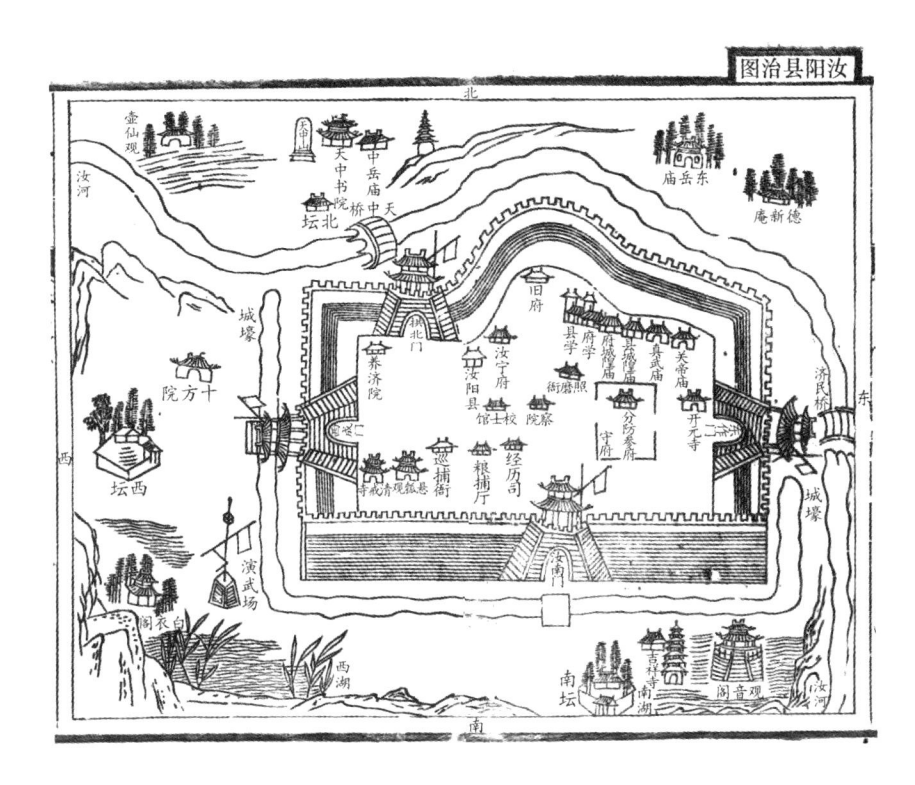

康熙汝阳县志·汝阳县治（冯博文清绘）

郡帖治汝南，即新蔡与汝南两郡共享悬瓠城，二郡太守常由一人兼领。从后来的史事发展看，我认为杨坦之一家住在悬瓠（今河南汝南县）。

《水经注》叙及汝南郡悬瓠城时，郦道元还引述当地老辈的话提到悬瓠著名的土特产板栗："耆彦云：城北名马湾，中有地数顷，上有栗园。栗小，殊不并固安之实也。然岁贡三百石，以充天府。"郦道元认为自己家乡范阳郡固安（或作故安）县的板栗才是天下第一[1]，觉得悬瓠板栗个头小，"殊不并固安之实也"，但也承认洛阳朝廷挺看重这个特产，额定每年从悬瓠收取板栗三百石。他又提到汝水河里有个小岛，岛上多板栗树，故称栗州（洲）："水渚，即栗州也。树木高茂，望若屯云积气矣。林中有栗堂、射埻，甚闲敞，牧宰及英彦多所游薄。"北魏孝文帝南迁后多次南征，两度驻扎悬瓠城，郦道元对此也有记录："其城上西北隅，高祖以太和中幸悬瓠，平南王肃起高台于小城，建层楼于隅阿，下际水湄，降眺栗渚，左右列榭，四周参差竞跱，奇为佳观也。"

在宋魏对敌的军事形势下，悬瓠城对南北来说都是必争

---

[1] 左思《魏都赋》罗列北方名产，有"真定之梨，故安之栗，醇酎中山，流湎千日，淇洹之笋，信都之枣，雍丘之粱，清流之稻"，等等。见萧统《文选》卷六，中华书局影印胡克家刻本，1977年，第107页。

之地。元嘉二十七年初春，汝南、新蔡二郡太守离职，驻寿阳的战区都督南平王刘铄派自己右将军府的行参军陈宪前往悬瓠"行汝南新蔡二郡军事"，就是代理太守职务。陈宪一到任，赶上北魏太武帝大举南进，第一个就是围攻悬瓠城。城内兵不满千，陈宪凭城拒守，苦战四十二天，硬生生把北魏大军挡在城下，迫使他们在雨季到来时撤退。宋人特感骄傲，后来跟魏人炫耀道："我家悬瓠斗城，陈宪小将，魏主倾国，累旬不克。"

这一场悬瓠守卫战，《宋书》多处都有记录。魏军渡过汝水，兵临城下，宋军只能依托城墙自守。《宋书·南平穆王铄传》记攻守双方"矢石无时不交"，称魏军"多作高楼，施弩以射城内，飞矢雨下，城中负户以汲"。魏人在临时搭建的楼车上用大弩射击城内，城里人去井上打水，都得背负门板以防自天而落的箭雨。宋军销熔佛像锻铸大钩，用以攻击这些楼车。还说"城内有一沙门，颇有机思，辄设奇以应之"。魏军"多作虾蟆车以填堑，肉薄攻城"，尸体堆得跟城墙一般高，后继者从尸堆上跃上城墙，短兵相接。在陈宪指挥下，宋军"锐气愈奋，战士无不一当百，杀伤万计，汝水为之不流"。

《宋书·索虏传》："（陈）宪婴城固守，（拓跋）焘尽锐以攻之，宪自登郭城督战。起楼临城，飞矢雨集，冲车攻破南城，宪于内更筑扞城，立栅以补之。虏肉薄攻城，死者甚众，宪将士死伤亦过半。"对于依赖野战骑兵的北魏军队来说，紧靠河岸的悬瓠城是难啃的骨头，久攻不下，拖到河水上涨时，攻城军队还面临被溯河而来的宋军截断在南岸的危险，所以只好"烧攻具走"。悬瓠城的特点和价值由此可见一斑。

唐人刘禹锡的诗句"汝南晨鸡喔喔鸣，城头鼓角音和平"，就是写悬瓠城的。在刘禹锡写下这句诗的三百五十多年前，宋孝武帝大明六年（北魏文成帝和平三年，462），王钟儿嫁到杨家，之后在汝水盘旋的悬瓠城里过了两年平静的婚后生活，肯定秋天吃到了本地特产的那种板栗。不过安定的生活只有两年。两年后，毫无征兆地，如风中秋叶，如水上浮萍，和淮西成千上万无辜的军民人家一起，王钟儿骤然间被卷入时代的惊涛骇浪。在经历一连串撕心裂肺后，失去自由的她流落异国，成为北魏国家的奚官奴婢。

2　天有二日

这场巨变起自二千里外的刘宋首都建康,从皇宫开始,蔓延到全国,最终把敌国北魏卷了进来。

宋孝武帝大明八年闰五月庚申(464年7月12日),三十五岁的孝武帝刘骏死于建康宫新建的玉烛殿,十六岁的太子刘子业当日即位,史称前废帝。这位青春期皇帝不可思议地狂悖好杀,即位一年后大开杀戒,有宿怨的杀,有威胁的杀,看不顺眼的杀,一时兴起的杀,总之就是胡乱杀人,而且杀的都是朝廷大员,激得统治核心里上上下下都寻思要干掉他,甚至"废昏立明"这样惊人的说法都一再地出现在各种私密或不私密的场合。终于,景和元年十一月二十九日(466年1月1日)夜,到华林园竹林堂"射鬼"时,他带在身边多次要杀未杀、极力折辱、已排上日程即将杀掉的叔父中的一个,因肥胖被他称作"猪王"的湘东王刘彧，竟找到机会指挥心腹刺杀了这个暴君。咸鱼翻身的刘彧年方二十七岁，立即控制了建康朝廷，八天后即皇帝位，年号泰始，是为宋明帝。

刘宋的皇位继承极为险恶，皇太子继位没一个能得善终。特别是前三个皇太子：开国皇帝刘裕的长子刘义符，因品行恶劣被几个辅政大臣联手废杀，代之以刘裕的第三子刘义隆，即宋文帝；宋文帝的长子刘劭弑父自立，宋文帝第三子刘骏起兵灭刘劭以自立，是为孝武帝；孝武帝的长子就是前面说的这个异常凶暴的刘子业。到刘子业即位时，前两代都是皇三子成功上位的巧合对社会心理已有所影响，刘子业亦不例外。刘子业被刺之前，还想着要除掉自己弟弟中排行第三的江州刺史、晋安王刘子勋，派人带着毒药去寻阳杀这位只有十岁的三弟。刘子勋身边的官员也都有点迷惑于这个皇三子神话，干脆起兵反叛。甚至在刘子业被刺、刘彧即位之后，刘子勋旗下文武仍不忘初心，矢志自立朝廷，于宋明帝泰始二年正月乙未（466年2月7日）在寻阳称帝，年号义嘉。

一国二帝，真正的灾难于是乎降临，此即所谓义嘉之乱。

孝武帝在世诸弟中刘彧较为年长，继立为帝并非没有道理。但如果他刺杀刘子业之后拥立孝武第二子豫章王刘子尚，那一定更符合当时社会继承次序的观念。当然历史并不按观念展开。刘彧谋刺成功后在几个弟弟的支持下顺带杀害刘子尚等，一点也没有想过要还政于孝武诸子，很快自己做了皇帝。

刘子勋称帝后，各地各级军政官员都面临着一个无法回避的抉择：必须表明忠诚于哪一个皇帝，寻阳的侄子刘子勋，还是建康的叔父刘彧？

也许是出于忠诚孝武帝的惯性，也许是囿于一般社会观念，也许是迷惑于皇三子神话，也许是以上三种"也许"某种不均匀的搭配，各州郡支持刘子勋的明显更多，声势更大。上下级之间，相邻州郡之间，立场差异会造成兵戎相见，权力重塑的动荡立即席卷刘宋全境。很快地，效忠于刘子勋的势力几乎占据压倒性优势，一段时间内除了首都及附近一两个郡，刘彧就找不到有分量的支持者了。《宋书》说刘子勋在寻阳称帝后四方响应，威震天下，"是岁四方贡计，并诣寻阳"。这种"四方贡计"，不管是纸面上的政治表态，还是实际上的兵员、物资与财政支持，都使得刘子勋的寻阳朝廷更有希望。

看上去刘子勋入主建康、刘彧彻底失败已指日可待。

支持刘子勋的方镇大员中，真正有实力、能影响局势的，是镇守襄阳的雍州刺史袁𫖮。袁𫖮在刘子业凶狂始张之时外刺兵马大镇雍州，走之前劝舅舅蔡兴宗接受荆州刺史之命，以图荆雍合力，"若朝廷有事，可共立桓、文之功"。蔡兴宗则另有一番考量，他判断以刘子业之凶暴疯狂，"宫省内外，人不自保，会应有变"，也就是很快会发生宫廷政变。不过让他忧虑的不是政变会不会发生，而是政变之后如何弥缝裂痕的更大问题。他对袁顗说："若内难得弭，外衅未必可量。"正是出于这样的考虑，他对外甥说："汝欲在外求全，我欲居内免祸，各行所见，不亦善乎。"后来发生的一切，和蔡兴宗所预见的一样，宫廷内难消弭之时，正是举国动荡之日，只是他可能没有想到，这场动荡的中心人物之一会是眼前这个一心避祸的外甥。

袁顗从建康赴任襄阳，路经寻阳时，放下自己高等士族的身份，特地花了几天时间殷勤结交刘子勋身边那些出身于低级士族的府州上佐，显然是为日后奉立刘子勋做准备。他在襄阳首启奉表劝立，起兵最早，一开始就派精锐军力由汉入江，成为寻阳北进大军的主力。他本人也很快倾雍州之力下至寻阳，自任主帅。和其他表态支持的州镇官员不同，他的决定不是出于被动选择，而是以天下为己任，积极谋划，着眼全局。本书所关心的、决定了王钟儿命运的淮西形势，就是在袁顗的直接干预下，发生了重大变化。

淮西指的是哪里呢？淮水发源于桐柏山，东流过程中，南北皆有支流汇入，不过南来支流多，北来支流少。淮水到寿阳（即魏晋之寿春，东晋中期避讳改）之前，北来最大的支流是汝水，到寿阳又有北来的颍水汇入。从寿阳开始，淮水折而向北偏东，方向有了明显的变化。因此以寿阳为界分为东西，淮水以北的汝水、颍水流域的七个郡（汝南、新蔡、汝阳、汝阴、陈郡、南顿、颍川），概称淮西。东晋时，淮西淮南都属豫州（稍下游的涡水流域属兖州），宋武帝去世前诏命"淮西诸郡，可立为豫州；自淮以东，为南豫州"。淮西居民很多都是永嘉乱后从西北和北方迁来的，特别是十六国时期被北方一波又一波动荡逼迫南移的北人，因南渡较晚，被东晋政府安置在北边前线。

豫州治寿阳，寿阳之外，豫州最重要的军事重镇是悬瓠城。这时边境重镇悬瓠城的军政长官是绥戎将军、汝南新蔡二郡太守周矜。《宋书·殷琰传》说"周矜起义于悬瓠,收兵得千余人"，就是说周矜支持建康朝廷，所谓"收兵得千余人"，与悬瓠城常规驻军数量也相当（陈宪守悬瓠时兵力亦不足千人）。周矜这个立场与他的顶头上司豫州刺史殷琰不一致，但殷琰当时忙着应对南来的威胁，顾不上处理上游的悬瓠。这时正是袁𫖮出面安排，派人到悬瓠，找到周矜的司马常珍奇，劝诱他刺杀周矜。常珍奇没有放过这个机会，立即照办。《宋书·殷琰传》："袁𫖮遣信诱（周）矜司马汝南人常珍奇，以金铃为信，珍奇即日斩矜，送首诣𫖮，𫖮以珍奇为汝南、新蔡二郡太守。"这样，常珍奇从一介佐官一跃而为大郡太守，成了决定淮西地区历史走向的人物之一。

建康朝廷失去对汝南的控制之后，也立即采取行动：一方面"追赠矜本官"，就是把周矜生前担任的绥戎将军、汝南太守直接作为赠官追赠给他；另一方面，在淮水上游的豫州西南分立司州（孝武帝时已省司州），提拔义阳内史庞孟虬为司州刺史，兼领随郡太守，这意味着把随郡从荆州划入新立的司州。[1]如果庞孟虬站到建康一边，他在义阳和随郡的存在就如同一把尖刀插在寻阳朝廷的后院：对西边的襄阳、北边的汝南、东边的寿阳和南边的夏口，都是一个威胁。不过，袁𫖮既能安排好汝南，自然也会考虑到义阳，所以"（庞）孟虬不受命，起兵同（刘）子勋"。随后，庞孟虬受命率军加入寻阳前线，让儿子庞定光留守义阳，这就是《宋书》所谓"子勋召孟虬出寻阳，而以孟虬子定光行义阳郡事"。

建康、寻阳两个皇帝对抗之初，宋境州郡多附寻阳，建康显得非常孤立。《宋书·蔡兴宗传》说："时诸方并举兵反，国家所保，唯丹阳、淮南数郡，其间诸县，或已应贼。"许多地方军政首脑之所以弃建康刘彧而附寻阳刘子勋，就是看到刘彧赢面太小而刘子勋稳操胜券。驻守彭城这个淮北最重要军镇的徐州刺史薛安都就是一例。《南齐书·垣荣祖传》记刘彧派垣荣祖劝说薛安都回心转意，薛安都对垣荣祖说："天命有在，今京都无百里地，莫论攻围取胜，自可拍手笑杀。且我不欲负

---

[1] 按照《资治通鉴》的叙事时序，宋明帝立司州在前，常珍奇杀周矜在后。今从《宋书·殷琰传》。

孝武。"在薛安都看来，建康朝廷已无抵抗能力，可轻轻松松"拍手笑杀"。

历史证明薛安都这个判断是错误的，被"拍手笑杀"的不是建康朝廷，反倒是寻阳刘子勋那个看起来人多势壮的集团。从孝武帝夺位成功开始，建康禁卫军已经发生大规模人员替换，雍州官兵所占的比重越来越大，所以蔡兴宗说建康"六军精勇，器甲犀利"，而敌方多"不习之兵"。也许这是宋明帝刘彧获胜的原因之一，当然，也许另有更深刻或更偶然的因素起了决定性作用，值得今后再思考。从史事发展过程看，建康军首先东出三吴、会稽，稳定了财赋中心地区，然后南下寻阳，大胜袁顗率领的刘子勋阵营主力军。刘子勋从称帝到被杀，一共不到八个月。

皇位之争引发的全国性内战，照说到刘子勋死后已失去理由，该转入和平了。对江南内地和大多数州郡来说，的确如此，尽管免不了惩罚性的小规模流血。不过，对某些地区，比如王钟儿所在的淮西以及与淮西息息相关的淮北四州来说，更剧烈的动荡是在刘子勋死后才拉开大幕的。

3　淮北入魏

寻阳与建康两个朝廷对抗之初，刘子勋一方"连州十六，拥徒百万"（《宋书·殷琰传》引刘勔与殷琰书），看起来是一种压倒性优势。特别是当刘彧派去镇守寿阳的豫州刺史殷琰也在豫州土豪的逼迫下倒向寻阳时，建康似乎落入寻阳势力的重重包围之中，"普天同逆，朝廷唯保丹阳一郡"。宋明帝刘彧忧心忡忡地问蔡兴宗："事当济不？"蔡兴宗断言"清荡可必"，理由是他看到建康地区人心不乱、市场稳定。不过他对刘彧建言，军事成功之后的善后处理需要小心谨慎："但臣之所忧，更在事后，犹羊公言既平之后，方当劳圣虑耳。"羊公指羊祜。《晋书·羊祜传》记晋武帝希望病中的羊祜出来指挥伐吴之役，羊祜说："取吴不必须臣自行，但既平之后，当劳圣虑耳。"意思是征讨孙吴在军事上没有什么难度，真正困难的是军事胜利之后的政治应对。蔡兴宗借羊祜的话表达他更长远的忧虑,那就是战场胜利未必能直接转化为政治成就。

后来发生的一切证明他的忧虑是有理由的。刘子勋死后,宋明帝又尽杀子勋诸弟。《南史》记宋明帝之子宋后废帝残忍好杀,特别提到:"孝武帝二十八子,明帝杀其十六,余皆帝杀之。"[1] 按照这个说法,宋孝武帝刘骏二十八子,被他弟弟宋明帝刘彧诛杀十六人,剩下的又都被明帝之子宋后废帝所杀。当然这个说法是不完全正确的。《资治通鉴考异》指出:"按《宋书》,孝武诸子,十人早卒,二人为景和所杀,余皆太宗杀之,无及苍梧时者,《南史》误也。"[2] 孝武帝有子二十八人,十个死得早,前废帝杀了两个,剩下的十六个都死于宋明帝之手,而且手段极端残忍,对幼小的婴孩也是"刳解脔割"。宋明帝开启了刘宋皇室大规模自相屠戮的传统,祸延己身,终致刘氏血胤无遗。这种雷霆手段若仅仅施之于宗室倒也不太要紧,刘彧还用在了内乱之后的北边州镇,这才真正为刘宋王朝带来不可弥补的损失。

寻阳朝廷覆灭,内战中站在刘子勋一边的刺史太守们

---

[1] 《南史》卷三《宋本纪下》,中华书局点校本,1975年,第89页。
[2] 《资治通鉴》卷一三四宋纪顺皇帝升明元年,中华书局,1956年,第4194页。

只好立即向建康投降效忠。淮北淮西自然不能例外，淮北的薛安都、淮西的常珍奇都派人向建康"归款"。《宋书·薛安都传》载安都所上的启书，一边解释自己起兵是因感孝武帝知遇之恩，一边悔过道："今天命大归，群迷改属，辄率领所部，束骸待诛，违拒之罪，伏听汤镬。"固然有文字游戏的一面，但多少反映了同样情境下各地文武官员，包括淮西常珍奇等人，那种急于自新的心情。只要宋明帝示以宽大，略加安慰，可以说淮北淮西局势已定，不会再有什么变化了。

可是宋明帝大捷之后，志得意满，没看到或低估了潜伏在宋魏邻接地区的种种危险。《宋书·薛安都传》："太宗以四方已平，欲示威于淮外，遣张永、沈攸之以重军迎之。"既已受降，又派重将率大军"迎之"，摆明了不是宽大处理。《宋书·蔡兴宗传》记蔡兴宗力谏明帝（当然没起作用），有这样的话："安都遣使归顺，此诚不虚。今宜抚之以和，即安所莅，不过须单使及咫尺书耳。"正确的做法是宣布不计过往，各人原有职任不变，朝廷只需要一介之使、片纸诏书，形势自然会安稳。现在大军压境，他们必将疑惧生变。

不同于江南内地州郡，淮北与淮西正当宋魏边境。也不同于江左高门士族，淮北淮西的军政主官都生长于边地，靠从军打仗进身（所谓"以武力见叙"），即使官职不低，也还是处在南朝上层的边缘,这多少决定了他们忠诚江左政权和留恋南朝社会的限度。所以蔡兴宗说:"若以重兵迎之,势必疑惧,或能招引北虏,为患不测。"据《宋书·明帝纪》,宋明帝派大军渡淮北上,在泰始二年(北魏献文帝天安元年,466)十月。不过,常珍奇向建康"归款",《宋书·殷琰传》记在泰始二年十一月,并称珍奇遣使建康的同时"虑不见纳,又求救于索虏"。《宋书》记此事比《魏书》晚两个月,疑《宋书》总于十一月追叙前事,故时间当以《魏书》为是。薛安都遣使到北魏哪一个边镇,不见于记载,常珍奇则是向北魏的长社镇遣使,长社就是王钟儿的丈夫杨兴宗之父杨坦之担任过县令的地方。

其实,薛安都起兵时虽忖量寻阳必胜,也考虑过万一失败怎么办。《南齐书·垣荣祖传》记薛安都对垣荣祖说:"不知诸人云何,我不畏此。大蹄马在近,急便作计。"意思很明白,就是一旦有危险,就骑上他的大蹄马跑到北魏去。以他这样一个有军队有地盘的实力人物,当然不止于自己投敌而已,必定会把自己所在的战略要地徐州献给北魏。因此,当他听说张永和沈攸之重军北来时,立即明白是时候骑上大蹄马了。《宋书·薛安都传》:"安都谓既已归顺,不应遣重兵,惧不免罪,乃遣信要引索虏。"这时淮西的常珍奇名微力弱,自然是唯薛安都马首是瞻,与他共进退,二人降魏虽各自遣使,但应该是协商过的。[1]

敌国边境重将主动来降,忽有这等好事,北魏方面反倒狐疑起来。《魏书·李顺传》附《李敷传》:"及刘彧徐州刺史薛安都、司州刺史常珍奇以彭城、悬瓠降附,于时朝议,谓彼诚伪未可信保。"边境上常有假降赚敌之事,也难怪北魏朝廷不敢相信。不过朝中也有人不愿放过这个机会,李敷就是其中发挥了重要作用的一个,他"固执必然",坚持认为薛安都、常珍奇投降是真。他说:"刘氏丧乱,衅起萧墙,骨肉内离,藩屏外叛。今以皇朝之灵,兵马之力,兼并之会,宜在于今。……今之事机,安可复失?"这种意见占上风之后,据《魏书·显祖纪》,献文帝"诏北部尚书尉元为镇南大将军、都督诸军事,镇东将军、城阳公孔伯恭为副,出东道救彭城;殿中尚书、镇西大将军、西河公元石都督荆、豫、南雍州诸军事,给事中、京兆侯张穷奇为副,出西道救悬瓠"。

这样,刘宋内战演变成了外战,而且很显然北魏占尽了先机。

常珍奇降魏时号称刘宋司州刺史,史料中不见他何时获

---

[1] 《魏书》卷六《显祖纪》天安元年九月记常珍奇和薛安都先后以悬瓠和彭城"内属",分作二事,见第153页。常珍奇遣使卜社,应该也得到了殷琰同意,甚至可能是常珍奇代表殷琰向北魏提出投降。《宋书》卷八六《刘勔传》:"(殷)琰初求救索虏,房大众屯据汝南。"见第2406页。

此晋升。淮西在刘宋属豫州,豫州刺史殷琰亦起兵助寻阳,故常珍奇的事迹多见于《宋书·殷琰传》。据《殷琰传》,建康曾任命义阳内史庞孟虬为司州刺史,为孟虬所拒,反而起兵助寻阳,寻阳方面自然顺水推舟以孟虬为司州刺史[1]。泰始二年春袁顗召孟虬率兵赴寻阳,留其子庞定光守义阳。常珍奇所据的悬瓠府库充足,他曾任命郭确为弋阳太守,可见他的影响已超越汝颍上游,覆盖到整个淮西,各地投奔悬瓠者甚众。弋阳西山(大别山)蛮人酋首田益之(可能受建康指使)五月起兵攻弋阳,六月"率蛮众万余人攻庞定光于义阳"。寻阳方面为保义阳不失,特地命庞孟虬回师救义阳。此时常珍奇也主动救助义阳,"自悬瓠遣三千人援定光"。七月,庞孟虬兵败走死蛮中。很可能就是在这个时候,寻阳朝廷任命常珍奇为司州刺史。八月寻阳丧败,常珍奇归款建康,宋明帝也只好认可他继续做司州刺史。大概这是常珍奇投降北魏时拥有司州刺史头衔的由来。

北魏派尉元到彭城,元石到悬瓠,两军都在十二月间抵达。宋明帝派来攻击彭城的张永大军被魏军与薛安都军前后夹击,惨遭大败。"(张)永狼狈引军还,为虏所追,大败。复值寒雪,

---

[1]《宋书·殷琰传》记刘子勋于七月命庞孟虬为司州刺史,亦属总叙前事,其实二月间寻阳"尚书下符"就提到庞孟虬为司州刺史,见《宋书》卷八四《邓琬传》,第2344页。

士卒离散,永脚指断落,仅以身免,失其第四子。"[1]大雪寒冻加剧了南军大败的惨烈程度,泗水结冰,迫使宋军尽弃舟船九百艘,上岸陆行,被尉元快速追来的骑兵截住前路,士卒冻死上万人,生还者很多都和张永一样冻掉了脚指头。《宋书·沈攸之传》说:"攸之等引退,为虏所乘,又值寒雪,士众堕指十二三。"

这一战确定了宋魏两国的新边界,从此宋军只有缘淮拒守,淮北的徐州、兖州、青州、冀州四个战略上极为重要的大州,加上豫州所属淮西汝颍流域诸郡,一齐尽入北魏。故《宋书·明帝纪》总结道:"薛安都要引索虏,张永、沈攸之大败,于是遂失淮北四州及豫州淮西地。"

元石军至上蔡,与悬瓠城只隔着盘旋绕城东流的汝水。常珍奇率文武三百人渡汝水来迎,王钟儿的丈夫杨兴宗应该就在其中。元石见大局已定,并不急着进入悬瓠,欲在北岸扎营。据《魏书·郑羲传》,担任参军的郑羲提醒元石:"机事尚速,今珍奇虽来,意未可量,不如直入其城,夺其管籥,据有府库,虽出其非意,要以全制为胜。"于是元石当天策马入城,控制了淮西重镇悬瓠。

按照《郑羲传》的非常可疑的说法,常珍奇不甘心就此

---

[1] 《宋书》卷五三《张茂度传附张永传》,第 1652 页。

沦为北人，欲有所为，在自己宅里藏了数百亲兵，夜里派人点火烧府衙厢屋，想借机兵变。不过郑羲似有先见之明，从晚宴上常珍奇"甚有不平之色"，判断他留有后手，再次提醒元石防备在先。这一来，常珍奇拱手送上悬瓠城和大半个淮西，就无从翻悔了。

北魏当然要奖励常珍奇，"事定，以珍奇为持节、平南将军、豫州刺史、河内公"（《魏书·常珍奇传》）。北魏自有司州，设在代北以平城为中心的京畿地区，所以把淮西这个司州改为豫州，以常珍奇为豫州刺史。按照北魏的习惯做法，元石以所领魏军与常珍奇共守悬瓠城，各据城内一部分。至少在入魏初期，常珍奇的权威和利益是有所保障的，他手下的文武众人，也暂时平安。不管是名义上还是实际上，淮西已经入魏。

这时王钟儿二十八岁。如果常珍奇从此死心塌地忠诚于魏，他的家人，他手下官员的家人，悬瓠及淮西其他郡县的百姓，其中当然包括我们重点关注的王钟儿，就会开始他们人生的新阶段，无论喜欢不喜欢，都会慢慢适应北魏的统治。

这时距周矜起兵、常珍奇杀周矜，也才过去了一年多一点。常珍奇在魏人入城时"甚有不平之色"的说法，当然不一定是真实可信的，但他的确没有死心塌地。悬瓠城的风暴还远远没有过去。

4　淮西惊变

慈庆/王钟儿的墓志有一句："值玄瓠镇将汝南人常珍奇据城反叛，以应外寇。王师致讨，掠没奚官。"说的是改变了王钟儿命运的重大变故，即所谓常珍奇"据城反叛，以应外寇"，只不过不是他第一次外叛，而是第二次。

常珍奇入魏后心虽不甘，暂时也只有隐忍一策。这时淮西不肯降魏的，东有汝阴，南有义阳。魏军要拓定淮西，还得倚重常珍奇，所以一段时间内会维持对他的种种优待。只要利益损害不逼到眼前，大概常珍奇也会是得过且过。对悬瓠及附近百姓来说，常珍奇的得过且过，意味着地区的暂时和平。对二十八岁的王钟儿来说也一样。在一年多的紧张慌乱之后，眼看着城上旗帜变换，街上随处可见北来魏军，悬瓠人，特别是其中的官员家庭，心态恐怕难以安定。

4 淮西惊变

冬去春来,在悬瓠驻军两个月以后,元石率军东出汝阴(今安徽阜阳),攻击刘宋在淮西的残余势力。在太守张超指挥下,小小的汝阴城竟然顶住了魏军的进攻。眼看着春雨渐密,河水渐高,来自寿阳的刘宋援军将会比较容易乘船抵达,元石只好后撤。尽管《魏书·郑羲传》记郑羲反对撤军,主张继续强攻,但那时的北魏军队恐怕还不太适应淮汝地区多雨泥泞的春夏作战环境。[1] 元石这次撤军,不是退回悬瓠,而是直接返回他们在长社镇的基地。他们离开长社已经三四个月了,将士需要轮休,物资装备也需要更换和补充。虽然不见于史料,但可以肯定的是,元石及其大军在长社休整的时间不会太长,他们会比较快地返回悬瓠,以巩固对淮西的控制。

这一年是刘宋泰始三年(467),北魏献文帝天安二年(八月因孝文帝出生改元皇兴)。魏军占据淮北和淮西以后,切断

---

1 北魏对宋作战最喜冬季,通常避开春夏秋多雨时节。比如,宋文帝元嘉七年三月下诏出兵争夺河南,北魏太武帝说"今权当敛戍相避,须冬行地净,河冰合,自更取之",见《宋书》卷九五《索虏传》,第2560页。宋军北进,无论规模多大,取城多少,纵然"陵天振地,拔山荡海",到了冬天也是狼狈败归。元嘉二十七年七月宋军大举北伐,太武帝迟迟不作反应,十月间才到黄河北岸观望,十一月长驱南下,十二月就饮马长江了,是为辛弃疾所谓"元嘉草草"。元石到悬瓠,尉元到彭城,都定在十二月,应该不是偶然的。而张永、沈攸之大败于泗水,严寒天气是魏军的帮手之一,而这个帮手恰恰是在魏军刻意安排下才出现的。

了冀青二州与淮南的陆路通道,这个地区与建康的联系只剩下海路。在这里,降魏派和保宋派之间发生了长达一年多、极为混乱的大战,当然最后以北魏大军进入告终。不过这场动荡对淮西地区影响不大。影响淮西形势的一个重要因素是刘宋重新控制淮河南岸的寿阳,镇守寿阳的是新任豫州刺史刘勔。以寿阳为基地经略淮西,正是刘勔的主要职责,由于他的四两拨千斤,一年后悬瓠局势终于发生了大变。

常珍奇降魏时,在他稳定控制下的除了汝南、新蔡,大概只有陈郡和南顿。也许是为了向平城表忠心,也许是为了测试平城对他的态度,也许真是为了立功,总之,他上表朝廷,建议南讨刘宋,自己愿前驱效力。他在表中提出:"乞高臣官名,更遣雄将,秣马五千,助臣经讨,并赐威仪,震动江外。长江以北,必可定矣。臣虽不武,乞备前驱,进据之宜,更在处分。"[1]他明确请求"高臣官名","并赐威仪",就是希望北魏朝廷提高他的官职和军号。当然,可能他只是以这种方式表明立场,免得北魏怀疑他对故国还有依恋。

其实他还真是有点依恋刘宋,所以《魏书·常珍奇传》说他"虽有虚表,而诚款未纯"。其实泰始之变(或称义嘉之乱)中降魏诸人都是"事窘归国",没有人甘心外叛。但各人情况

---

[1] 《魏书》卷六一《常珍奇传》,第1490页。

不同，降后即便再生他心，魏人早已设防。常珍奇的特殊情况就是刘勔的诱惑。薛安都投魏之始，就送上自己的第四子薛道次为质。遣子为质是那时表白可信度的一种惯例，常珍奇则一直回避这么做，但终究躲不过去。"岁余，征其子超。"常超，《宋书》作常超越，应以《宋书》为准，是常珍奇的长子。北魏朝廷明确要求他把长子送到平城。但是常超越的母亲胡氏舍不得，不乐意让儿子远赴北方。于是常珍奇"密怀南叛"。也许北魏征质子只是触发了常珍奇南归的念头，不过可以设想，从他一年多前派人去长社求降开始，这个念头本来就时不时盘旋在他的心头。

据《宋书·刘勔传》，刘勔负有谋划夺回淮西地区的责任，但他不主张主动出兵，否决了淮西人贾元友"北攻悬瓠"的建议，而采取较为谨慎的做法，包括争取常珍奇的回归。恰好常珍奇被北魏逼迫遣子入质，心思正乱。于是"勔与常珍奇书，劝令反虏"。得到刘勔的鼓励，或许还加上了某种承诺，常珍奇立即付诸行动：

> 珍奇乃与子超越、羽林监垣式宝，于谯杀虏子都公费拔等凡三千余人。勔驰驿以闻，太宗大喜，以珍奇为使持节、都督司北豫二州诸军事、平北将军、司州刺史、汝南新蔡县侯，食邑千户；超越辅国将军、北豫州刺史、颍川汝阳

□□三郡太守、安阳县男;式宝辅国将军、陈南顿二郡太守、真阳县男,食邑三百户。

从这段话分析,刘勔劝诱常珍奇正当其时,常珍奇随即叛魏降宋。悬瓠本驻有元石所领的北魏重兵,但这年十二月,又到了适合北军行动的季节,元石再次出征汝阴,给常珍奇留出一个难得的窗口。《魏书·常珍奇传》:"时汝徐未平,元石自出攻之,珍奇乘虚于悬瓠反叛,烧城东门,斩三百余人。""汝徐",当从《资治通鉴》作汝阴。《宋书》记常珍奇袭杀魏军的地点是"谯",《魏书》说是悬瓠东门,很可能《宋书》本作"谯门"。东门可能是悬瓠城留守魏军主要集中的地方,烧东门是为了攻击据营而守的魏军。杀俘示众于谯门,则是为了显示叛魏归宋的决心,以获得刘宋的信任和应援。《魏书》说常珍奇杀魏军三百余人,《宋书》却说三千余,大概常珍奇向刘勔的报告中夸大了战果。

从《刘勔传》所记刘宋给常珍奇等人的官爵来看,刘宋把常珍奇所控制的淮西地区划分为司州和北豫州两个州,大致上汝水流域是司州,颍水流域是北豫州,由常珍奇父子分任二州刺史,这当然是为了笼络常珍奇,但他毕竟是一员叛将,所以并没有给他更高的奖励,而是对等地保留了他在北魏的级别和职务,只是把豫州刺史改为司州刺史,把平南将军改为平北将军[1]。值得注意的一点，就是常超越（北豫州刺史）和垣式宝的职务（陈、南顿二郡太守），陈郡和南顿郡是属于北豫州的。慈庆墓志记王钟儿丈夫杨兴宗为"豫州主簿行南顿太守"，很有可能，这个豫州，当作北豫州。杨兴宗以北豫州主簿的身份"行南顿太守"，是因为南顿太守垣式宝实际上带兵作战，顾不上去处理南顿的郡务。如果这个猜测成立，那么墓志所记杨兴宗的官职就是在这个时候获得的。

可是刘宋并没有给常珍奇提供及时有力的军事支持，这符合刘勔的谨慎风格，也符合南朝政权对边境地区这类"叛降非一"的地方豪家的一贯态度。据《魏书》，元石获知常珍奇反叛后，立即回师，常珍奇力不能支，只好撤离悬瓠，向刘勔所在的寿阳方向转移。"（常珍奇）虏掠上蔡、安城、平舆三县居民，屯于灌水。"汝南郡的上蔡县即悬瓠城所在，安城、平舆则在汝水下游。可见常珍奇撤退时，把悬瓠居民都裹挟着沿汝水向下游走，顺道又把安城、平舆两县的居民带着南奔，直到灌水，才停下来扎营据守。

---

[1] 《宋书》卷八《明帝纪》泰始四年二月辛丑，"以前龙骧将军常珍奇为平北将军、司州刺史"。见第179页。由此可知，宋明帝于泰始二年提升常珍奇为司州刺史时，给他的将军号是龙骧将军。常珍奇降魏后，北魏给他的将军号是平南将军，品级大有提高。到常珍奇叛魏降宋时，刘宋只好给他对等的将军号，只不过改平南为平北，字面上也图个吉利。

据《水经注》卷三二"决水"条，曾亲身在这一带考察过水道的郦道元说，灌水是古称，时间久了发生音讹，民间称为浍水（灌、浍音近），是寿阳以西的一条小河，灌水入决水，然后入淮，入淮处即决口[1]。可知常珍奇已从悬瓠向东南方向撤退，越过淮河，在淮河岸边扎营。王钟儿和她的家人这时候应该就在灌水大营里。

然而常珍奇在灌水又遭到元石所率魏军的最后一击。《宋书》："珍奇为虏所攻，引军南出，虏追击破之。"《魏书》："（元）石驰往讨击，大破之，会日闇，放火烧其营。"元石最后以火攻所彻底击破的，就是常珍奇依托刘宋边境所扎下的灌水大营，战事看不到刘勔军队的任何帮助。据《宋书》，常珍奇"走依山，得至寿阳，（常）超越、（垣）式宝为人所杀"。《魏书》则记在营破之后，"珍奇乃匹马逃免，其子超走到苦城，为人所杀，小子沙弥囚送京师，刑为阉人"。如果常超越所逃经的这个苦城就是位于今河南鹿邑的那个苦城，说明常超越没有和他父亲在一起，大概始终在北豫州一带活动。这似乎暗示，作为属官的杨兴宗可能和他在一起，多半也死在一起。

---

[1] 郦道元《水经注》卷三二决水注："俗谓之浍口，非也，斯决灌之口矣。余往因公至于淮津，舟车所届，次于决水，访其民宰，与古名全违，脉水寻经，方知决口。盖灌浍声相伦，习俗害真耳。"见杨守敬、熊会贞《水经注疏》，第2666页。

4　淮西惊变

常珍奇叛魏降宋发生在什么时候？《资治通鉴》系常珍奇叛魏于宋明帝泰始三年（北魏献文帝皇兴元年）年末。《宋书·明帝纪》记宋明帝授予常珍奇父子官爵在泰始四年二月辛丑（辛丑是二十五日，即468年4月3日）。《资治通鉴》系灌水之败于二月辛丑之后。按照这个时间表，宋明帝是在常珍奇败退灌水之后才授予他父子司州刺史和北豫州刺史的头衔，这不符合南朝人精明势利的做事风格。《南史》记吏部尚书褚渊（彦回）反对宋明帝对"伧人"常珍奇"加以重位"，而"帝不从"，显然是看重了他的利用价值。我认为时间表当从《宋书·刘勔传》，即宋明帝给常珍奇父子"加以重位"应紧接在刘勔"驰驿以闻"之时，而不会在常珍奇大败南奔之后。从军情驿书的传递速度以及悬瓠与寿阳间的道路里程来分析，常珍奇与刘勔间的信使往还或许早在泰始三年末已然进行，但他举兵反叛不会早于泰始四年正月，不然宋明帝不会迟至二月二十五日才给常氏父子"加以重位"。可以说，《资治通鉴》有关这一时期淮西事件的年月编次是较为混乱的。[1] 常珍奇灌水大败，大概是泰始四年三四月间的事。

常珍奇匹马逃归寿阳，刘勔送他到建康。不过对刘宋而言，

---

[1] 《资治通鉴》还把贾元友上书事编在常珍奇降宋之后，败奔之前，与《宋书·刘勔传》正相反，也是不对的。

他已再无利用价值。以他的伧楚背景，肯定得不到刘宋朝廷信任，而朝廷对他泰始二年（466）叛变投敌造成丧失淮西之地的罪责也不能轻忘。《南史·褚彦回传》说他"寻又叛"，大概是找了个借口，就把他杀掉了。在另一边，常珍奇的少子常沙弥应该是在灌水被俘的，因幼小得以免死，被送到平城刑为阉人，此后应该就在平城宫里服务了。后面会说到，北魏宦官中，和常沙弥一样因家庭罹罪或战争中被掳掠的占了绝大多数。被常珍奇裹挟到灌水的三县民人尽数被俘，侥幸活下来的都会送到北方，成为官奴婢。

王钟儿就是这样进入平城的，即墓志所谓"掠没奚官"。

王钟儿被俘入北，"掠没奚官"，时在泰始四年的春夏之际，她年已三十。即使她的家人还有活着的（我们不知道她是否有孩子），大概从此也再不能相聚。失去自由、落入绝境的她，绝对想不到等待着她的，是在北魏皇宫近六十年的漫长余生。

5　北魏奚官

　　王钟儿"掠没奚官"发生在宋明帝泰始四年，即北魏献文帝皇兴二年（468）。奚官是魏晋以来管理宫廷奴婢的机关，两晋少府属官有奚官令[1]，南朝梁的奚官署属大长秋[2]，北齐奚官署属长秋寺[3]，唐代"奚官局掌宫人疾病死丧"[4]，是管理皇宫内侍事务的机构。如《隋书》所说，"后齐制官，多循后魏"，既然北齐官制多继承北魏，北齐有奚官署，北魏大概也有。

　　在王钟儿（慈庆）去世四五年前，也就是孝明帝神龟二

1　《晋书》卷二四《职官志》，中华书局点校本，1974年，第737页。
2　《隋书》卷二六《百官志上》，中华书局点校本（修订本），2019年，第806页。
3　《隋书》卷二七《百官志中》，第844页。
4　《旧唐书》卷一八四《宦官传》，中华书局点校本，1975年，第4753页。

年至正光元年（519—520）间[1]，因刘昶（被刘子业逼迫投奔北魏的刘宋宗王）之子刘辉与妻子兰陵长公主积年不和，刘辉另爱张、陈二女，公主与刘辉吵架忿争，引发家暴，刘辉把公主推下床殴打，手脚并用，造成公主流产并死亡。根据《魏书·刘昶传》，兰陵长公主是宣武帝的二姐，胡太后于情于理都要为她出头。于是严惩刘辉之余，还不能放过与刘辉相好的张、陈二女及其家人，"二家女髡笞付宫"。"髡笞"就是剃去头发并施以鞭笞之刑，"付宫"就是剥夺自由，发到宫里为婢。[2]《魏书·刑罚志》记司法官员三公郎中崔纂反对这样处理，理由是二女以奸私细过，"何得同宫掖之罪，齐奚官之役"。可见"付宫"即"没奚官"。

北魏皇宫（肯定不限于宫廷）里的奴婢，无论是男性宦者还是女性宫女，其来源多为罪犯与俘虏。《魏书·阉官传》为25名宦官立传，其中22人不是战争中俘掠而来，就是因家庭陷罪而横受宫刑。一般印象，觉得成为阉官要求年少，史

---

[1] 这一事件《魏书》在卷五九《刘昶传》和卷一一一《刑罚志》都有记录，前者记在"正光初"，后者记在"神龟中"。刘辉与兰陵长公主不和离婚又复婚家暴，前后至少两年，离婚大概在神龟二年，家暴闹大应该在正光元年胡太后被软禁之前。
[2] 对这个故事的详尽讨论，请参读李贞德《公主之死》，生活·读书·新知三联书店，2008年。

料中阉官亦多见少小入宫，比如常珍奇的少子常沙弥就是一例。其实宫刑并无年龄区别，只是罪犯之家成年男性多被处死，仅剩少年入宫。宫女更不分年龄，上述兰陵长公主案件中的张、陈二女，"付宫"时都在成年，我们故事的主人公王钟儿入宫时年已三十。

常珍奇在悬瓠举兵叛魏之时，忠于建康的东徐州刺史张谠驻守团城，正在面对尉元率领的东进魏军。团城在今山东沂水，是抵抗魏军进入青冀二州的要塞之一。常珍奇从悬瓠拥众南逃时，团城也被团团围困。尉元派人劝降，走投无路的张谠只好降魏。北魏方面按对待方镇降将的一贯政策，让张谠（暂时）继续担任东徐州刺史，只是另派了一个代表北魏朝廷的文员（中书侍郎高闾）同样担任东徐州刺史，跟张谠一起驻扎团城，这种情况史称"对为刺史"，实际就是监督、过渡，最终会夺取对这个区域的全面管理。[1] 不久北魏召先已投降的薛安都、毕众敬入朝，张谠何时入朝不见于史，估计也在几个月之内。也就是说，张谠到平城拜谒北魏献文帝时，王钟儿已经在

---

[1] 《魏书·李灵传》记李璨"与张谠对为兖州刺史，缓安初附"，以张谠为兖州刺史，且与张谠对为刺史者不是高闾而是李璨，与《魏书·高闾传》和《魏书·张谠传》不同。案《魏书·毕众敬传》，薛安都以毕众敬行兖州事，宋明帝以众敬为兖州刺史，众敬降魏，"皇兴初，就拜（众敬）散骑常侍、宁南将军、兖州刺史，赐爵东平公，与中书侍郎李璨对为刺史"。知《李灵传》误。

平城宫里了。

王钟儿不知道的是，张谠的妻子皇甫氏早在很多年前就已有过同样不幸的平城之旅。不知道确切时间，很可能是在元嘉二十七年（450）冬天那场魏军长驱直入饮马长江的大动荡中，张谠的妻子皇甫氏被魏军抓到了北方。《魏书·张谠传》记载了这场不幸："（张）谠妻皇甫氏被掠，赐中官为婢。"就是被掠至奚官后，由皇帝赏赐给了某位宦官做女婢。"皇甫遂乃诈痴，不能梳沐。"她假疯装傻，连日常梳洗打扮都做不了，显得全无用处，也许这样就避开了更严重的凌辱。

过了几年，当南方的皇帝变成了宋孝武帝，北方变成了北魏文成帝，张谠在刘宋冀州刺史的军府担任长史时，找到机会，请人（多半是委托边境上的商人）携带上千匹丝绢到平城，四处打听皇甫氏的下落，想要赎回她。这个消息传到文成帝的耳朵里，他很吃惊，什么样的女奴值得上这么多财产呢？特地叫来看看，一看竟然是一个年将六十（实际应该是五十多一点）的痴傻老妇，不禁大为感慨："南人奇好，能重室家之义。此老母复何所任？乃能如此致费也。"皇甫氏南归，张谠派诸妾到边境上隆重迎接。皇甫氏回家没几年就去世了，很难说与她在平城的悲惨经历没有关系。不过，张谠没有想到的是，在妻子去世十年后，他自己也被命运送进了平城。

下面再举一个例子，来看看所谓的罪人家庭男女是如何沦为宫中奴婢的。

比王钟儿小三十来岁的文罗气出自蛮人酋长家庭,她和家人世代生活的地方,在今河南洛阳以南、南阳以北的鲁阳关附近,为黄河流域与江淮流域的分水岭山地,山高林深,属于"霑沐王化"比较迟缓的地带。文罗气及家人后来也横陷国法巨网,没入奚官,女为宫女,男为阉宦。本来,文罗气这一社会阶层的女性既然没有可能为正史提及,早该如千千万万和她差不多的人一样沉入遗忘的海洋。她的幸运有点类似王钟儿,一块随她入土的石头上刻下了她人生的一鳞半爪,经研究者钩隐发微,她沉浮人世的梗概才多少为今人知晓。这就是近年出土的北魏雷亥郎妻文罗气墓志。[1] 这方墓志经胡鸿解读,我们才看到一个独特的、不该沉没的故事。[2]

文罗气的祖父文虎龙是鲁阳蛮人酋首中较早投靠北魏的

---

[1] 文罗气墓志的拓片图版与录文,见叶炜、刘秀峰主编《墨香阁藏北朝墓志》,第68—69页。文罗气的堂弟问度的墓志,亦见同书第248—249页。文罗气姓文,问度姓问,二字同音,都是对"蛮"的变态拟音,表明他们的身份是蛮人,因此取文取问并无不同。只是,出自同一家庭的文罗气和问度竟然采用不同的汉字作为姓氏,说明他们获得华夏姓氏的时间不太长,还不稳定。我甚至愿意假定,汉代以来蛮人酋首的常见姓氏"梅",其实也是对"蛮"的变态拟音。这类姓氏都带有他称色彩。

[2] 胡鸿:《蛮女文罗气的一生——新出墓志所见北魏后期蛮人的命运》,载武汉大学中国三至九世纪研究所《魏晋南北朝隋唐史资料》第35辑,2017年,第97—111页。

一个，是当地的一个领袖人物。文罗气的父亲去世得早，到北魏开始向南阳方向发展时，鲁阳蛮人的领导权已经转到另一个蛮人大姓雷氏手中。文罗气嫁给雷氏子弟雷亥郎，算是门当户对。随着北魏势力深入南阳盆地，包括鲁阳蛮在内的南阳周边山地蛮人开始感受到强大政权的压力，不可避免地，摩擦与反抗日益增多。于是北魏把总计上万家的蛮人迁到北方，分置于六镇与河北诸州。文罗气随家人迁到晋阳，这一支蛮人的领袖大概是文罗气的伯父、文虎龙之子文石他。他们"思恋乡廛"，不甘心被如此宰制，在文石他率领下南逃，目的是"还乡为国"，遭魏军围追堵截。《魏书·蛮传》："（蛮人）寻叛南走，所在追讨，比及河，杀之皆尽。"黄河岸边屠杀的幸存者，全部成为奴婢。文罗气的丈夫雷亥郎大概死于追杀。文罗气和儿子雷暄由此入宫，文罗气的弟弟文翘，以及五六岁的堂弟问度也都"没为官人"，即同样受宫刑成为阉官了。时在宣武帝景明三年（502），文罗气三十三岁，比王钟儿入宫时还大三岁。

文罗气的命运真是跌宕起伏。据胡鸿考证，她入宫不久，被宣武帝赏赐给了一个刘姓宦官做妻子（其实应该是妾媵），而这个宦官，很可能是我们后面会多次提到的刘腾（他和王钟儿一样，是宣武帝最信任的几个身边人之一），或刘腾的亲人。不管是刘腾本人还是刘腾的宗亲，这位刘氏宦官不仅要娶妻妾，还需要养育儿女，领养儿女可以到谯郡刘氏宗人中去寻找。

文罗气的墓志只提到一个女儿，没有提到别的养子，很可能因为养子早被处刑了（刘腾的两个养子在胡太后重夺大权后一个叛逃南朝，一个流放边州）。不过，文罗气却大得这位养女的好处，因为这个养女刘贵华成了孝明帝的淑仪，文罗气一下子成了外戚。虽然刘贵华"不幸花叶早落"，很早就死了，文罗气毕竟风光了一阵子，而她仍在宫里做阉官的家人应该也得到了照顾。据墓志，她的弟弟文翘官至（中）尝食典御，儿子雷晅做到园池丞，堂弟问度也是中常侍、中尝食典御，都算得阉官中的上层人物了。

　　文罗气活到东魏末年，享年七十一岁，她死时弟弟文翘已先她七八年去世，儿子雷晅、堂弟问度都在邺城皇宫。丧事大概是雷暄操持的，墓志也是照着雷暄的意思写的。胡鸿说："在文罗气晚年，应是雷暄与文翘共同承担了照顾她的责任。也正因此，雷暄主持刻写的墓志中，用较多篇幅写了父亲雷亥郎的事迹，且对母亲的二次婚姻表达得十分隐晦。志题中'魏故长秋雷氏'即指雷亥郎，他是否担任过这一官职已无法求证，大长秋是宦官中的最高官职，此处更有可能是墓志中常出现的虚构。"我倒是觉得，志题"魏故长秋雷氏文夫人墓志铭记"也许是一个很有意思的混杂，"长秋"指的是文罗气的后夫刘姓宦官（极大的可能是刘腾），"雷氏"才是指文罗气的前夫雷亥郎。

胡鸿还说："与其说文罗气的一生见证了北魏洛阳时代，不如说是这个时代塑造了她曲折的人生。历史学家在关注宏大时代脉络之余，驻足体味一下那些远离历史舞台中心的普通人的人生，或能对遥远的时代增加一份了解之同情。"这个意思我是完全赞成的，不过我还想加一句——我们关注遥远时代的普通人，是因为他们是真实历史的一部分，没有他们，历史就是不完整、不真切的。我们还应该看到，对普通人的遮蔽或无视，是传统历史学系统性缺陷的一部分，是古代社会强烈而僵硬的不平等体制决定的。正是因此，我们对那些虽为正史所排斥，却凭借墓志而幸存至今的北魏宫女史料，一定要格外珍惜。

6 青齐女子

一般来说，普通宫女不大可能进入正史列传，我们对北魏宫女仅有的一点了解都是靠20世纪以来出土的墓志。宫女的法律地位远比普通农民低下，但她们更靠近权力中心，因而也更有可能偶然地成为权力的一部分。当然，绝大多数宫女不会有墓志，只有那些在巨大的不幸之后又幸运地在宫女中爬到某个位置的宫女，才可能获得官费安葬甚至刻写墓志的优待。迄今所见的北魏宫女墓志，只要死亡时仍保持宫女身份的，都是高级宫女，品级（宫品）都很高。这些宫女墓志的下葬时间多集中于孝明帝正光年间，很可能墓地也集中在洛阳北邙山终宁陵陵区陪葬墓的某个角落。[1] 除了个别例外，这些宫女的宫

---

1 本章以下所引北魏宫女墓志，除了另外注明出处的，其拓片图版均见于赵万里《汉魏南北朝墓志集释》，墓志录文则可参考赵超《汉魏南北朝墓志汇编》（修订本）。不过，本书所引据的墓志文字及标点都出自作者本人阅读理解，或不同于赵超书及其他墓志录文著作，错谬概由本人负责，特此说明。

品都是一品或本为二品而追赠一品。也就是说，只有宫品为一品（无论是本为一品还是死后追赠一品），才有机会由后宫奚官管理机构为她们制作墓志。按照追赠惯例，只有二品能被追赠一品。因此，也许可以说，能够留下墓志的宫女，生前都在宫品二品以上。但二品宫女是否都会被追赠为一品，这一点还是不明确的。

在北魏皇宫内侍的等级体系里，宫女分为五等，内司最高，大监次之。宫女都是从最低等的奚官女奴做起，慢慢积累年资，等待向上攀升的机会。《北史》记北魏孝文帝改革后宫制度云："后置女职，以典内事。内司视尚书令、仆。作司、大监、女侍中三官，视二品。监，女尚书，美人，女史，女贤人，女书史，书女，小书女五官，视三品。中才人、供人、中使女生、才人、恭使宫人视四品。青衣、女酒、女飧、女食、奚官女奴视五品。"[1] 可见宫女的最高官职是内司（一品），只有一个人。二品就比较多了，荣誉性的女侍中，加上部门头领如作司与大监，都是二品。今所见宫女墓志主要出于这个范围。

今存内司墓志一共两方，一有志题，一无志题。[2] 有志题

---

[1] 《北史》卷一三《后妃传上》，第486页。标点一依《魏书》点校本（修订本），第377—378页。
[2] 两位内司的墓志录文，分别见赵超《汉魏南北朝墓志汇编》（修订本）第119页和第169—170页。

者即"大魏宫内司高唐县君杨氏墓志",志主死于正光二年(521),有姓无名。无志题者志主死于熙平元年(516),有名而无姓。后者因志文提到"近祖吴双",研究者多认为吴是姓氏,如赵万里即著录为"内司吴光墓志",并怀疑志文提到的"司徒公"是东汉的吴雄。勃海著姓有吴氏,而中古吴氏郡望首推勃海[1],很可能志主姓吴名光字兴贵。墓志说这位内司吴光是勃海太守安生的长女,"性禀天调,凤膺庭训,风范清华,著于外发"。她因何入宫,墓志全无交代,只笼统地说"入履紫朝,忝司宫闼"。比较起来,内司杨氏的墓志就提供了更多关于志主的信息。

值得注意的是,墓志所见高等级宫女中颇有和王钟儿一样,是在刘宋丧失淮北四州与淮西之地时被掠至平城的。墓志称她们都出自官宦家庭,大概因此也都受过一定教育,很可能这样的家庭背景和教育条件对她们在宫中发展是有一定帮助的。内司杨氏就属于这种情况。

---

[1] 北朝墓志颇见勃海吴氏,如西魏吴飑墓志、北齐吴迁墓志等。西魏李贤妻吴辉墓志称"其先勃海徙焉"。见《宁夏固原北周李贤夫妇墓发掘简报》,载《文物》1985年第11期;录文参赵超《汉魏南北朝墓志汇编》(修订本),第483—484页。敦煌文书S.2052《天下郡望姓氏族谱》列勃海著姓,吴氏仅次于高氏。《太平寰宇记》卷六三记渤海郡三姓,依次为吴、高、欧阳,见乐史《太平寰宇记》,中华书局,2007年,第1284页。

据"大魏宫内司高唐县君杨氏墓志",杨氏祖父杨屈为北济州刺史,父杨景为平原太守,家在清河郡(不是河北冀州的清河,而是刘宋继承南燕在今山东淄博所设的冀州清河郡,北魏时属齐州东清河郡)。墓志明确描述杨氏入宫的时代背景就是刘宋丢失淮北四州:"皇始(当作皇兴)之初,南北两分,地拥王泽,逆顺有时,时来则改,以历城归诚,遂入宫耳。"墓志说杨氏"年在方笄,性志贞粹",入宫时十五岁(按墓志所记年月算,可能是十六岁),"虽遭流离,纯白独著,初入紫闱,讽称婉而(尔)"。

王钟儿虽比杨氏年长许多,但她们一起服侍过宣武帝的生母高照容,所以一定彼此熟识。杨氏墓志称"文昭太皇太后选才人,充官女",就是在高照容被冯太后看中纳入掖庭时,所配备的宫女中就有杨氏,那时高氏十三岁,杨氏差不多二十七八岁。根据墓志,后来,很可能是在高照容死后,杨氏转换工作,"又以忠谨慎密,择典内宗祏"。内宗祏指宫内的宗祏,安放宗庙神主之地曰祏,七祏即七庙。可能这个工作主要是日常祭祀,墓志说她"孝敬天然,能使边(笾)豆静嘉",因此获得升迁为细谒小监。细谒可能是宫中纺织机构,墓志称赞杨氏在这个职务上"女功纠综,巧妙绝群",因而"又转文绣大监"。从小监到大监,是一大提升。

杨氏在内侍女职系统里继续上升,墓志记她"化率一宫,课艺有方，上下顺厚，改授宫大内司"，最后竟官至内司，达到了宫女所可能达到的最高职位。她的宫女"仕途"如此顺利，固然与她的个人能力、品行素质有关，但也与宣武帝感念她当初侍奉自己的生母高照容，并且必然也抚育过宣武帝有关，甚至可以说，后者应该是更重要的因素。墓志明确说："宣武皇帝以杨历勤先后，宿德可矜，赐爵县君，邑号高唐。"皇帝给一个宫女封爵（高唐县君）加官（宫大内司），和孝明帝在王钟儿病重时前往探视一样，绝对不是宫廷生活的常见现象，当然都是因为这些宫女在一个特殊的时间点跟皇帝个人建立起了特殊联系。

杨氏比王钟儿年轻十三四岁，但去世却早了两年半，于正光二年去世，享年七十岁，墓志记下葬时间是十一月三日（521年12月17日）。

见于墓志的北魏宫女中，还有至少四个是和杨氏一样，在同一个时代背景下，同一时期从青齐地区（刘宋的青冀二州）被魏军掠入平城。这四个宫女是刘阿素、张安姬、傂光姬和孟元华。

刘阿素墓志（志题"大魏正光元年岁在庚子魏宫内大监刘阿素墓志铭"）称刘阿素"齐州太原人也"，这个太原是东太原郡，在今山东济南与泰安之间。据墓志，刘阿素的祖父刘无讳、父亲刘颁都是刘宋官员（具体官职当然未必可信），墓志所说的"遭家不造,幼履宫廷",时代背景就是北魏夺取刘宋的淮北四州。刘阿素死于正光元年(520)八月,享年六十七岁,则生年当在宋孝武帝孝建元年(454),进入平城宫时正是十四五岁。刘阿素是"宫内大监",属于第二品,但"内宠其劳,赐宫品一",大概是死后追赠为一品。

张安姬墓志的志题是"大魏正光二年岁在辛丑三月己巳朔廿九日丁酉宫第一品张墓志铭",墓志称张安姬是兖州东平人,祖父张基为兖州刺史、父亲张憘为济南太守(当然官职不一定可信),都是刘宋在淮北的地方官。张安姬"年十三,因遭罗(罹)难,家戮没宫",跟杨氏、刘阿素入宫情形一样,年龄也相仿。墓志记张安姬"年廿,蒙除御食监",二十岁就成了三品宫官。她因在御食监职务上"厉心自守,莅务有称",提升为文绣大监,转任宫作司,这两个职位都是二品。墓志说张安姬六十五岁时"因抱缠疹,绸缪弥久,医寮(疗)伯(百)方,转加增慑",病逝于洛阳宫。和刘阿素一样,张安姬死后"旨赠第一品",达到了最高等级,故志题特别标出"宫第一品"。

缑光姬一家也是从青齐入魏。据"魏故第一品家监缑夫人之墓志铭"[1],缑光姬之祖缑永、父缑宣都是刘宋在青冀二州

---

[1] 缑光姬墓志拓片图版见赵君平《邙洛碑志三百种》第17页,墓志录文见韩理洲《全北魏东魏西魏文补遗》第209页。

的官员（具体官职当然不可信）。墓志这样描述入宫之前的光姬："踵弈叶之嘉风，资余庆之休绪，妙质逾于罕世，姿淑逸于幽闲，故令问以之遐布，声价于是自远，年在襁抱之中，已有成人之志。"然而"未及言归，遂离（罹）家难"，从此"委身宫掖，出入椒闱"，即铭辞所谓"一离家难，长秘宫廷"。缞光姬以七十二岁死于正光六年（孝昌元年，525）正月，则其生年当在宋孝武帝孝建元年（北魏文成帝兴光元年），泰始四年（468）她才十四五岁，尚未出嫁。所谓"家难"，是指父兄被杀、家人被掳。这一人伦巨变对光姬伤害甚深，墓志说她"然以父兄沉辱，无心荣好，弊衣疏食，充形实口，至于广席畴朋，语及平生，眷言家事，泪随声下"。铭辞说她"徘徊禁闼，惆怅幽垌，眷言陟岵，嘘唏增零"。这些描述，都多少反映缞光姬精神世界的这一黑洞。缞光姬在宫里的身份是"家监"，为第二品，志题所说的第一品似乎不是死后追赠，而是生前所得的赏赐。墓志说："同辈尚其风操，僚友慕其贞概，是以圣上崇异，委以事业，用允于怀，即锡品第一，班秩清禁，羽仪之等，有同郡君"。

和文罗气一样，缞光姬并非孤身入宫。我们现在知道她同陷奚官的家人还有两人，就是她的嫂子茹氏和侄子缞显，因为缑显恰好有墓志留存[1]。缑光姬墓志说她是"大魏冠军将军齐州刺史显之姑"。缑显墓志记缑显生前最后的将军号是冠军将军,死后赠官是齐州刺史,刚好对得上。缑光姬墓志说她是"齐郡卫国人",缑显墓志说他是"魏郡卫国崏人",都不准确,应作齐州东魏郡卫国县,崏可能是乡名。缑显墓志记曾祖与祖父之名分别为缑稚、缑珍,与缑光姬墓志不同(官衔也不同),原因不明,但二人肯定是姑侄关系。缑显墓志记其父缑虎为刘宋直阁将军、西豫州刺史,缑虎应该就是缑光姬之兄。缑显比缑光姬早死两年(正光四年二月),享年五十八岁,则其生年当在宋明帝泰始元年(465),正是大动荡开始的那一年。青齐入魏时,缑显还不到四岁,所以墓志说:"皇风远震,三齐席卷,君在婴孩,与母茹氏迁于代都。"由此可见缑氏一门三人都进了平城宫。

孟元华墓志文字问题较多[2],但大致可读。根据墓志,孟元华死在正光三年十二月(523年1月),年过七十,那么她的生年大致应该在宋孝武帝孝建元年(北魏文成帝兴光元年),进入平城宫时不过十四五岁。墓志说她入魏后,"主上太武皇

---

[1] 缑显墓志拓片图版见《北朝墓志精粹》第一辑北魏卷一,上海书画出版社,2021年,第82—83页。

[2] 孟元华墓志录文见赵超《汉魏南北朝墓志汇编》(修订本),第175—176页。

帝闻之，即招为内侍"，太武皇帝应作献文皇帝。墓志记孟元华父祖的在宋官职当然不可据信，不过说她父亲在齐州刺史（其实宋没有齐州）任上遭遇泰始巨变，足以明了孟元华入魏的背景。墓志称孟元华进入皇宫后"迳历五帝"，可是献文帝、孝文帝、宣武帝和孝明帝只有四个皇帝，也许还算上了冯太后。孟元华的最高官职是细谒大监，为宫品二品，墓志没有提她的追赠，不过很可能高赠一级是个惯例，因此她也是以一品身份被安葬的。

和同一时期华北社会比起来，青齐地区的文化教育应该更发达些。以上提到的杨氏、刘阿素、张安姬、缑光姬和孟元华，可能在青齐老家时已经接受过一定程度的教育。比如刘阿素墓志说她"志心儒质，蒙荣紫极"，"儒质"二字似是指她的文化水平不低。这一点，和王钟儿的情况是很接近的，只不过王钟儿入宫时已经三十岁，是一个更加成熟的劳动力。

7　宫女人生

张安姬墓志述丧葬之事云："鸣鼗奏乐，队送终宅；亲爨悲悼，痛念心髓。"所谓"亲爨"，亲自然是指亲属，爨则指同火人。同火人，字面意思是同灶烧饭之人（可能也是一起居住的），也许引申义是金兰之契、结义姐妹。北魏宫女的同火人一称，亦见于刘阿素等宫女墓志。刘阿素墓志记她死后，"同火人典御监秦阿女等痛金兰之奄契，悲红颜而逃年，乃刊玄石，述像德音"。主持刘阿素丧葬事务的是她的同火人典御监秦阿女。秦阿女是典御监，为第三品，如果不能继续升迁，她死后只能追赠到二品。目前基本上还没见到二品宫女的墓志，很可能是二品不能享受刻写墓志的待遇。也许正是因此，我们目前也未能见到秦阿女的墓志。不过，经费虽由官出，丧事办理毕竟要有人出力主持。刘阿素正光元年（520）八月死于洛阳宫，十月安葬于邙山西陵（宣武帝的陵区），主持其事的正是她生前的"同火人"秦阿女。

宫女来源除了战争掳掠（来自南朝），还有家庭陷罪（来自北魏），共同点是都出自官宦家庭。如刘华仁墓志（志题"大魏正光二年岁在辛丑三月己巳朔十七日乙酉魏宫品一大监墓志铭"），记定州中山郡人刘华仁因家庭陷罪而入宫。华仁正光二年（521）正月死于洛阳宫，享年六十二岁，则其生年当在文成帝和平元年（460）。华仁的祖、父分别官至郡太守和县令，"家门倾覆，幼履宫庭"。华仁的宫女生涯也相当漫长，"款策四纪"，在宫中服务将近半个世纪，这意味着她入宫时只有十三四岁。墓志说她"禀性聪叡，忾怀晓就，志密心恭，蒙驰紫幄"，因"积勤累效"，升职为宫典禀大监。"内愍宿心，特旨赠第一品。……辒车葬具，增加千数，吉凶杂乐，队送终宅。"值得注意的是，刘华仁的后事也是由她的同火人操办主持。墓志云："同火人内傅母遗女痛念松年之契，悲悼感结，故刊玄石，述像德音。"刘阿素的同火人秦阿女虽无可考见，刘华仁的"同火人内傅母遗女"却留有墓志。

这个"内傅母遗女"，就是北魏迁洛后宫中第一号大厨，姓王名遗女。现将王遗女墓志全文转录于下：

惟大魏正光二年，岁次星纪，月管南侣，廿日乙酉。傅姆姓王，讳遗女，勃海阳信人。其夫幽州当陌高，字雒阳，官为深泽令，与刺史竞功亢衡，互相陵压。以斯艰踬，遂入宫焉。女质禀妇人，性粹贞固，虽离禁隶，执志弥纯。尤辨鼎和，是以著称。故显祖文明太皇太后擢知御膳。至高祖幽皇后，见其出处益明，转当御细。达世宗顺后，善其宰调酸甜，滋苦允中，又进尝食监。至高太后，以女历奉三后，终始靡怨，奖训紫闱，光讽唯阐，故超升傅姆焉，又赐品二。年八十三，终于洛阳宫。上追愍之，赠品一，赉东园秘器及辒辌车，奉终之具，一皆资足。瘗于终宁陵之北阿。故镌石刊记，以诒后昆云尔也。

刘华仁墓志说主持华仁丧事的是"同火人内傅母遗女"，证以王遗女墓志"傅姆姓王，讳遗女"，职衔、名讳都符合，可见王遗女就是刘华仁的同火人。不过刘华仁下葬在正光二年三月，王遗女下葬则在同年八月，真是前后脚辞世。王遗女死时八十三岁，那么她的生年应该在太武帝太延五年（439），是王钟儿的同龄人。王遗女比刘华仁年长二十一岁，两人关系大概在姐妹与母女之间。墓志记遗女之夫"幽州当陌高字雒阳",当陌不是郡县名,而是幽州范阳郡涿县的一个村名。[1] 墓志说王遗女的丈夫高雒阳任深泽县令,与(定州)刺史"竞功亢衡,互相陵压",以此横陷法网。高雒阳大概被杀,王遗女则没入奚官,墓志称"以斯艰踬,遂入宫焉"。夫家高氏为范阳郡涿县当陌村的大姓,王遗女墓志略去郡县名,很可能是因她自己平时回忆时只说村名,旁人久已听闻,熟知当陌其名,却不知是个村子,以为是郡县之名,故制作墓志时直接写在幽州之下。

王遗女擅长烹调,凭着这门手艺在宫里别有一番发展。墓志说她"尤辨鼎和,是以著称。故显祖文明太皇太后擢知御膳"。王遗女的烹调才能早在献文帝时就被冯太后发现,让她负责内宫御膳,从此她就专为皇后做饭,成为北魏后宫第一大厨。她服务过的皇后包括孝文帝的幽皇后、宣武帝的顺皇后(于氏)和宣武帝的高皇后(高英)。墓志记王遗女在幽皇后时"转当御细",御细似是与主食相对而言的食物(精细点心?)。宣武帝时期,顺皇后于氏"善其宰调酸甜,滋苦允中,又进尝食监"。尝食监位为三品。到高皇后高英时,"以女历奉三后(冯

---

[1] 柯昌泗《语石异同评》卷三"碑额"补记"河北涿州城垣上,旧有高伏德造像记",其碑额文字有"幽州范阳郡涿县当陌村高伏德、像主维那刘雄合三百人"。见《语石、语石异同评》合印本,中华书局,1994年,第160页。

太后、幽皇后与顺皇后），终始靡惩，奖训紫闱，光讽唯阐，故超升傅姆焉，又赐品二"。傅母似乎是没有品级的，赐品是后宫对身为傅母的宫女的额外奖励。王遗女死后，"上追愍之，赠品一，赉东园秘器及辒辌车，奉终之具，一皆资足"。

这种"奉终之具，一皆资足"的优遇，可能并不是对王遗女的特别恩典，而是对于所有第一品宫人的制度性安排。同样死于正光二年的宫女王僧男生前只做到女尚书，属于第三品，她的墓志没有志题，一开头就说："女尚书王氏讳僧男，安定烟阳人。"后面记她"超升女尚书，秩班品三"，女尚书只是三品，但她后来被赐予二品，这样她就具备了被追赠为一品的资格。墓志说："年六十八，终于大魏金墉宫。上以男历奉二后，宿德者勤，又追赠品一，赐东园秘器及辒辌车，丧之资费，皆取公给。"可见，由宫廷支付丧葬资费，是第一品宫女的例行待遇，是一种制度。很可能，"丧之资费"中，也包括墓志的制作。

罪人家庭女性"没奚官"时，常见母女同行，特别是母亲带着幼年女儿入宫，王僧男就是如此。据墓志，僧男祖父王靰、父亲王那分任安定太守和上洛太守，显然是安定的地方豪家，墓志所谓"地华泾陇，望带豪冑"。王那"以雄侠罔法"，招致杀身之祸，"唯男与母，伶丁荼蓼，独入宫焉，时年有六"。王僧男生于文成帝兴光元年（454），可知王那陷法在太安五年（459）。六岁的王僧男跟着母亲进入奚官，开始了她长达六十二年的宫女生涯。

王僧男墓志记录了针对幼年宫女的学校教育制度（宫学），在这种学校读书的宫女成为"宫学生"。墓志说王僧男"聪令韶朗，故简充学生"。很可能，幼女随母入宫的情况相当普遍，后宫为其中适合读书者开设学校，以培养有文化的宫女。墓志说僧男"惠性敏悟，日诵千言，听受训诂，一闻持晓"，竟是一个读书种子。这是她能够"超升女尚书"的原因，而她在这个职务上"能记释嫔嫱，接进有序，克当乾心，使彤管扬辉，故锡品二"，似乎工作内容是安排皇帝接御妃嫔。

迄今所见北魏宫女不够一品却留有墓志的唯一一例，是冯迎男墓志（志题"魏故宫御作女尚书冯女郎之志"）。比较前述正光二年前后的宫女墓志,可以非常明显地看出,在墓志撰写和书丹刻石上,这些墓志有相当的共同点,文字与书法都似出自同一个人。而冯迎男墓志迥然不同。这是否意味着,冯迎男的丧葬事务并非由宫廷承办?墓志称下葬时"母弟号悼,亲侣哽咽",可见后事是由她的亲弟弟操持的。墓志没有提到冯迎男死后追赠之事,即便有追赠,她也只能由女尚书的三品追赠为二品。极为可能的情况是,冯迎男的弟弟也早已入宫做了阉官,现在已混得有了那么一点资本。是不是可以这样猜想:因为冯迎男的弟弟自己主持了姐姐的丧葬,所以他可以给姐姐制作一方墓志。

和王僧男一样,冯迎男也是幼年随母亲入宫的。墓志说:"西河介人也。父显,为州别驾,因乡曲之难,家没奚官。女郎时年五岁,随母配宫。"冯迎男的父亲冯显大概死于这场"乡曲之难",她,还有她弟弟,都随母亲没入奚官,之后分配去向,弟弟受刑成为阉官,她则随母亲成为宫女。和王僧男一样,冯迎男也是很小被选拔做了宫学生,而且她也是一个读书种子:"慎言寡过,盖其天性,窈窕七德,长而弥甚。年十一,蒙简为宫学生。博达坟典,手不释卷,聪颖洞鉴,朋中独异。十五蒙授宫内御作女尚书。"冯迎男十一岁开始读宫学校,十五岁毕业开始工作。这很可能是宫学校的制度,即十来岁开始读书,五年毕业。至于读宫学校之前是不是另有发蒙教育的安

排，目前没有史料，我猜可能是有的，所谓"简为宫学生"，说明有一个挑选程序，应该是从已发蒙的少年宫女中选择适合进一步深造者。读过宫学校的宫女，可以说是受过较高教育的，所以能在宫女中脱颖而出，这大概是大多数高品级宫女的共同特点。

王钟儿入宫时已经三十岁，她肯定是有一定文化的，但似乎没有获得过高品，也许因为迁洛后推行品级时，她已年高且很快出家了。前面提到的宫女们，可能王钟儿熟识的不少。比如地位最高的宫内司杨氏曾和她一起侍奉高照容，并一起养育宣武帝及其弟妹。王钟儿与内宫第一大厨王遗女也应该相熟，两人同龄，而且同样在宫里度过了漫长的余生。

8　斛律昭仪

王钟儿初入平城宫所做的工作，墓志只有一句话："遂为恭宗景穆皇帝昭仪斛律氏躬所养恤。"恭宗景穆皇帝指太武帝的长子、文成帝的父亲拓跋晃（428—451），他死在太武帝之前，文成帝继位后追尊为景穆皇帝，庙号恭宗。景穆帝没有做过皇帝，他的妻室自然不会有正式的后宫名号，这个昭仪也只能是文成帝时候追尊的。所谓"躬所养恤"，字面的意思是王钟儿得到斛律氏的抚养，其实是说王钟儿服侍昭仪斛律氏。据此，我们知道王钟儿在平城宫最早的工作，就是服侍景穆帝的这位斛律氏昭仪。

景穆帝于延和元年春正月丙午（432年2月17日）立为太子，时年五岁。他以太子身份，死在太武帝正平元年六月戊辰（451年7月29日），时年二十四岁。很可能他是死于太武帝的猜忌，无论是南北朝文献还是后世史家议论，都认为他是太武帝秘密处死的。如前所说，太平真君十一年（宋文帝元嘉二十七年，450年）秋，太武帝亲率大军深入河淮，击退宋文帝的"元嘉草草"，进而乘胜追击，年底即饮马长江，上瓜步山南望宋垒，至少表面上大获全胜。但这场持续半年多的战争消耗巨大，北魏的军力和财政都严重受损，这可能加剧了太武帝的不安全感。可能是听到了什么说法，太武帝竟把太子拓跋晃视为威胁，回平城不足三个月就杀了太子。不久太武帝自己为宦官宗爱所杀，时间是正平二年二月甲寅（452年3月11日）[1]。

拓跋晃之前，北魏还没有立过太子，自然也谈不上有东宫制度。《北史》说："魏旧太子后庭未有位号，文成即位，景穆宫人有子者，并号为椒房。"[2] 也就是说，与拓跋早期的可汗后庭一样，没有标示等级的特定名号，"惟以次第为称"[3]。但可以设想，太子（和其他皇子、其他贵族一样）有符合代北拓跋

---

[1]《宋书》卷五《文帝纪》元嘉二十九年条："二月庚申（452年3月17日），虏帅拓跋焘死。"见第107页。比《魏书》所记晚了六天。也许，庚申是这个消息传到建康的时间。《资治通鉴考异》从《魏书》，见《资治通鉴》中华书局标点本，第3973页。

[2]《北史》卷一七《景穆十二王传上》，第629页。

[3]《魏书》卷一三《皇后传》，377页。

传统婚姻制度的正妻，只是那时太子正妻也没有中原式的"太子妃"之类的名号。南安王拓跋余永平（承平）元年（即太武帝正平二年）十月戊申（452年10月31日），年方十三岁的文成帝被拥立即位时，拥戴他的几个大臣握有大权。他们虽然追尊拓跋晃为皇帝，却没有以同样的规格对待他的正妻，只是把文成帝的生母郁久闾氏追尊为皇后。[1] 据前引《北史》，拓跋晃的妻室多人中，凡育有子嗣者都被尊为"椒房"，那么，未生子者大概就得不到位号了。

北魏后宫有椒房之号始自太武帝。《北史·后妃传》："（道武帝）始立中宫，余妾或称夫人，多少无限，然皆有品次。太武稍增左右昭仪及贵人、椒房等，后庭渐已多矣。"非魏收原文、为后人补缀而成的《魏书·皇后传》，在"椒房"之下还有一个等级"中式"。所谓道武帝"始立中宫"，是指始有汉语的"皇后"之号，此前只有可汗的正妻号（即鲜卑语的"可敦"，《南齐书》写作"可孙"，都是khatun的音译）[2]。按照太武帝所定

---

[1] 《魏书》卷一三《皇后传》称郁久闾氏"世祖末年薨"（《北史》卷一三《后妃传上》称"生文成皇帝而薨"，误，《北史》卷二《魏本纪二》校勘记三二已有说），未说明具体时间。同书卷五《高宗纪》记文成帝兴安元年十一月甲申(452年12月6日)"皇妣薨"。可见陆丽等人确立文成帝之时，即遵循"子贵母死"之制杀死了郁久闾氏。

[2] 潘敦：《可敦、皇后与北魏政治》，《中国史研究》2020年第4期，第82—104页。

的后宫位号，皇后之下依次为左右昭仪、贵人、椒房和中式等，椒房低于昭仪与贵人。文成帝初立时，用事诸臣把文成帝已经死去的生母郁久闾氏尊为皇后，把拓跋晃诸妾中仍然健在且育有子嗣的尊为椒房。应该说明的是，景穆诸椒房各随其子，并不住在宫中。

《魏书》和《北史》所记景穆帝诸椒房中，并没有斛律氏，说明她不在生子者之列。可是昭仪之位仅次于皇后，远高于椒房。无子的斛律氏却拥有昭仪身份，高于景穆诸王的生母，这说明什么呢？潘敦认为昭仪这个名号表明斛律氏可能本来就是拓跋晃的正妻。[1] 这个推测应该是可以成立的。根据这种理解，文成帝即位之后，在追尊景穆帝的同时，也给景穆帝的正妻斛律氏上了昭仪号。照说景穆帝被尊为皇帝，他的正妻理应被尊为皇后。然而孝文帝之前的北魏皇后（可敦）都是经过了"手铸金人"的测试程序的，"以成者为吉，不则不得立也"。[2] 斛律氏没有机会履行这一测试，因此不得称皇后。尊为仅次于皇后的昭仪，是斛律氏所能得到的最佳待遇了。也许，这也就是斛律氏一直留在宫中的原因。

斛律（也许可以还原为 kül/köl/külü/külüg）是中古时期

---

[1] 潘敦：《可敦、皇后与北魏政治》。
[2] 《北史》卷一三《后妃传》，第486页。

阿尔泰语（Altaic）各人群较为常见的专名，或用作政治名号（主要作为官号用以修饰官称），或用作部落及家族称号（其功能非常接近于汉语社会的家族姓氏）。前者如北魏前期柔然蔼苦盖可汗的本名就是斛律，后者如说某种突厥语（Turkic）的高车各部中就有著名的斛律部。（说明一下：这里强调高车说突厥语族的某一种或某几种语言，是想区别于说古代蒙古语族某一种或某几种语言的柔然与拓跋。）景穆帝的正妻斛律氏，应该是出自高车的斛律部。

《北史·高车传》记道武帝时，高车斛律部酋帅倍侯利为柔然击败后南投拓跋："倍侯利遂奔魏，赐爵孟都公。侯利质直，勇健过人，奋戈陷阵，有异于众。北方人畏之，婴儿啼者，语曰：'倍侯利来！'便止。处女歌谣云：'求良夫，当如倍侯。'其服众如此。善用五十菁筮吉凶，每中，故得亲幸，赏赐丰厚，命其少子曷堂内侍。及倍侯利卒，道武悼惜，葬以魏礼，谥曰忠壮王。"按照早期拓跋传统，这种主动投奔的会享受"上客""第一客"或"第一品大酋长"待遇，被当作"附国大人"，或"附国渠帅"，高贵者也会获得与拓跋皇室互为婚姻的资格。《北史》还记高车保持原有的部落形态，未受"离散部落"的影响："道武时，分散诸部，唯高车以类粗犷，不任使役，故得别为部落。"

斛律家一定有多人获得内侍资格，不止是倍侯利的少子谒堂，后来很多代的斛律人物都以禁卫武官的身份出入北魏宫廷。北魏文成帝南巡碑碑阴题名里有不少斛律氏人物，身份都是"内三郎"[1]。孝文帝吊比干碑碑阴题名有"直阁武卫中臣高车部人斛律虑"[2]。值得注意的是，孝文帝迁洛之后，虽然斛律氏子弟照旧充任直阁武卫，但他们维持着魏初以来"别为部落"的传统，留在六镇一线的北边，没有南迁洛阳。由于留在北边，斛律氏与其他边镇豪家一样，未能或较少地享受到孝文帝的改革红利，并且在政治上和文化上逐渐被边缘化，迁都的时刻一定是这一变化非常重要的分水岭。从历史叙述意义上来说，斛律氏再次从边缘进入中心，要等到六镇人士主导中原政治的东魏、北齐时代。

而在太武帝时期，斛律氏还是宫廷内外非常活跃的"车马客"。太武帝为太子娶斛律家的女儿，是因为斛律氏具备上客和附国渠帅的资格。当然，如果不是王钟儿（慈庆）墓志提到"恭宗景穆皇帝昭仪斛律氏"，我们也无从了解拓跋晃的正妻原来就出自高车斛律部。王钟儿被分配到斛律氏这里效劳，应该在她于献文帝皇兴二年（468）入平城宫之时

---

[1] 山西省考古研究所、灵丘县文物局：《山西灵丘北魏文成帝〈南巡碑〉》，《文物》1997年第12期，第70—79页。

[2] 王昶：《金石萃编》卷二七，陕西人民美术出版社，1990年，影印扫叶山房1921年石印本。

或稍后。这时去景穆帝之死，已整整十七年。如果斛律氏与景穆帝年岁相仿，那么她大约已经四十来岁，比王钟儿还大差不多十岁。

9 文明太后

王钟儿入平城时,北魏皇帝拓跋弘(鲜卑语本名第豆胤[1],庙号显祖,谥号献文)年方十五,军国大权全在皇太后冯氏手里。文成帝死于和平六年五月癸卯(465年6月20日),十二岁的献文帝次日继位,文成帝皇后冯氏被尊为皇太后。不过朝政实际控制在权臣乙浑之手,他大肆诛杀权争对手,自任丞相,"位居诸王上",一时威风无二。但半年多后,在一部分禁军

---

[1] 献文帝的鲜卑语本名,不见于《魏书》与《北史》。《宋书》卷九五《索虏传》记献文帝"弘之字第豆胤",见《宋书》第2583页。第豆胤语源不详,可能与东北的一个部族名"地豆于"是同一个名号。

将领的支持下，冯太后发动政变，杀掉了乙浑[1]，以母后之尊控驭皇权。之后差不多三年间，平城宫相对安定。王钟儿入宫前一年，孝文帝出生（467年10月13日）；王钟儿入宫后一年，孝文帝立为皇太子（469年6月27日）。这些都是平城乃至全国的头等大事，王钟儿至少是听说过的。

在这两件大事之间，还有一件对朝廷来说更重要的事：大概在王钟儿入宫那一年，因为献文帝年满十五岁了，"临朝听政"的冯太后不得不终止听政，让献文帝自己履行皇帝职责。不过冯太后是有长远安排的。此前一年，孝文帝一出生，冯太后就把他从生母李夫人怀中夺走，接到自己宫里养起来。《北史·后妃传》："及孝文生，太后躬亲抚养。"孝文帝两岁半时取了大名"宏"，一个月后立为皇太子。立皇太子之前，孝文帝的生母李氏被杀，当然是执行"子贵母死"的旧制，只是冯太后有更现实的动力来利用这一制度。此后，冯太后在世的二十多年间，没有人敢跟孝文帝提到他的生母，孝文帝自己大

---

[1] 乙浑《魏书》无传，当然是因为他在被冯太后发动政变推翻以后成了被否定的历史人物，不过乙弗家族自太武帝以来世尚公主，十分显赫，乙浑本人也是文成帝时期最重要的大臣之一。文成帝南巡碑碑阴题名中排名仅次于步六孤伊□（所缺的字很可能是利／丽，此人即《魏书》中的陆丽）的"侍中、特进、车骑大将军、太子太保、尚书、太原王一弗步□□"就是乙浑，可见他的鲜卑语本名应该是乙弗步六浑。

概也不敢问,所以完全不知道自己的生母姓甚名谁。故《北史》云:"迄后之崩,孝文不知所生。"

文成帝死时,冯后年仅二十四岁。据《北史·后妃传》,她有刚烈过人的一面。按照拓跋传统葬仪,人死三天后,亲属要把死者生前使用过的衣履用具聚起来焚烧一尽,即《北史》所说的"御服器物一以烧焚,百官及中宫皆号泣而临之"。这时冯后"悲叫自投火,左右救之,良久乃苏"。内外百官都亲眼目睹了冯后这一惊人之举,这一定为她赢得了长久的资本,半年后一批禁军将领敢于参与她策划的诛杀乙浑的政变,至少部分原因,恐怕也在于佩服她的果毅决烈。

冯太后毕竟还是一个年轻妇人,在掌握绝对权力之后,没有人可以阻止她追求个人幸福。大概掌权后不久,她就和朝臣中的赵郡李弈建立了特殊关系。李弈的父兄都是北魏名重一时的人物:父李顺在太武帝朝先受重用后失宠被杀,兄李敷特受文成帝器重。《魏书》记李敷"性谦恭,加有文学,高宗宠遇之","典掌要切"。据《魏书》,李弈本人"美容貌,有才艺",很早就担任过重要职务,官至散骑常侍、宿卫监、都官尚书,这些职务似乎是为了便于他在宫里活动。大概和李敷一样,李弈青少年时代就在平城读书(中书学生)、给侍(担任中散,或称内小)。冯太后临朝听政,李弈更受"见待",加官晋爵,"朝政大议,事无不关"。正是在这个条件下,在北魏接受薛安都、常珍奇等人降附一事上，他才能发挥关键作用。太武帝晚年虽后悔杀了李顺，却没有给他平反，直到冯太后听政时，始予平反追赠，当然是因为爱屋及乌。《魏书》说李顺得显祖追赠是因"顺子敷等贵宠"，其实恐怕连李敷自己被器重，很大程度上也是沾了弟弟李弈的光。

和十多年后冯太后不怎么隐瞒与多位宠臣的关系一样，她与李弈的私情似乎是公开的秘密。这一关系可以伤害到的人不会很多，不过其中一定有刚刚掌权的献文帝拓跋弘。无论这个十五六岁的皇帝出于何种动机，他都把除掉李弈兄弟当成了一个重要目标。皇帝要做什么，当然会有足够多的人主动出力。阴谋与背叛再次成为故事的必要情节。李敷的好朋友李䜣因在相州刺史任上"受纳民财及商胡珍宝"，被人告发。担任南部尚书和中书监的李敷与李䜣是当年读中书学的同窗好友，"少长相好，每左右之"，总是偏袒保护他，这次也把告发文书压住不往上报。不过皇帝已经决定拿李䜣当突破口，所以下令"槛车征䜣，拷劾抵罪"。正当李䜣走投无路时，有官员及时出来给他出主意，让他告发李敷兄弟以自保。李䜣"深所不欲，且弗之知也"，就算他愿意出卖朋友，好像也说不出什么罪状。跟安排好的一样，这时李䜣的女婿出主意，找到李敷的一个仇人，由那个人提供"事状"。

《魏书》说"李䜣列其隐罪二十余条"，所谓隐罪，都是难于证实的，如朋友间私下的言语等。对献文帝来说，要除掉冯太后必定大力保护的李敷兄弟，单单李䜣的一面之词似乎还不够。于是，另一个检举人也及时出现了，这就是李敷的同乡范标。范标告发的内容恰好足以佐证李䜣，这下子就成了铁案。皇兴四年（470）冬，献文帝受理此案，看到李敷兄弟犯下如此之多的罪行，当然是"大怒"。罪证充分，当庭判决，冯太后鞭长莫及，"诛敷兄弟，削顺位号为庶人"。李氏兄弟三人，李敷、李式、李弈，加上李敷的次子李仲良，李敷从弟李显德，妹夫宋叔珍，都"同时伏法"。李敷的长子李伯和逃窜了一年多，还是被抓住杀掉。

李敷还有个异母弟李冏，"逃避得免"。后来李冏在孝文帝时期官至光禄大夫、守度支尚书，死于太和二十一年（497）。李伯和有个年幼的庶子李孝祖，躲藏起来幸免于难。李敷的妻子崔氏，作为罪犯家属，和王钟儿一样"没入奚官"，在平城宫里做了五六年的宫女，直到献文帝暴死，冯太后重新临朝听政，才得重见天日。《魏书》记崔氏出宫后，把逃窜在外的孙儿李孝祖接来养着，算是凑成一个家。李孝祖长大成人，官至平凉太守。

二十九岁的冯太后眼睁睁看着自己的爱人举家遭祸，沉痛与仇恨可想而知。她虽不是献文帝的生母，却抚养他十来年，是有一定母子之情的。然而，在献文帝诛杀李敷兄弟之后，十年恩义似乎一朝而尽。

不知道冯太后是怎么做到的,献文帝很快就觉得这个皇帝没法儿再当下去了,在杀李敷兄弟之后不到一年就决定放弃皇位。他先是想到禅位给叔父中最年长的京兆王拓跋子推,大概因为拓跋子推与冯太后只是弟嫂关系,子推即位,冯太后就会失去干预朝政的条件。按拓跋传统,可汗的弟弟按年岁次序是有资格继承汗位的。据《魏书·任城王传》,十八岁的献文帝召集大臣宣布自己的想法,"王公卿士,莫敢先言",大概是吓坏了。献文帝的叔父任城王拓跋云第一个站出来反对,理由是"父子相传,其来久矣",就是指出自道武帝开国以来,兄终弟及的旧制早为父死子继所取代。拓跋云说:"陛下必欲割捐尘务,颐神清旷者,冢副之寄,宜绍宝历。"就是说,即便献文帝自己不想做皇帝了,继立者也只能是皇太子。随后,在诛杀乙浑的政变中发挥了关键作用的源贺[1]、元丕[2]等纷纷附

---

[1] 源贺的鲜卑语本名,《宋书·索虏传》记作"直勤驾头拔"。据我昔年的研究,北魏有直勤称号的都是皇室拓跋氏,源贺来自河西鲜卑的秃发氏,入魏后被太武帝赐姓拓跋,后在孝文帝改革后改为源氏。驾头拔之驾应是贺字之讹。因此冯太后时代的源贺应该姓拓跋,名贺头拔。见罗新《北魏直勤考》,收入罗新《中古北族名号研究》,北京大学出版社,2009年,有关源贺的讨论见第85页。
[2] 元丕这一姓、名,都来自孝文帝改革以后,他在冯太后时代当然是姓拓跋的,而他的名字也见于文成帝南巡碑阴题名,即"兴平侯、直勤渴侯",渴侯就是他的鲜卑语本名。

和。献文帝见此路不通，干脆禅位于五岁的皇太子，总之是不做皇帝了，当然仍以太上皇帝的名义掌握朝政。孝文帝即位后，冯太后在名分上升了级，被尊为太皇太后，理论上也就离朝政更远了一些。

由于史料缺乏，我们不知道这一变化是否在制度上为献文帝争取到了某种自由空间，使他可以避开与冯太后的日常冲突。不过即使他争取到了某种空间，却未能争取到时间。不到五年，献文帝暴崩于平城宫永安殿，时在476年7月20日。南北史书都说是冯太后下的手，《资治通鉴》综合各种史料后概括为："魏冯太后内行不正，以李弈之死怨显祖，密行鸩毒。"冯太后为李弈报仇，何以隐忍五六年之久？要知道献文帝每在位一天，都可能改变力量对比。有一条史料显示，可能是一件小事打破了母子间的某种平衡，促使矛盾激化，形势迅速发展。冯太后被迫抢先动手，杀害了献文帝。

据《魏书·李䜣传》，献文帝既杀李敷兄弟，贵宠李䜣，"参决军国大议，兼典选举，权倾内外，百僚莫不曲节以事之"。李䜣是李敷兄弟遇难的举告之首，他越是过得好，冯太后越是积怒难抑。于是发生了一个不大不小的治安事件，有所谓"群奸"攻入李䜣宗人家宅，大肆烧杀了一番，表面上看，只是一伙犯罪分子的偶然行暴。不过献文帝不这么看，他为此专门下诏，指出"自往年以来，群奸不息，劫䜣宗人李英等四家，焚烧舍宅，伤害良善"。献文帝确定这不是一般的治安刑事案件，所以在诏书里厉声斥道："此而可忍，孰不可恕！有司可明加购募，必令擒殄。"似乎是为了加强这一事件的政治性，诏书先对李䜣大大地表彰一番，说他"实国家之桢干，当今之老成也……利上之事，知无不为，赏罚所加，不避疏戚，虽孝子之思慈母，鹰鹯之逐鸟雀，何以方之"。

冯太后与这个案件是否有关，恐怕永远也搞不清楚了。不过很显然，当时不少人起了疑心，所以献文帝要大张旗鼓地谴责，勒令有司彻查，声势浩大，"必令擒殄"。如果此案背后的确有冯太后的影子，那么可以想见，案破之日，就是太后势力大受挫折之时。而献文帝诏书中"孝子之思慈母"一句，似乎别有暗示。献文帝的生母李氏和王钟儿一样是刘宋臣民，在"元嘉草草"那一年的宋魏战争中，被永昌王拓跋仁掳掠至魏。后拓跋仁被诛，李氏"与其家人送平城宫"，成为宫女。文成帝在平城宫的白楼上偶然望见，觉得这个宫女美，"后得幸于斋库中，遂有娠"，就生下了献文帝。献文帝长大之后当然会理解自己的生母死于子贵母死之制，而且执行者是常太后，但与冯太后嫌隙渐重时，他也会把这笔账算在冯太后身上。

而且，这句"孝子之思慈母"不只是说献文帝自己，可能把孝文帝也卷了进来。孝文帝的生母思皇后李氏出自贵族家庭，"以选入东宫"，是献文帝为太子时由父亲文成帝安排的。

思皇后死于孝文帝被立为太子之前，孝文帝对生母一无所知，因为冯太后把有关信息完全屏蔽了。当冯太后控制了孝文帝的抚养和教育时，献文帝对此是无可奈何的，但他用另一种方式表达了自己的态度，那就是特别抬举孝文帝的外祖父李惠，使他官高位显。这当然也引起了冯太后的警惕，长此下去，冯太后抚养孝文帝、屏蔽思皇后信息的努力岂不成了一场徒劳？故史书称："（李）惠素为文明太后所忌。"李䜣与李惠两人，成了冯太后的眼中钉。

可以说，冯太后感受到了献文帝散发出的越来越大的威胁。到李䜣家族宅舍受到攻击，献文帝决心一查到底，大有不惜摊牌之势。这时冯太后意识到平衡已经打破，于是抢先下手，"密行鸩毒"[1]。二十三岁的献文帝暴崩，冯太后再次临朝听政。重掌大权之后，她当然要除掉李䜣与李惠，但似乎相当耐心，超过了献文帝当初除掉李敷兄弟时：第一步，给他们加官晋爵；第二步，派到外镇大州当刺史；第三步，让人检举他们

---

[1] 献文帝死于冯太后之手，诸史并无异议，唯关于杀害细节，似有不同说法。《魏书》卷一〇五之三《天象志三》云："是时，献文不悟，至六月暴崩，实有鸩毒之祸焉。"见第2634页。《魏书》和《北史》都强调冯太后是用下毒的办法杀害献文帝的。然而《资治通鉴考异》引唐人元行冲《后魏国典》云："太后伏壮士于禁中，太上入谒，遂崩。"《考异》没有接受元行冲的说法，因为"事若如此，安得不彰，而中外恬然不以为怪，又孝文终不之知！"见《资治通鉴》卷一三四宋后废帝元徽四年，第4187页。

密谋南叛。有意思的是,诬告李䜣的,正是当年参与诬告李敷、后来深得李䜣器重的范标,这恐怕也是冯太后为了深度复仇而特意安排的。李䜣、李惠两家蒙受祸难的惨烈,跟当年李敷兄弟完全一样。《魏书·李䜣传》说"(李)䜣以凤故猜嫌,而婴合门之戮"。《北史·外戚传》说"(李)惠本无衅,故天下冤惜焉"。《北史·后妃传》特别强调:"至如李䜣、李惠之徒,猜嫌覆灭者十余家,死者数百人,率多枉滥,天下冤之。"殊不知,冯太后下如此辣手,并非一时兴起,实是隐忍了好多年。

王钟儿所在的平城宫,就是这样一个看似太平、实则沟壑纵横的地方。如果她一直服侍斛律氏这样无关紧要的主子,那倒也没有什么,可是,不知因为什么(或许是斛律氏死了),王钟儿有了新的工作,命运以奇妙的方式把她卷进了旋涡的中心。

10　子贵母死

所谓子贵母死，是指当某位皇子被确定为皇位继承人时，其生母要被处死。《北史》说："魏故事，后宫产子，将为储贰，其母皆赐死。"北魏开国之君道武帝拓跋珪安排身后之事，措置之一是杀死预定的嗣位者的生母。道武帝长子明元帝拓跋嗣的生母刘贵人出自独孤部，成了子贵母死的第一个受害人。据《北史》："初，帝（指明元帝）母既赐死，道武召帝告曰：'昔汉武将立其子而杀其母，不令妇人与国政，汝当继统，故吾远同汉武。'帝素纯孝，哀不自胜。"[1] 按这个说法，道武帝杀刘贵人以立明元帝，历史依据是汉武帝杀钩弋夫人以立昭帝的古事。这当然是史臣缘饰。无论道武帝出于何种动机，他对于

---

[1] 《北史》卷一《魏本纪》，第26页。

这一做法的必要性十分自信,似乎决心很大。当明元帝因悲念母亲、惹怒道武帝而出逃后,次子清河王拓跋绍就成为可能的继承人,而道武帝似乎也想杀掉他的生母贺夫人,逼得拓跋绍抢先下手杀了道武帝。

明元帝之后,太武帝、景穆帝的生母辞世都早,很可能都死于子贵母死[1]。前已说明,文成帝继位时,拥立他的大臣们同时也杀了他的生母郁久闾氏,名义上大概也是遵循子贵母死的"故事",但实际上应该是要避免与有皇帝生母身份的皇太后分享权力。这样跨越时间的实践累积下来,形成某种颇有制约力的传统,使得子贵母死有了一定的制度意义。当然,权力场域的参与者对制度或传统的选择性利用,才是制度成其为制度、传统成其为传统的主导力量。比如,冯氏从一个因罪入宫的奴隶,蝉蜕一般变身皇后、皇太后、太皇太后的过程中,子贵母死之制就是她最重要的武器,先是被她的支持者和保护者,后来被她自己完美地、一而再再而三地利用。

读北朝史的人都会注意到子贵母死,研究者多多少少都会触及这个话题,迄今较为重要的成果见于两本书,一是李凭

---

[1] 《南齐书》卷五七《魏虏传》:"初,佛狸母是汉人,为木末所杀,佛狸以乳母为太后,自此以来,太子立,辄诛其母。"第1092页。

《北魏平城时代》,一是田余庆《拓跋史探》。[1] 两家各有侧重:李凭着眼于拓跋君权运行中母后的影响力,关注宫廷政治中权势女性的个体作用;田余庆先生则从拓跋集团的政治结构和历史经验入手,着眼于母族后族作为拓跋君权的支持者和竞争者的双重作用,以认识清除君位继承人的母亲,其实是预防强大母族干预国政进而威胁皇权。两人都对子贵母死的非人性因素感喟良多,犹以田余庆先生的这些话发人深省、余韵悠长:"在拓跋部向文明攀登的过程中,残酷的暴力是催化剂。暴力铸成了许多伤天害理的罪恶。……子贵母死的研究给我一种认识:野蛮孕育文明;同时也给我一个疑问:历朝历代的统治者都使用残酷的暴力手段,难道古今文明都需要野蛮残酷才能孕育?我思之再三,无从作出答案。"

在田先生看来,道武帝逼母杀妻之时以及之前,拓跋君权的确存在某种结构性的危机,最主要的问题是对母族后族部落力量的依赖。随着部落离散,集权加深,拓跋统治已基本稳定,母族后族难以干预国政,更不可能威胁皇权,原先立子杀母的动因早已消解。然而,"子贵母死完全制度化,并更严厉地执行,是在文明太后冯氏之时。冯太后与献文帝、孝文帝均

---

[1] 李凭:《北魏平城时代》,修订本,上海古籍出版社,2011年,第134—263页;田余庆:《拓跋史探》,修订本,生活·读书·新知三联书店,2019年,第1—51页。

无血缘关系。她……充分利用子贵母死之制，为自己及冯氏家族谋利。……在子贵母死之制日益制度化之时，形成子贵母死的社会条件却正在消失。……按理，子贵母死已失去存在理由，应当逐渐淡化，以至消失"。然而，制度也好，传统也好，决定其出现与延续的力量显然不是后世史家对历史时代的认识，而是历史现实中操弄权力者对自身利益的判断。所以田先生说："冯太后为了私利，着力利用，使这一制度延续下来，而且更加严酷，导致预想不到的后果。"

冯太后的祖父冯弘是北燕最后一个君主，冯弘在位的最后几年，面对北魏太武帝的巨大压力，一方面送女儿入魏宫，另一方面不肯送爱子做人质，最终逃死高丽。他的几个先已降魏的儿子中，就有冯太后的父亲冯朗。据《北史·外戚传》，冯朗入魏后担任秦雍二州刺史（我怀疑秦当作东秦[1]），治于长安。冯朗的妻子是乐浪王氏，跟他母亲是一家的。冯太后和她的哥哥冯熙都生在长安。据孝文帝亲自撰文的冯熙墓志[2]，冯熙生于太武帝太延四年（438），比冯太后大三岁。

《北史·后妃传》说冯太后入宫是因为冯朗"坐事诛"，

---

1 关于十六国后期以来在关中东部设置东秦州，常以雍州刺史兼任东秦州刺史的情况，我在《新见北齐薛丰洛墓志考释》一文中略有阐说，见罗新《王化与山险——中古边裔论集》，北京大学出版社，2019年，第381—384页。
2 李风暴：《北魏〈冯熙墓志〉考评》，《中国书法》2010年第6期。

显然是以罪人家属"配奚官"。史不言冯朗所坐何事，我猜是因为他弟弟冯邈随军北伐时叛逃柔然。《北史·外戚传》说冯熙随保母逃命，是因为"叔父乐陵公邈因战入蠕蠕"。排比年代，我估计冯邈叛逃发生在太平真君四年（443）冬。这一年九月北魏大举北伐，四路大军深入漠北，一直打到柔然的心脏地带颁根河（鄂尔浑河）河谷。可是这一战似乎出了好多问题，首先是一个重要将领"镇北将军封沓亡入蠕蠕"，其次是战后处死了行军"后期"的八个将军，其中包括四路大军主帅之一的中山王拓跋辰。很可能，冯邈就是和封沓一样（或一起）叛逃柔然的。

冯朗因此被杀，妻王氏可能先已亡故（不然她也会和女儿一样成为奚官奴），六岁的儿子冯熙随保母魏氏逃窜，"至氐羌中抚育"，逃过了受宫刑做阉官的厄运。所谓"氐羌中"，大概是冯朗任东秦州刺史所管辖的关中东北部，即汉晋的冯翊郡境内，以氐羌等非华夏人口为主。冯太后年方三岁，配入宫里。《北史·后妃传》说她入宫后得到姑母的照顾："太武左昭仪，后之姑也，雅有母德，抚养教训。"这个左昭仪冯氏，就是冯弘送到平城和亲的女儿。年幼的冯氏一方面得姑母照拂，另一方面自己努力，"性聪达，自入宫掖，粗学书计"。不过，左昭仪也不能帮她改变卑贱宫女的身份。冯太后的时来运转，要靠另一位好运气的长辈。这就是文成帝的乳母常太后。

《魏书·皇后传》:"高宗乳母常氏,本辽西人。太延中,以事入宫,世祖选乳高宗。慈和履顺,有勤劳保护之功。高宗即位,尊为保太后,寻为皇太后。"据《北史·外戚传》,常太后的祖父常亥、父亲常澄在苻秦官为郡太守,当然更可能的情况是他们同样(或主要)在后燕和北燕为官。所谓"太延中,以事入宫",是指太延二年(436)太武帝灭北燕。如果常氏就在魏军此次掳掠的北燕人口中,那么她入宫三四年后文成帝才出生。她能被太武帝选为文成帝的乳母,说明她那时刚刚生育,而史料不见她的子女信息。按照李凭的看法[1],文成帝一出生就被带离其生母郁久闾氏,后者并没有参与文成帝的抚养,真正尽到母养责任的是宫女常氏。

很可能,常氏在文成帝过了乳养期之后,仍然以保母身份与他保持亲密关系。同样的情况也发生在文成帝的祖父太武帝身上。太武帝对保母窦氏格外亲敬,"感其恩训,奉养不异所生",就是把她当母亲一样对待。文成帝被奉立即位时年方十三,身边最可信任的人就是常氏。文成帝的生母郁久闾氏死在他即位一个多月后(文成帝于452年10月31日即位,郁久闾氏于452年12月6日死亡),李凭认为是常氏假借子贵母死之制害死了郁久闾氏,因为她不想与郁久闾氏分享文成

---

[1] 李凭:《北魏平城时代》,第157—159页。

帝。不过那时常氏可能还远未掌控宫廷事务,她能影响的人只有文成帝,而杀死文成帝的生母这件事似乎也不宜通过文成帝实现。更可能的情况是,完成政变拥立文成帝的大臣们,宁愿与常氏共事,也不愿冒其他风险,遂以子贵母死的"故事"杀害了郁久闾氏。当然,这么做是符合常氏利益的,但不能认为这是常氏主导的结果。

据《魏书·高宗纪》,文成帝兴安元年十一月壬寅(452年12月24日)"追尊景穆太子为景穆皇帝,皇妣为恭皇后,尊保母常氏为保太后"。兴安二年"三月壬午(453年4月3日),尊保太后为皇太后"。从此常太后不仅在实际上,也在名义上成为平城后宫的最高权威。正如齐郡王元祐妃常季繁墓志所说,随着常太后地位的确定,常氏一门鸡犬升天,"王爵加隆于父兄,世禄广贻于子侄。虽丁傅扬光于盛汉,羊庾振赫于有晋,无以过也"。《北史·外戚传》也说:"诸常自兴安及至是,皆以亲疏受爵赐田宅,时为隆盛。"常氏家族隆盛一时,仅仅因为常太后以偶然的机会建立起与文成帝的母子亲情。这种亲情并没有制度的保障,时移世易,一切都会快速变化。这一点常太后是清楚的。她能做的就是把她自己掌权的模式,复制到下一代自己的代理人身上。

恰好这时第一位皇子出生了。据《北史·后妃传》,文成帝即位一年左右,也就是只有十三四岁时,有一天在平城宫正殿西侧名为白楼的高台上东张西望，看见下面有个漂亮的宫女，动了心，下得台来，把那个宫女带到斋库里，"遂有娠"。这个宫女姓李，和王钟儿一样本是南朝刘宋人，家住梁国蒙县（河南商丘），在元嘉二十七年（450）的战争中被北魏永昌王拓跋仁掳掠到北方[1]。文成帝兴安二年拓跋仁犯事被杀，家中女婢作为资产都转入皇宫，李氏就成了宫女，不久被文成帝看见。宫女怀孕，当然惊动内宫，加上她入宫未久，颇有嫌疑。于是常太后仔细盘问，找皇帝侍卫了解情况，据说当初看守斋库的人还在墙壁上留有记录，这才得到确认。兴光元年（454）七月，文成帝的长子献文帝拓跋弘出生。李氏以生皇子之功拜贵人，不过，皇子是不是由李贵人亲自乳养，是非常可疑的，很可能孩子一出生就从她身边消失了。

常太后的掌权模式，就是抚养皇位继承人，与下一个皇帝建立情感上的母子关系。然而这时常太后自己不再年轻，大概已不能亲自养育皇子，只能找一个靠得住的代理人，着力栽

---

[1] 永昌王拓跋仁的鲜卑语本名，《宋书》卷九五《索虏传》记作库仁真，姚薇元在《宋书索虏传南齐书魏虏传北人姓名考证》一文已经指出。此文收入姚薇元《北朝胡姓考》（修订本），中华书局，2007年，第470—472页。承于子轩赐示，"库仁真"这个词可以复原作 *koñinčin，前半部分意为绵羊，对应古突厥语 koñ、契丹语 koñ、中古蒙古语 konin；整个词的意思是羊倌。我期待他将来就此写出具体的论证文章。

培,以期待日后保护常氏家族的利益。她确定的代理人,就是后来成为文明太皇太后的宫女冯氏。在文成帝长子已经出生的情况下,常太后必须抓紧培养代理人。《北史·后妃传》:"(冯氏)年十四,文成践极,以选为贵人,后立为皇后。"冯氏十四岁,在文成帝太安元年(455),是文成帝即位之第四年,时文成帝十六岁,献文帝一两岁。常太后先把冯氏从宫女选为贵人,使她具备皇后候选人的资格,然后马不停蹄,把她推到皇后大位上。

两岁半的献文帝被立为皇太子,在太安二年二月丁巳(456年2月22日),而两天之前的正月乙卯(456年2月20日),十五岁的冯氏被立为皇后。这是有关联的两件事,或者说,是同一件事的两个不同阶段。常太后在幕后安排一切。就在这三天之内(或稍早),李贵人被常太后赐死,依据的正是子贵母死"故事"。《北史·后妃传》:"太安二年,太后令依故事,令后具条记在南兄弟,及引所结宗兄洪之,悉以付托。临决,每一称兄弟,拊胸恸泣,遂薨。"

皇后从贵人中产生,不过贵人能否成为皇后,取决于天意,这就是拓跋可敦的传统选立程序,即要经过一个"手铸金人"的测试。《北史·后妃传》:"魏故事,将立皇后,必令手铸金人,以成者为吉,不则不得立也。"道武帝的皇后慕容氏,因"铸金人成,乃立之";道武帝宣穆皇后刘氏虽"宠待有加,以铸金人不成，故不登后位"；明元帝的昭哀皇后姚氏"以铸金人不成，未升尊位"。以"手铸金人"占卜休咎，并非拓跋独家所有，实乃中古内亚文化共同传统。[1] 至少在形式上，冯贵人经历而且成功通过了这个"手铸金人"的测试，从冯贵人扶摇而上成为冯皇后。当然，有常太后运筹帷幄，"手铸金人"一定可以成功。

大概是这样的，到太安二年正月底二月初，常太后完成培养代理人的最后一个环节，分三步走，第一步立冯贵人为皇后，第二步杀死献文帝的生母李氏，最后一步是立献文帝为皇太子。这样，就确定了献文帝与冯后之间的母子关系，冯后也就名正言顺地抚养年幼的皇太子，以建立与名分相匹配的感情联系。

为什么常太后要选择冯氏呢？因为他们都属于北燕入魏的人群，而且冯氏有燕主冯弘孙女的特殊身份。北燕入魏的人群内部，似乎有相当紧密的婚姻纽带。这是入魏之初就已形成的，还是在常太后和冯太后时期特意建设的？很可能两种情形都是有的。在常太后得势之前，冯、常两家似乎就在同一个婚

---

[1] 赵翼《廿二史札记》"后魏以铸像卜休咎"条："后魏以铸像卜休咎……盖当时国俗然也……此又在元魏之前，则不始于魏矣。盖本北俗故事，至拓跋而益尚之也。"见王树民《廿二史札记校证》，中华书局，1984年，第301页。

姻集团内。《北史·外戚传》记常太后有三个妹妹,她母亲宋氏最喜欢的一个女婿是王睹[1]。王睹应该是乐浪王氏,因为他后来任平州刺史,封辽东公,常太后说他的官爵是"本州、郡公"。冯氏的母亲和祖母正是乐浪王氏。大概平城宫的年轻女性中,没有人比冯氏更让常太后中意了。

---

[1] 王睹,《魏书·外戚传》作睹,未知孰是,兹从《北史》。

11 祖孙政治

事实证明，冯氏未必配得上常太后的期许与厚待。据《魏书·高宗纪》，力保冯氏立为皇后之后只过了四年，和平元年四月戊戌（460年5月12日）常太后"崩于寿安宫"，五月癸酉（6月16日），葬于广宁鸣鸡山。[1] 那时常氏家族已荣华富贵，捞尽好处，文成帝对常家当然不会多做计较。可是文成帝二十六岁就死了。如前所说，献文帝很早就表现出对冯太后的

---

[1] 《北史·后妃传》："（常太后）和平元年崩，诏天下大临三日，谥曰昭，葬于广宁磨笄山，俗谓之鸣鸡山，太后遗志也。依惠太后故事，别立寝庙，置守陵二百家，树碑颂德。"鸣鸡山，即今张家口下花园的鸡鸣山。鸣鸡山本名磨笄山，俗音讹为鸣鸡山，后人改为鸡鸣山。常太后葬在远离平城、与金陵方向相反的广宁鸣鸡山，类似太武帝的保太后窦氏选崞山建陵，原因是自己虽号称太后，与已故皇帝并无婚姻之实，不能陪葬金陵。但常太后选择东方的鸣鸡山，也许反映她终究心怀故国（故园）。

诸多不满，前面提到的诛杀李敷兄弟只是一端而已，对常家的惩治也算是一种发泄。据《北史·外戚传》，首先是常家第一号人物、常太后的长兄常英以"浊货"的罪名被流放敦煌，接着可能是常太后侄子的常伯夫因在洛州刺史任上"赃污欺妄"，被抓到平城斩了。冯太后毒杀献文帝再次听政之后，常英才被叫回来官复原职，不久去世。

太和前期，常家两个后辈，常伯夫之子常禽可与叔父常员"共为飞书，诬谤朝政"，写了某种匿名传单，所谓"诬谤朝政"，很可能是攻击冯太后所重用的恩倖如王叡等（也许是为常伯夫鸣不平）。[1]这种行为当然在痛惩之列。"事发，有司执宪，刑及五族。"刑五族是最严厉的刑罚了，常家会就此灭族。好在"孝文以昭太后故，罪止一门"，就是只有常诉及其子孙入罪，常诉因年老免死，以平民还家，还赦免了他的一个孙子、给点财产奉养他，其余儿孙成年者都处死了，妇女入奚官，全家上百奴婢没入官府，巨量的金银布帛都赏赐给内侍将官。常英、常喜兄弟等门房虽得免族诛，亦"皆免官归本乡"。史书虽说是孝文帝做决定，其实这是冯太后听政时期的事情，只有

---

[1] 《北史·后妃传》："（冯太后）又自以过失，惧人议己，小有疑忌，便见诛戮。"冯太后最怕人议论的就是自己在男色方面的"过失"，常员与常禽可造飞书"诬谤朝政"，很可能就是讥刺冯太后在男女问题上的失德，也只有这个原因才会引来她的雷霆之怒。

冯太后可以决策。直到冯太后结束听政、孝文帝亲政之后，孝文帝才以冯太后的名义感念常太后旧恩，"悉出其家前后没入妇女"，又安慰性地起用常喜的儿子常振做官。常振死后，隆盛一时的常氏家族终于灰飞烟灭。

冯太后复制了常太后的发迹模板，掌权之久，势力之大，又远远超过常太后。因而冯氏家族的煊赫昌盛，自非常家所可类比。只不过，模板仍是同一个，那么运行轨迹也不会差得太远。

这个模板的核心是利用子贵母死旧制，除掉下一代皇位继承人的生母，取而代之，确保将来以皇太后身份操控皇权。常太后把冯太后扶上马、送一程，后来冯太后以皇太后身份掌控内宫，以同样的手段掌握了献文帝的继承人，而且走得更远，亲自抚养孝文帝，这样就事实上掌控了两代君主，甚至还在谋划控制第三代。冯太后做到了"吃着碗里，看着锅里"，这样才能在杀死献文帝之后，仍有条件以太皇太后的身份再度听政。

皇兴元年八月戊申（467年10月13日）献文帝的长子孝文帝拓跋宏出生，这时献文帝十三四岁（按现在的算法刚满十三岁）。孝文帝的生母李氏出自贵族家庭，十八岁时"以选入东宫"，比献文帝大四五岁或五六岁。献文帝即位，李氏立为夫人。两年后孝文帝出生，很可能和过去的皇长子一样，立即与生母隔离。《北史·后妃传》说"及孝文生，太后躬亲抚养"，就是把孝文帝自婴儿时起放在自己身边控制起来。孝文帝出生时，冯太后正二十六七岁，所谓"躬亲抚养"，其实是监管、控制与培养。孝文帝就这样在冯太后身边长大，与这位名义上的祖母建立了情感上的母子关系。后来孝文帝等说起往事，经常用母子一词描述二人关系，原因便在这里。

《北史·后妃传》说在冯太后活着时孝文帝对他的生母情况一无所知，"迄（冯太）后之崩，孝文不知所生"。孝文帝从生下来就被冯太后带离生母，母子二人完全被隔离，没有人敢对孝文帝说任何有关他生母的事情，孝文帝自己可能也不敢打听。可以想象，李氏应该是被控制起来了，她的显贵家族背景似乎也完全帮不了她。李氏的祖父李盖尚太武帝之妹武威长公主，这个李盖也就是太武帝东巡碑碑文提到的善射者"次（佽）飞督安憙子李盖"[1]，死赠中山王。李氏的父亲李惠在文成帝时期也颇受重用，娶襄城公韩颓之女，生了两个女儿，长女以选入东宫，即孝文帝之母。

很大程度上，不只是李氏被隔离在自己所生之子的世界之外，就连献文帝自己（《魏书·高祖纪》说献文帝"尤爱异之"），大概也不大容易接触自己的儿子。献文帝对此当然是不满的，他表达不满的方式是重用岳父李惠，给他加官晋爵——据《魏

---

[1] 罗新、李泉汇：《北魏太武帝东巡碑的新发现》，原载《中国国家博物馆馆刊》2011年第9期，收入罗新《王化与山险——中古边裔论集》，第297—312页。

书·显祖纪》，皇兴二年四月辛丑（468年6月2日）"以南郡公李惠为征南大将军、仪同三司、都督关右诸军事、雍州刺史，进爵为王"。但无论如何，献文帝没有办法阻止冯太后对孝文帝的控制，更不能避免冯太后对李氏的杀害。

皇兴三年六月辛未（469年6月27日），孝文帝立为皇太子。《北史·后妃传》说孝文帝的生母思皇后李氏"皇兴三年薨"，不记具体日月，很可能在立皇太子之前一两天。献文帝反应如何，不见于史，不过《魏书·显祖纪》说这年十一月"襄城公韩颓进爵为王"，韩颓是思皇后李氏的外公，他得王爵，应该看作献文帝对思皇后李氏的感念。当然，冯太后毒死献文帝之后，也不会放过李惠和韩颓。《北史·外戚传》："惠素为文明太后所忌，诬惠将南叛，诛之。惠二弟初、乐与惠诸子同戮，后妻梁氏亦死青州，尽没其家财。惠本无衅故，天下冤惜焉。"据《魏书·高祖纪》，李惠全家遇难在太和二年十二月癸巳（479年1月28日）。而《魏书·高祖纪》又记太和四年正月戊午（480年2月17日）"襄城王韩颓有罪，削爵徙边"。冯太后以残暴手段诛戮李䜣，显然是为李敷兄弟报仇。不过她同样对付思皇后李氏的家人，则不能视为小心眼或心胸狭窄，而要看到，她这么做是为了抹掉孝文帝生母家庭的一切痕迹，让他只知有冯氏，不知有李氏。

尽管做得如此决绝、如此彻底，冯太后对孝文帝仍是不大放心。史称冯太后对孝文帝管教极严,动辄杖责。[1]《魏书·高祖纪》:"宦者先有谮帝于太后,太后大怒,杖帝数十,帝默然而受,不自申明。"向冯太后报告孝文帝长长短短的绝不只是宦者,还有密布在孝文帝身边的各种侍从官员(中散,即所谓内行内小,以及内给事等)。杨播、杨椿等兄弟的母亲是乐浪王氏,因此杨家与常太后、冯太后属同一个自诸燕入魏的婚姻集团。杨椿晚年回忆太和初年,杨家兄弟在平城宫先后为中散、内给事,是孝文帝最贴身的内侍之一,"于时口敕,责诸内官,十日仰密得一事,不列便大瞋嫌"。冯太后命令孝文帝身边内侍人员密报他的问题,每十天必须报告一项,不报告者要被斥责。据杨椿记录,孝文帝太和二十一年在洛阳回忆平城往事时,自称"北京之日,太后严明,吾每得杖,左右因此有是非言语"。[2]

然而冯太后对孝文帝的严厉远不止是责以杖罚,两人的关系也绝不是母子情深那么浪漫温馨。事实上,对十五岁以前的孝文帝来说,情形是极为危险和可怕的。《魏书·天象志》

---

[1] 当然冯太后的严厉杖罚不是只针对孝文帝。《北史·后妃传》:"(冯)太后多智,猜忍,能行大事,杀戮赏罚,决之俄顷,多有不关帝者。是以威福兼作,震动内外。……(冯太)后性严明,假有宠待,亦无所纵。左右纤介之愆,动加棰楚,多至百余,少亦数十。然性不宿憾,寻亦待之如初,或因此更加富贵,是以人人怀于利欲,至死而不思退。"
[2] 《魏书》卷五八《杨椿传》,第1410页。

记太和三年至六年（479—482）间，多次发生月犯斗魁与心星的异常天象，并解释道："是时，冯太后将危少主者数矣，帝春秋方富，而承事孝敬，动无违礼，故竟得无咎。"[1]这几年间，冯太后多次（绝不是一次）考虑撤换皇帝。《魏书·穆泰传》："初，文明太后幽高祖于别室，将谋黜废，泰切谏乃止。"[2]冯太后谋废孝文帝一事的细节，见于《魏书·高祖纪》："文明太后以帝聪圣，后或不利于冯氏，将谋废帝。乃于寒月，单衣闭室，绝食三朝，召咸阳王禧，将立之。元丕、穆泰、李冲固谏，乃止。"管教严厉、施以杖罚是一回事，严寒时节单衣锁闭，三日不许进食，却是另一回事了。冯太后谋废孝文帝，绝其食，冻其身，绝非一般的惩戒管教，实已有加害之意。

太和三年至六年之间，是什么具体原因促使冯太后动了换人的念头，现已无从猜测。或许因孝文帝进入青春期，偶有叛逆（adolescent rebellion）言行，引发冯太后的畏惧。当她犹豫是不是该废掉（也意味着杀害）孝文帝时，替代人选只能是孝文帝的长弟拓跋禧，她也的确曾把拓跋禧叫来预做准备。我们要面对的问题是，这时拓跋禧的生母封昭仪是不是还在世？如果封昭仪在世，那么是不是应该先杀掉她然后才召拓跋

---

[1]《魏书》卷一〇五之三《天象志三》，第2636页。
[2]《魏书》卷二七《穆崇传附穆泰传》，第743页。

禧而立之？如果封昭仪还在世，她是不是一直和拓跋禧一起生活？如果他们母子一起生活，已年过十岁的拓跋禧会如何看待自己的母亲被冯太后杀害？难以想象冯太后敢于冒这么大的风险。

可能性极大的是，封昭仪那时已不在世。接下来的问题是，封昭仪死于何时？是否暴死？更进一步的问题是，封昭仪是不是被冯太后杀害？照此推测，孝文帝一出生就被从生母身边带走，三岁前生母被杀，很可能不是孤立的特例，而是献文帝头两个儿子的共同经历。如果是这样，那么之前献文帝与冯太后的冲突，就有了更强烈、更深刻的理由。献文帝先欲禅位于叔父，被阻止后乃禅位于年幼的太子，他采取这种不寻常的行动，动因（或者说，史学上的解释）当然是多方面的[1]，恐怕冯太后

---

1 对于献文帝的异常举动，也有从权术角度来理解的，认为禅位只是他欲擒故纵、欲取先予的策略。王夫之《读通鉴论》卷一五"魏显祖授位于子自称太上皇"条："拓拔弘授位于子，而自称太上皇帝，子幼而恐为人所篡夺也。……弘年甫二十，急欲树（孝文帝拓跋）宏于大位，以素统臣民，而己镇抚之。犹恐人心之贰也，故先逊位于（拓跋）子推，使群臣争之，而又阳怒以试之。故子推之弟子（拓跋）云力争以为子推辞，而陆馛、源贺、高允皆犯颜以谏而不避其怒，其怒也，乃其所深喜者也。其退居而事佛老，犹武灵之自将以征伐，皆托也；不欲明示其授子之意旨，而以此为辞也。"见舒士彦点校本《读通鉴论》，中华书局，1975年，第450页。美国学者艾安迪（Andrew Eisenberg）是从中古皇权传递角度来理解的，他也认为，献文帝的禅位举动，是为了确保孝文帝继位为君，见 Andrew Eisenberg, *Kingship in Early Medieval China*, Brill, 2008, pp. 23-60。

极端滥用子贵母死之制，为将来预留选择余地的可疑举动，也是引发献文帝异常反应的因素之一。

《北史·后妃传》传末的史臣"论曰"批评子贵母死之制"矫枉之义，不亦过乎"，指出"孝文终革其失，良有以也"[1]。研究者拘以史事，以为孝文帝长子之母被杀即在孝文帝时期，说明他并没有废除子贵母死之制，只是到了宣武帝时期这个制度才正式终结[2]。然而，和献文帝次子的经历比起来，孝文帝的次子宣武帝元恪得在生母身边长大成人，可以说已经有了巨大的不同。冯太后为自己家族利益而极端滥用子贵母死旧制的做法，终结于孝文帝时期。在这个意义上，概言"孝文终革其失"，也是合适的。

的确，孝文帝没有能力阻止冯太后把子贵母死的故事施用于自己的长子身上。《魏书·高祖纪》太和七年闰四月癸丑（483年5月27日）"皇子生，大赦天下"，三年后的太和十年六月己卯（486年8月5日）"（冯太后亲自）名皇子曰恂，大赦天下"。拓跋（元）恂生时，孝文帝已十七岁，以平城时代的标准，可算晚育。拓跋（元）恂的生母是后来被谥为贞皇后的林氏。据《北史·后妃传》的"孝文贞皇后林氏传"，林氏父林胜，文成

---

1 《北史》卷一四《后妃传》，第537页。
2 李凭：《北魏平城时代》，第163—166页。

帝时担任家乡平凉郡太守。他得此荣任，是因为他弟弟林金闾在平城宫为阉官，受宠得势。《魏书·皇后传》说孝文贞皇后林氏"叔父金闾，起自阉官，有宠于常太后，官至尚书、平凉公"。文成帝南巡碑碑阴题名有"中常侍、宁南将军、太子少傅、尚书、平凉公林金闾"，即其人。

文成帝后期已成为一个重要人物的林金闾，在文成帝死后的宫廷动荡中从参与到被排挤，最后为乙浑所杀，"兄弟皆死"。作为罪人家庭，"（林）胜无子，有二女，入掖庭"。林氏入宫不是"以选"，而属于"没奚官"。不过在清除乙浑之后，冯太后应该会善待常太后的旧人，对林金闾的家人配宫者有一定照顾。或许这才是为什么她能够"得幸于孝文"，无论她是不是如史书所说的那样"容色美丽"。不过，等到她为孝文帝生下长子，等待她的一定会是灭顶之灾。与对待孝文帝生母李氏不同的是，这一次冯太后的行动果断而迅捷，拓跋（元）恂一诞生，林氏就被处死了。《北史·后妃传》："以恂将为储贰，太和七年，后依旧制薨。"据《魏书·孝文五王传》，元恂"生而母死，文明太后抚视之，常置左右"。说明冯太后故技重施，把皇长子控制在自己身边。她就这样利用子贵母死之制，一而再再而三地控制未来的皇位继承人。

孝文帝一定是痛恨所谓子贵母死之制的，他的本意当然是要保护林氏。《北史·后妃传》："帝仁恕不欲袭前事，而禀文明太后意，故不果行。"他试图反抗，但失败了。然而他并没有彻底失败，很可能正是在这次的反抗中，他与冯太后达成了妥协，那就是子贵母死仅限于皇长子，其他皇子的生母不仅不得加害，她们还可以亲自养育自己的儿子。无论如何，就回归人性而言，这毕竟是一个不小的成就。

正是这个成就，使我们的主人公王钟儿在平城宫的故事得以继续，只是她怎么也想不到，自己的命运竟然会与子贵母死制度发生关联。

12　文昭高氏

据慈庆（王钟儿）墓志，王钟儿入平城宫之后，第一份工作是服侍景穆帝拓跋晃的妻子斛律氏，然后（也许是因为斛律氏去世了），"共文昭皇太后有若同生"。"文昭皇太后"是指宣武帝元恪的生母高氏，《北史》卷一三《后妃传》有传。高氏生前因生皇子为贵人，后因其子宣武帝元恪被立为太子而加昭仪之号，追谥为文昭贵人，宣武帝即位后又追尊为文昭皇后，孝明帝时更尊为文昭皇太后。幸运的是，高氏的墓志也于1946年在洛阳出土，出土地点为洛阳城北官庄村[1]，志石今存洛阳王城公园碑林，真实性应无问题。墓志颇有残损，好在大

1　郭玉堂：《洛阳出土石刻时地记》，第21页。

部分尚可释读。[1]墓志称:"皇太后高氏,讳照容。"由此知道宣武帝的生母就是高照容。

高照容十三岁以"德色婉艳"被冯太后亲选入宫,目的就是作配孝文帝。《北史·后妃传》:"孝文文昭皇后高氏……父飏,母盖氏,凡四男三女,皆生于东裔。孝文初,乃举室西归。"高飏的七个子女都生在"东裔",即高丽。据《北史·外戚传》,高飏的高祖高顾在西晋末年避乱入高丽,孝文帝初年,高飏和弟弟、乡人等举家西归,得北魏"俱待以客礼",高飏自己拜厉威将军、河间子。北魏以客相待的都是异国来投者,视情形分为上、中、下多个等级。高飏的女儿有资格选入掖庭,说明他享受的是上客待遇。据高飏长子高琨的墓志,高飏的妻子姓袁,史书误作盖氏,也许因袁、盖二字形近致讹。[2]《北史·后妃传》说高照容被龙城镇推荐到平城后,冯太后"亲幸北部曹见后,奇之,入掖庭"。高照容获如此青眼,或许和冯太后的龙城乡思有关。

幸运之星照耀高照容,她不仅很快怀孕生子,而且生育

---

[1] 墓志拓片的图版见洛阳文物工作队《洛阳出土历代墓志辑绳》,中国社会科学出版社,1991年,第28页;墓志录文及简单考证见罗新、叶炜《新出魏晋南北朝墓志疏证》(修订本),中华书局,2016年,第86—87页。

[2] 高琨墓志的出土情况、墓志录文及基本研究,见罗新、叶炜《新出魏晋南北朝墓志疏证》,第71—73页。

日期惊险地略晚于孝文贞皇后林氏。如前所述,林氏生元恂在太和七年闰四月五日(483年5月27日),而《魏书·世宗纪》称"太和七年闰四月,(高照容)生帝于平城宫"。可见元恂、元恪兄弟同月出生。如果出生日期略有颠倒,可以想象高照容会遭遇什么。因为不是皇长子,元恪的出生日期没有出现在官方文书里,后来魏收编写《魏书》时,竟不知宣武帝出生在哪一天,只好笼统地说是闰四月。

元恪出生时,王钟儿已入宫十五年。这时斛律氏很可能已不在人世,而四十五岁的王钟儿算得老资格的宫人,大概在高贵人怀孕时就被派来服侍她。慈庆墓志说王钟儿与高贵人"有若同生",当然是多年后追述的话,其实两人年龄相差三十多岁,且有主仆身份的鸿沟,无论如何是不会"有若同生"的。但王钟儿服侍高贵人至少有十三四年,如果双方建立了深厚的主仆之情,那也是不难理解的。

王钟儿的同事——一起服侍高照容的宫女中,有一位前面提到过的杨姓宫女,比王钟儿年轻十四五岁,同样是在刘宋丢失淮北四州的大动荡中从南朝官贵家庭沦为魏军俘虏,成了平城宫的宫女。她的墓志(志题"大魏宫内司高唐县君杨氏墓志"[1])称她的祖父和父亲都是刘宋在青齐地区的中上层官员

---

1 杨氏墓志的录文,请参考赵超《汉魏南北朝墓志汇编》(修订本),第169—170页。

（祖父杨屈为北济州刺史，父杨景为平原太守，当然州郡名和官职都未必可信，比如刘宋并没有北济州），家在清河郡（刘宋在今山东淄博所设的冀州清河郡，北魏时属齐州东清河郡）。墓志说："皇始（当作皇兴）之初，南北两分，地拥王泽，逆顺有时，时来则改，以历城归诚，遂入宫耳。"可见杨氏是在历城沦陷后被俘入魏的，那时她"年在方笄"，也就十五六岁。墓志赞扬她"虽遭流离，纯白独著，初入紫闱，讽称婉而（尔）"，当然都是套话，不过套话也是我们想象往昔的一种依据。

杨氏墓志记她服侍高照容的经历，只有简单的一句话："文昭太皇太后选才人，充官女。"据此，十三岁的高照容被冯太后看中纳入掖庭时，二十七八岁的杨氏就在为高照容配备的宫女中，她的职级是才人，比奚官奴高了一个等级。墓志没有说她在高照容身边工作了多久，只记她后来步步高升，在宣武帝时获得宫女最高的职位内司。毫无疑问，服侍高照容、参与抚养宣武帝的经历是她后来被重用的主要原因。杨氏在高照容身边时，年长得多的王钟儿可能职级更高些，也就是说，可能与高照容的关系更亲密些。慈庆墓志说王钟儿"共文昭皇太后有若同生"，夸张后面的真实，或许就是她在服侍高照容的宫女里地位比较高。

宫女王钟儿和杨氏这样服侍后妃抚育子女者，那时有专门的称呼，即育母、保母或傅母。孝文帝诸子中，年龄仅次于元恪的是元愉（他的生年一定比《北史》所记要早几年，论证见本书第22节）。元愉的育母王昙慈的墓志，已于2018年在洛阳出土，提供了另一个研究标本。[1] 因有"予以鞠养之恩"等语，知墓志由元愉本人撰写。据墓志，王昙慈和王钟儿、杨内司一样，出自官宦家庭（祖父是平州刺史，父亲是长乐太守），"中因家难，遂步紫庭"。值得注意的，王昙慈一直和元愉在一起，最后死在元愉的京兆王王府。墓志："以正始元年岁在甲申十二月癸酉朔廿二日甲午（505年1月12日），春秋五十九，寝疾薨于国第。"元愉出生时，王昙慈已过四十岁，这一点和王钟儿的情况也很接近。可以推测，如果元恪后来没有被继立为皇太子，而是以亲王终其身，那么他的母亲高照容会一直和他生活在一起，因而王钟儿也会一直生活在元恪的王府。

孝文帝显然是喜欢高照容的。生下元恪后，高照容又生了一儿一女，即广平王元怀和长乐公主元瑛，二人的墓志都已出土。[2] 据元怀墓志，元怀死于熙平二年（517），年三十，其生年当在太和十二年（488）。据元瑛墓志，元瑛死于孝昌元

---

[1] 陈花容：《新见〈北魏王昙慈墓志〉考释》，《书法研究》2020年第4期，第124—131页。

[2] 元怀墓志见赵超《汉魏南北朝墓志汇编》（修订本）第127—128页；元瑛墓志见罗新、叶炜《新出魏晋南北朝墓志疏证》第114—115页。

年（525），年三十七，则当生于太和十三年（489）。元怀墓志说元怀是"高祖孝文皇帝之第四子，世宗宣武皇帝之母弟"，元瑛墓志说元瑛是"高祖孝文皇帝之季女，世宗宣武皇帝之母妹"，但关于他们的母亲却一字不提。

慈庆墓志说王钟儿"侍护先帝于弱立之辰"，是说王钟儿从宣武帝一出生就参与了养育，是属于贴身且责任较大的宫人。太和七年元恪出生时，王钟儿四十五岁；太和十二年元怀出生时，王钟儿五十岁；太和十三年元瑛出生时，王钟儿已五十一岁。与高照容建立了一定主仆感情的王钟儿，大概一直在高照容身边，也就是说，王钟儿还参与了元怀与元瑛的养育。从元恪出生到太和二十年（496），王钟儿一直在平城宫照料高照容和她的儿女们。尽管这十几年国家多事，宫里也不太平，太和十四年冯太后之死是平城宫的一场大地震，随后孝文帝推动的许多制度变革也影响到宫中生活的方方面面（比如新名号和新礼制），但对于高照容及其子女来说，同样对于王钟儿来说，这些年算得上是太平岁月。

至少从高照容的个人体验来说，这样的太平岁月一直延续到太和二十年她动身前往新都洛阳。迁都之议正式确定在太和十七年（493）九月，当时集大军于洛阳的孝文帝以停止南伐换来御前会议同意迁都。一个月后，孝文帝从邺城派遣叔祖安定王拓跋休"率从官迎家于代京，车驾送于漳水上"。拓跋休的"迎家",如果是与孝文帝后宫有关的话,那也只限于地位最高的昭仪冯氏等很少几个人,与高照容这样的一般贵人无关。[1] 到太和十八年二月甲辰(494年3月21日),孝文帝才正式"诏天下,喻以迁都之意",算是正式向外公布迁都的决定。一个月后,孝文帝返回平城,"临朝堂,部分迁留",这才正式布置大搬家。年底孝文帝到洛阳时,平城官署机构及其下属的杂役百工已经或正在南迁,但大多数官员家属都还没有动身。十二月戊申(495年1月19日),孝文帝下诏"优复代迁之户租赋三岁",大概是对那些被迫突然南迁、势必遭受多方面损失的普通民众做一点点补偿。

太和十九年八月,"金墉宫成"。金墉宫既已竣工,洛阳宫也应大致完成。因此,《魏书·高祖纪》记太和十九年九月庚午(495年10月8日)"六宫及文武尽迁洛阳"。不过,这并不是平城"六宫及文武"抵达洛阳的日期,而只是孝文帝发布诏书的日期。待诏书传达到平城,相关官民人等开始准备,不久即入冬季,平城上下至少十多万人的大搬家正式展开。不

---

[1] 《魏书》卷七下《高祖纪下》说太和十七年八月孝文帝从平城出发"南伐"时,太尉拓跋丕"奏请以宫人从",被孝文帝以"临戎不语内事"为由拒绝。拓跋丕所说的宫人,应该是指已被立为皇后的冯氏(冯太后的侄女)。孝文帝拒绝带她同行,有多重考虑(见后),其中之一是提防她在迁都之议中发挥负面作用。及迁都议定,孝文帝才派人去平城接她南来。

过可以想象的是，即便再仓促、再雷厉风行，隆冬祁寒，并不利于旅行，更何况老老少少家当负累。尽管各类人员中有一些很早就已络绎上道，很可能六宫出发要等到第二年春天。高照容肯定是跟着六宫大队一起行动的。正是因此，她走到黄河以北的汲郡共县（今河南新乡辉县）时[1]，是太和二十年。

《北史·后妃传》记高照容之死云："后自代如洛阳，暴薨于汲郡之共县。"高照容墓志则说："以太和二十年……四更时，薨乎洛宫。"《北史》不具年时，根据墓志可知为太和二十年，可惜月日信息因墓志残断而不备。二者最大的差异是死亡地点，《北史》记作汲郡共县，墓志记作洛阳宫。按墓志刻写于孝明帝神龟二年（519），去高照容之死已有二十三四年（墓志称"两纪于兹"），有点差错也是可以理解的。我认为高照容的死亡地点应从《北史》，即汲郡共县，其地距洛阳已不过数日路程，只是高照容再无机会活着进入洛阳宫了。墓志保存了她死亡的具体时间，即"四更时"，这个信息很重要[2]，说明

---

1 从平城宫人员南迁要经过汲郡共县，可知南迁路线是经灵丘道到定州、邺城再转向洛阳，而不是经晋阳向南到洛阳。
2 后世民间有一种说法："一更人，二更锣，三更鬼，四更贼，五更鸡。"四更在天明之前，人的睡眠最深沉之时，所谓"窃得狐裘转四更"。《缀白裘》卷三《雁翎甲》之"盗甲"有这样的念白："阿呀，你听，已是四更了。此时不动手，更待何时？"见汪协如点校本《缀白裘》，中华书局，2005年，第152页。

对她的谋杀发生在夜深人静之时。执行谋杀的人来自洛阳（至少他的使命来自洛阳），他在共县等到了平城宫浩浩荡荡的大队人马，然后在人人熟睡的四更时分进入营地，完成了他的秘密使命。

这时元恪十四岁，先应已到洛阳，可能正在对自己突然被优待大感不解、受宠若惊，却不知道自己成了一场宫廷阴谋的重要棋子，更不知道自己的母亲会是这场阴谋最主要、最无辜的受害人。元恪的弟弟元怀这时才八九岁，妹妹元瑛七八岁，大概都是和母亲在一起的。有理由相信，王钟儿是跟着高照容及其子女一起南迁的，这时正在汲郡共县的大营里。高照容遇害后，王钟儿必定是最早见到不幸场面的人之一。她虽然在平城宫为奴近二十七年，经历过许多惊心动魄的事，不过高照容的惨死一定是她无法接受、无法理解的，因为和元恪一样，她哪里知道这竟是一场大阴谋的第一步。

这时王钟儿已经五十七岁了，在她为高照容之死唏嘘伤感时，她肯定想不到，造成高照容惨死的这场阴谋也会牵扯到她，以至于她不得不出家为尼。

13 冯家有女

　　冯太后得常太后一手提拔立为文成帝的皇后,哥哥冯熙立即从草野逃人腾飞而为外家贵戚。在那样的男权时代,常、冯两家虽以后宫女子当权而骤兴,家族的荣耀终究要靠男性成员。常氏兴衰看常英,冯氏兴衰看冯熙,归根结底是看他们的子女。和常英比起来,冯熙最大的优点是子女众多。据《北史·外戚传》,冯熙先后担任过定州刺史和洛州刺史,"因取人子女为奴婢,有容色者幸之为妾,有子女数十人,号为贪纵"。冯熙到底有多少子女,至今难有确数。研究者从史书和墓志考证出八子十一女[1],当然免不了多有遗漏,随着新出墓志日多,

---

1　鲁才全:《长乐冯氏与元魏宗室婚姻关系考——以墓志为中心》,载武汉大学中国三至九世纪研究所《魏晋南北朝隋唐史资料》第14辑,1996年,第68—79页。

冯熙可考的子女数目必定也会上升。

家门兴旺固然靠多子，多女同样重要。很可能是在冯太后的亲自安排下，冯熙子女的婚姻把冯氏家族编织进了北魏权贵社会的网络。当然最重要的是与皇室联姻，男尚公主，女为后妃。我们这里只关注冯熙那些成为后妃的女儿——说起来难以置信，他竟然有多达四个女儿嫁入孝文帝的后宫。《北史·外戚传》："孝文前后纳熙三女，二为后，一为左昭仪。"只说冯熙有三女入宫。可是，冯熙第八个女儿冯季华的墓志（志题"魏故乐安王妃冯氏墓志铭"）称："长姊南平王妃；第二第三姊并为孝文皇帝后；第四第五姊并为孝文皇帝昭仪。"[1]显然墓志更为靠谱。除了长女可能因年龄不合适，冯熙接下来的四个女儿都被安排进了孝文帝的后宫，这个事实本身表明，冯太后是铁了心要保证下一代的后宫控制权，绝不容从冯氏家族手里流失。

冯熙第四女和第五女虽贵为昭仪，于史皆寂无声息，始末事迹全不可考。只有做到皇后的第二女和第三女各显神通，制造了足够大的动静，甚至改变了上至皇帝和皇太子，下至老宫女王钟儿的个人命运。《南齐书·魏虏传》把冯熙这两个做了皇后的女儿按年龄分别称为大冯、小冯，颇便叙事，我们下

---

[1] 赵超：《汉魏南北朝墓志汇编》（修订本），第206—208页。

面采用同样的称呼。

大冯、小冯何时入宫,已难确知。《北史·后妃传》:"文明太皇太后欲家世贵宠,乃简熙二女,俱入掖庭,时年十四。其一早卒。"这里说的"二女",一是大冯(十四岁),另一个"早卒",显然不是小冯,应该是冯季华墓志提到的第四姊、第五姊二人中的一个。大冯、小冯不同母,这或许是冯太后没有同时选中二人的原因。我推测大冯入宫的时间很可能在太和七年(483)之后。理由如前所述,在孝文帝进入适婚年龄后的太和三年至太和六年(479—482)间,冯太后忽然对他生了嫌愤之心,一直拿不定主意是不是要予以废黜。这期间,冯太后不仅不会把冯家女儿许配给他,甚至可能也不许他接近其他宫人。似乎直到孝文帝年过十五,冯太后心意始定。正是因此,孝文帝比起之前的拓跋君主来,生育较晚,元恂、元恪都生在太和七年。

孝文帝的长子一出生,争夺抚养权就是宫中第一大事。冯太后当然要杀其生母,并把婴儿放置在自己身边。这时冯太后已年过四十,她的计划并不是亲自母养曾孙,而是为确保"家世贵宠",要把皇位继承人掌握在冯家手心。所以,元恂出生后,把冯熙的女儿安排进皇宫,就是必要且迫切的。这便是大冯和她妹妹入宫的背景。虽然大冯"有姿媚,偏见爱幸",但是不久她就染病了,很可能是一种传染病,因为和她一起入宫的妹妹亦染病而亡。也许是按照那时的防疫传统,罹患传染病的都要出宫,"太后乃遣还家为尼",被太后赶出平城宫,勒令出家为尼。

二女一病一亡,对冯太后的长远大计当然是一大打击,不过她并不气馁,而是立即跟进,把冯熙另两个稍稍大一些的女儿招入皇宫。为什么每次都要两个女儿呢?显然有双保险的意思,大概也是猜不准哪一个会为孝文帝所宠爱。和小冯一起入宫的妹妹(冯熙第四第五女中的一个)大概后来活得长一些,就是《北史》所记大冯、小冯之外的那个昭仪。小冯因年龄优势,得以母养元恪,渐渐确定了后宫新主人的地位。小冯抚养元恪,母子名分既定,外间对二人的实际情况并不了解,甚至以为小冯就是元恪的生母。南朝官方获得的情报就是这么说的。《南齐书·魏虏传》:"初,伪太后冯氏兄昌黎王冯莎(熙)二女,大冯美而有疾,为尼,小冯为宏皇后,生伪太子询(恪)。"[1]

冯太后晚年,在宫中最要紧的事是立冯家女为皇后,可是大冯病废,再定小冯,迁延岁时。皇后定不下来,元恪也就当不上皇太子。自常太后掌权以来,立太子都非常早,只有元恪拖到十一岁,原因非常简单,就是他必须先等皇后确立。不过,冯太后还没来得及亲自操办立小冯为皇后,自己先撒手人

---

[1] 《南齐书》卷五七《魏虏传》,第1102页。

寰。太和十四年"九月癸丑（490年10月17日），太皇太后冯氏崩"[1]。孝文帝为冯太后服三年丧，原定的立皇后、立太子诸事，当然都停顿下来，直至太和十七年春（493）。

孝文帝也好，最有影响力的朝臣也好，都明白冯太后有何未竟之志。《北史·后妃传》："太和十七年，孝文既终丧，太尉元丕等表以长秋未建，六宫无主，请正内位。孝文从之，立后为皇后，恩遇甚厚。"《魏书·高祖纪》："（太和十七年）夏四月戊戌（493年5月19日），立皇后冯氏。"小冯立为皇后之后两个月，元恂也顺利立为皇太子。一切都是按照冯太后生前的计划进行。值得注意的是领衔请立皇后的元丕，正是朝廷重臣中最能代表冯太后意志的人之一，他当年以禁卫武官身份参与冯太后发动的反乙浑的政变，从此飞黄腾达，是冯太后最倚重的朝臣之一。冯太后去世后，元丕似乎主动承担起照顾冯氏家族利益的责任，催促立后正是表现之一。看起来，元丕等人要做的，就是管束住孝文帝，使一切都不脱离冯太后在世时的设计。

然而两个因素的变化，使冯太后设计的路线图面临重大挑战。一个因素是大冯。她因病出宫并出家为尼之后，孝文帝并没有忘记她。《北史·后妃传》说"帝犹留念焉"。随着冯太

---

[1] 《魏书》卷七下《高祖纪下》，第197页。

后去世，长期以来笼罩在孝文帝头上的阴云渐渐散去，已经痊愈的大冯与孝文帝之间重建联系。孝文帝旧情复燃，"颇存访之"，负责联络的是阉官双三念。就在小冯被立为皇后、元恂被立为皇太子之时，大冯也几乎再次回到孝文帝身边。

另一个因素是孝文帝自己。孝文帝从亲政以来，推动了多项制度变革，在平城大兴土木，一点也没有显露出迁都的愿望。即便冯太后去世之后，他在平城的建设工程亦只增不减，显然并没有考虑迁都。到太和十七年八月，即小冯立为皇后四个月之后、元恂立为皇太子两个月之后，孝文帝突然动了迁都之念，这是研究者都已注意到的事实。[1] 与其说是平城反改革的保守势力使得孝文帝突然决定迁都，不如说，是孝文帝终于意识到只有远离平城，长年来笼罩在他头上的冯太后阴影才可能变得稀薄。

这两个因素在太和十七年的适当条件下获得了结合，并相互激发，促成了迅速的变化。太和十七年八月己丑（493年

---

[1] 大泽洋典：《冯后とその时代》，《立命馆文学》第192卷（1961年），第54页；郑钦仁：《北魏中给事（中）稿》，《食货》第3卷第1期（1973），第30—31页；逯耀东：《从平城到洛阳——拓跋魏文化转变的历程》，东大图书股份有限公司，2001年，第149—151页（此书先由联经于1979年出版）；何德章：《论北魏孝文帝迁都事件》，载武汉大学中国三至九世纪研究所《魏晋南北朝隋唐史资料》第15辑，1997年，第72—83页，收入何德章《魏晋南北朝史丛稿》，商务印书馆，2010年，第1—25页。

9月7日),孝文帝率"步骑百余万"离开平城,前往恒山以南的肆州,走所谓"并州大道"前往洛阳。大军离开平城之前,"太尉丕奏请以宫人从",孝文帝以"临戎不语内事"为由加以拒绝。元丕所建议的"以宫人从",应该是指带上皇后小冯,而不是普通宫人。元丕作此建议,可能是对大冯之事已有耳闻,也可能是希望借助小冯阻挠孝文帝的迁都。孝文帝到洛阳后,立即派双三念前往平城,把大冯接到洛阳,鸳梦重温。平城宫已有的制度性约束,就这样被轻易绕开了。据《北史·后妃传》,大冯一到,"宠爱过本初,当夕,宫人稀复进见",完全霸占了孝文帝。"正位后宫"才半年时间的小冯,开始品尝到被冷落、被欺凌的滋味。

两个因素的结合,使得历史发展通往非常不同的方向,为冯太后梦想所不能及。当然,这个方向多多少少内含着悲剧性,无论是对孝文帝来说,还是对冯太后一心维护的冯氏家族来说。

14　夺宫废储

孝文帝再次见到小冯，大概在太和十七年底或十八年初。自太和十七年九月丁丑（493年10月25日）在洛阳逼迫群臣同意迁都之后，孝文帝暂驻邺城，十月乙巳（493年11月22日）"诏安定王休率从官迎家于代京，车驾送于漳水上"。安定王拓跋休等人赴平城"迎家"，应该就是接皇后小冯南来。待小冯与孝文帝重聚时，大冯早已恢复左昭仪身份，并且专宠后宫了，"宫人稀复进见"，当然包括皇后。《北史·后妃传》："昭仪自以年长，且前入宫掖，素见待念，轻后而不率妾礼。"在大冯看来，小冯的皇后之位本来是她的，她年长为姊，入宫在先，与皇帝感情更深，凭什么屈居臣妾？

太和十八年二月壬寅（494年3月19日），孝文帝从洛阳出发前往平城。次日渡过黄河，第三天发布诏书，正式宣布迁都。与前一年南来的路线相同,这一次也是走并州大道,历太行陉、上党、太原、肆州,最后北越恒山、进入桑干河谷。到闰二月癸亥(494年4月9日),孝文帝一行来到恒山句注陉(雁门关)南,皇太子元恂从平城前来迎接。元恂的到来,以及他对皇帝和皇后的朝见,或许足以提醒大冯,夺回被小冯占据的皇后之位,不止是取而代之那么简单。按照冯太后确立的掌权模式,谋取皇后之位只是必要的一步,另外一步则是垄断皇位继承人的抚养权,让皇后与皇太子建立母子关系。只有这样,下一代皇帝继位后,皇太后才可能真正安享母后之尊,并干预和安排再下一代的皇后与皇位继承人。对大冯来说,取小冯的皇后之位而代之也许不是多么难,真正的难题是,她错过了抚养皇太子的黄金窗口。现在皇太子元恂已年满十二,他和小冯确立母子关系也至少有六七年了。这个关系是大冯无论如何都难以取代的。

如果不能取代,只好推倒重来。

接下来的两年,对于大冯来说,就是实施"推倒重来"计划最关键的时刻。取皇后之位而代之,让皇帝嫌憎皇太子,是计划中两个相关又不同的方面。宫禁事秘,谋算周广,连权力巅峰的孝文帝都深陷其间而不自觉,一般官员当然更是无从闻问,与阴谋有关的史料不但传不到后世,即在当时也难以存在。读史者纵有疑虑,亦徒唤奈何。冯氏当权四十年,所经营的利益集团和权力网络渗透了内宫朝堂、都畿州镇。然而，这一权力网络主要是维持现有局面的，而大冯的目标是改变现有局面，因而她的对手（或者说是障碍）远比盟友多。不过，她不多的盟友中有一个最重要的人，那就是孝文帝。孝文帝的目标也是打破冯太后布局的权力网络，在这个意义上，大冯与孝文帝是真正的盟友。有了这个强大无比的盟友，大冯夺宫废储的计划得以顺利实施。细节虽难确知，结果却是显著的——太和二十年（496）七月（具体日期不详）小冯被废，一个月后皇太子元恂被抓捕，再过四个月，即太和二十年十二月丙寅（497年1月26日），元恂被正式废黜。

对孝文帝来说，废皇后与废皇太子虽然都是人伦巨变，却绝非等价之事，比较而言，废皇后易，废皇太子难。废黜皇后只需要制造她失德的舆论与证据，废黜皇太子则必须让皇帝感受到背叛与威胁。后之述北魏史者，多信据正史，视元恂为反改革者，甚而怀疑他牵扯进了保守派反改革的叛乱阴谋中（或者说，是为反改革的势力所利用）。既然元恂在政治上不能与孝文帝保持一致，对孝文帝推动的诸般激烈变革怀有抵触情绪，甚至企图私自北奔平城，读者当然会理解甚至支持孝文帝废黜并最终诛杀元恂的决定了。这一理解符合后来读史者的思路，自然也契合当时的逻辑，可见其设计之高明、实施之精准。能让孝文帝深信不疑的，自然也会让后世读者坦然信从。

有关元恂被废的史料主要见于《北史·孝文六王·废太子庶人恂传》：

> （元）恂不好书学，体貌肥大，深忌河洛暑热，意每追乐北方。中庶子高道悦数苦言致谏，恂甚衔之。孝文幸嵩岳，恂留守金墉，谋欲召牧马，轻骑奔代，手刃道悦于禁中。领军元俨勒门防遏，夜得宁静。帝闻之骇惋，外寝其事，仍至汴口而还。引恂数罪，与咸阳王禧等亲杖恂，又令禧等更代百余下，扶曳出外，不起者月余。拘于城西别馆。引见群臣于清徽堂，议废之。司空、太子太傅穆亮，尚书仆射、少保李冲，并免冠稽首而谢。帝曰："古人有言，大义灭亲。此小儿今日不灭，乃是国家之大祸。朕待我无后，恐有永嘉之乱。"乃废为庶人，置之河阳，服食所供，粗免饥寒而已。

"不好书学"已经大犯忌讳，更且"深忌河洛暑热，意每追乐北方"，十四岁的元恂成了反对迁都（连带也就可能会反对孝文帝的一系列变革措施）者中最有潜力成为孝文帝政治对手的人。据上引《北史》，元恂杀高道悦并计划北奔平城，在孝文帝"幸嵩岳"之时。《魏书·高祖纪》记孝文帝幸嵩高（嵩山）在太和二十年八月戊戌（496年8月31日），回到洛阳宫在半个月后的甲寅（9月16日）。据高道悦墓志，元恂杀高道悦在太和二十年八月十二日（9月5日）：

> 乃除太子中庶子。缉正储闱，徽音独韵。但河阳失图，潜怀不轨，追纂楚商，连规宋劭，拔剑吐心，邀同枭镜。君厉声作色，抗其凶计，既殊潘崇飨羊之谋，遂同阳原头风之祸。以魏太和廿年秋八月十二日，春秋卅五，暴丧于金墉宫。[1]

墓志所谓"河阳失图，潜怀不轨"，就是指皇太子元恂，说他"追纂楚商，连规宋劭"，比之为楚国弑父（楚成王）的商臣和南朝刘宋弑父（宋文帝刘义隆）的刘劭。墓志又称高道悦"厉声作色，抗其凶计"，高道悦的死因是他企图阻止元恂的"凶计"，所谓"凶计"，就是元恂试图逃出洛阳，利用"牧马"轻骑北奔平城。小冯被废黜一个月之后，孝文帝离开洛阳六天之后，一定发生了什么，使元恂感觉必须行动，必须逃出洛阳。从下引《南齐书·魏虏传》可知，大冯这一次没有如以往那样

---

[1] 赵超：《汉魏南北朝墓志汇编》（修订本），第142—144页。

陪同孝文帝出巡，显然她在洛阳有更重要的事，也正是她出手抓捕了皇太子。

《南齐书·魏虏传》有关元恂废黜与死亡的记录，反映了南朝的情报与分析：

> 初，伪太后冯氏兄昌黎王冯莎二女，大冯美而有疾，为尼，小冯为宏皇后，生伪太子恂。后大冯疾差，宏纳为昭仪。宏初徙都，恂意不乐，思归桑干。宏制衣冠与之，恂窃毁裂，解发为编，服左衽。大冯有宠，日夜谗恂。宏出邺城马射，恂因是欲叛北归，密选宫中御马三千匹，置河阴渚。皇后闻之，召执恂，驰使告宏，宏徙恂无鼻城，在河桥北二里，寻杀之，以庶人礼葬。立大冯为皇后，便立伪太子恪，是岁，伪太和二十年也。

南朝获得的情报难免混乱，时间线索也不够清晰，比如这里说抓捕元恂的是皇后，似指小冯，而其时小冯已经被废，大冯尚未得立。不过，说"大冯有宠，日夜谗恂（恂）"，还是准确的。而且，把元恂被捕与皇后（大冯）联系在一起，应该也是准确的。至于说元恂"毁裂"孝文帝所赐的衣冠，还"解发为编"（编发为长辫）、"服左衽"，均应是得之北方传闻（这一段为《资治通鉴》所采信）。不过这也反映了北方针对皇太子的阴谋是如何一步步发展，以达到破坏他名誉的目的。

田余庆先生在考察冯太后和大冯对"子贵母死"旧制的利用时，已发现元恂之废不单纯是反对迁都和反对汉化改革那么简单，而与大冯谋废小冯有关，认为"如果真是这样，那么太子恂废立事件就是早有酝酿了"。[1]这是一个敏锐的观察。大冯这个阴谋可能从太和十七年已开始酝酿和实施，到太和二十年开花结果，一个成果是小冯被废，另一个成果就是元恂被导引、陷害或逼迫，竟使孝文帝相信他成了一大威胁，促成孝文帝先废黜、后杀害了自己的长子。

元恂被害的历程中有一点值得注意的，就是每一个重要转折，都发生在孝文帝与元恂分离的时段。元恂在洛阳杀高道悦并企图北奔，发生在孝文东巡时；元恂在河阳被赐死，发生在孝文先北巡平城、后西巡长安时。而这一切似乎酝酿于之前的两个分离时期。《北史》说"帝每岁征幸，恂常留守，主执庙祀"，其实这里的"每岁"，也就一年半而已。据《魏书·高祖纪》，元恂随着孝文帝抵达洛阳，在太和十八年十一月己丑（494年12月31日）。二十二天之后，即十二月辛亥（495年1月22日），孝文帝率军离开洛阳，南伐萧

---

[1] 田余庆：《拓跋史探》，第46—47页。

齐，半个月后（戊辰，2月8日）至悬瓠。是的，就是王钟儿被掠入平城之前所生活的那个悬瓠，现在成了北魏对南朝用兵的前线重镇。

这一次分离，从太和十八年十二月孝文帝离开洛阳，到第二年五月庚辰（495年6月20日）"皇太子朝于平桃城"（平桃城即荥阳狼亭），长达半年之久。这半年间，冯氏家族死了两个关键人物。第一个是冯熙的长子冯诞，第二个是冯熙本人。冯诞以司徒、太子太师从孝文帝南征，似乎一开始就有健康问题。魏军从悬瓠南渡淮河，沿淮河向东，包围了萧齐的钟离城，在城外扎下大营，可是久攻不下。冯诞病重，不能继续行军。太和十九年二月辛酉（495年4月2日），孝文帝与冯诞告别，率军离开钟离，继续向长江进发，刚走了五十里，就接到冯诞病死的消息，于是孝文帝连夜返回钟离大营，并于次日宣布终止军事行动，掉头北返。据《北史·外戚传》，冯诞与孝文帝同岁，自幼与孝文帝一起生长宫中，是冯熙诸子中与孝文帝最亲密、最说得上话的一个。

很显然，冯诞是大冯夺宫废储计划的重大障碍，所以有必要在孝文帝那里破坏冯诞的影响力。

《北史·外戚传》："十八年，帝谓其无师傅奖导风，诞深自悔责。"这条记录显示，对皇太子不利的舆论早在太和十八年已颇有市场，连累太子太师冯诞遭到孝文帝斥责，而冯诞"深自悔责"，似乎只剩下挡架之力。[1] 冯诞年底带病从征时，大冯很可能一直在孝文帝身边，居中调度，运筹帷幄。当然，我们只能根据史料，假定冯诞是正常因病死亡，不过从他的死亡中获益最大的，无疑就是他自己的妹妹左昭仪大冯。《北史》记冯诞死前与孝文帝诀别，"时诞已惙然，强坐视帝，悲而泪不能下，言'梦太后来呼臣'。帝呜咽，执手而出，遂行"。冯诞提到冯太后，是不是在某个问题上提醒孝文帝呢？

《魏书·高祖纪》记太和十九年三月"戊子（495年4月29日），太师冯熙薨"。据2007年出土的孝文帝亲自撰写的冯熙墓志，冯熙死于太和十九年正月廿四日甲午（495年3月6日）。冯熙的死讯先从平城报告到洛阳，再由洛阳转至淮南前线，三月戊子应该是孝文帝接到洛阳报告的时间。《北史·外戚传》："车驾在淮南，留台表闻，还至徐州，乃举哀，为制缌服。""留台"指平城留守机构，但平城留台的报告要先到洛阳，再由洛阳转至淮南。洛阳主事者则是皇后小冯。《魏书·皇后传》

---

[1] 与冯诞被责相关的，是太和十八年孝文帝推动的考课，"各令当曹考其优劣，为三等"，至九月壬午（494年10月25日）"帝临朝堂，亲加黜陟"，见《魏书·高祖纪》。孝文帝黜陟的具体内容，部分地保留在《魏书·献文六王·广陵王羽传》。这次黜陟涉及面很宽，与本书相关的是对东宫官的大面积处理，如任城王澄被解除太子少保之职，太子中庶子游肇和太子中舍人李平都只得到中等，其他东宫官如安乐王诠、冯夙、间贤保等，都被解除了职务。东宫官的大规模变动，是不是大冯针对皇太子阴谋的一部分，尚难断言。

记孝文帝写信给小冯，对她失去父兄表示安慰之意："及后父熙、兄诞薨，高祖为书慰，以叙哀情。"这是因为小冯以皇后身份先向孝文帝报丧，孝文帝乃回书存慰。

这时主持平城留台的是元丕。《北史》记元丕"以（冯）熙薨于代都，表求銮驾亲临"，要求孝文帝亲赴平城，参与冯熙丧事。很难说这背后隐含着怎样的政治信息，不过从孝文帝的反应看，元丕的请求是某种意义上的圈套。孝文帝愤怒地下诏斥责元丕道："今洛邑肇构，跂望成劳。开辟暨今，岂有以天子之重远赴舅国之丧？朕纵欲为孝，其如大孝何！纵欲为义，其如大义何！天下至重，君臣道悬，岂宜苟相诱引，陷君不德。令仆已下，可付法官贬之。"[1]然后把元丕贬职为并州刺史，让他离开平城这个日益复杂的政治环境。

冯熙尚博陵长公主，公主即文成帝之妹，先已去世，葬在平城。孝文帝下令打开公主的墓，把公主的棺柩与冯熙的棺柩一起，送到洛阳营葬。为此，他让皇后与皇太子都去平城主持这件大事。《魏书·高祖纪》记孝文帝在平桃城见到皇太子元恂，三天后（五月癸未，即6月23日）一起返回洛阳。回洛阳后的第十一天（五月甲午，即7月4日），孝文帝在太庙为皇太子举行了隆重的冠礼。再过九天（六月癸卯，即7月

1　《北史》卷一五《魏诸宗室传》，第555页。

13日),"诏皇太子赴平城宫"。《北史·外戚传》说"皇后诣代都赴哭,太子恂亦赴代哭吊"。不知二人是否同时北行?或者,皇后在先,太子在后?

元恂到平城,就是要赴冯熙之丧,然后扶柩返洛。皇后小冯到平城,也是一样的任务。微微不同的是,皇后还要"率六宫迁洛阳"。当然,皇后和皇太子两人不必与六宫同行,因为那样太慢(贵人高照容和她的子女宫人就在六宫南迁的大队里)。据孝文帝亲撰的冯熙墓志,冯熙于太和十九年十二月庚申(496年1月26日)"窆于河南洛阳之北芒"。据《北史·外戚传》,"柩至洛七里涧,帝服缞往迎,叩灵悲恸而拜焉。葬日,送临墓所,亲作志铭。"虽不知到达洛阳与葬日之间隔了多久,但大致上可以确定,冯熙与公主的棺柩抵达洛阳在十二月间。

这时距孝文帝派元恂北行又已过去了半年。没有任何证据显示这半年间大冯做了什么,以及小冯和元恂在平城与路途上遭遇了什么,不过这半年对大冯夺宫废储的计划来说,一定是十分关键的。很显然,她已经安排好了。史书归为孝文帝的那些言行,有多少出于大冯的意志,当然已不可知。然而,从形势发展的方向来判断,一切的背后都有大冯的身影。这也意味着,被后世史家视为孝文帝汉化改革的那些激烈措施,也可能都有大冯的支持。因为围绕这些措施所发生的政治变化,是有利于她的夺宫废储计划的。

无论如何，到太和二十年春，大冯的计划到了最后实施的阶段，障碍都已清除，结论呼之欲出。看得见的变化，第一步是小冯被废，第二步（只隔一个月）是元恂被逼谋奔。这些都属于重大政治事件，朝堂内外无人不知。然而有些同样重大的变化却是不那么容易看到的，知情者非常非常有限，那就是我们前一章结尾时所说的高照容之死。大冯派人谋杀元恪的母亲高照容，目的很明确，就是要在元恂被废之前，建立自己与元恪继任人之间的母子关系。还是常太后、冯太后以来那个模板，不同的是元恪已经十四岁，不是不懂事的幼儿了。对于大冯来说，元恪的年龄固然不理想，但也顾不得那么多了。

　　元恂从被捕到被废，相隔四个多月。拖了这么久，显示孝文帝虽怒气难抑，毕竟父子之情，且牵涉太大，一直犹犹豫豫。为什么最终下了决心呢？很可能与平城的未遂叛乱有关。

15　元恂之死

据《北史·孝文六王传》，太和十九年（495）六月元恂从洛阳北赴平城前，孝文帝告诫道："今汝不应向代，但太师薨于恒壤，朕既居皇极之重，不容轻赴舅氏之丧，欲使汝展哀舅氏，拜汝母墓，一写为子之情。"孝文帝特别叮嘱元恂到平城后祭拜生母贞皇后林氏，"一写为子之情"。当着母后的面祭拜生母，公然表达母子之情，其实并不是平城时代皇帝们的常规做法。冯太后在世时孝文帝"不知所生"，而在冯太后死后孝文帝仍然"奉冯氏过厚，于李氏过薄，舅家了无叙用，朝野人士，所以窃议"[1]。那么，在元恂与皇后到平城迎冯熙棺柩时，为什么孝文帝会要求元恂去祭拜生母之墓、隆重表达母子之情

1　《北史》卷八〇《外戚传》，第2683页。

呢？很可能，这是对元恂的某种提示，要他明白他与皇后母子关系的另外一面。如果真有这个动机，那么说明，孝文帝早在太和十九年夏已有废后之念，对太子则信任如旧，只是期望在皇后与太子之间做某种切割。

冯熙死时，平城留台的最高官员是元丕，其次是陆叡。陆叡的姓名《南齐书》记为伏鹿孤贺鹿浑。[1] 伏鹿孤即步六孤，后来改姓氏时取中间的音节，改为陆氏。贺鹿浑是代人常见用名，高欢的本名贺六浑即是同一个名字，不同的是高欢之欢取自贺六浑的最末音节，而陆叡之叡是另取的雅名，与本名贺鹿浑无关。陆叡年轻时娶妻于华北名族博陵崔氏，岳父崔鉴"谓所亲曰"："平原王（陆叡继承了父亲陆丽的平原王爵位）才度不恶，但恨其姓名殊为重复。"《魏书·陆叡传》记录了崔鉴这句话后，解释道："时高祖未改其姓。"陆氏改自步六孤氏，见《魏书·官氏志》，但崔鉴所"恨"的不只是陆叡的家族姓氏，还有他本人的名字。幸得《南齐书》记录，我们才知道陆叡的本名是贺鹿浑。

元丕的官职是太傅、录尚书事，陆叡的官职是都督恒肆朔三州诸军事、恒州刺史、行尚书令。冯熙死，元丕和陆叡都奏请孝文帝赴丧，惹得孝文帝大怒，改元丕为并州刺史，调往

---

[1] 《南齐书》卷五七《魏虏传》，第1102页。

太原，陆叡虽留任恒州刺史，但解除了都督恒肆朔三州诸军事的大军区指挥权。陆叡都督的恒肆朔三州，涵盖迁都以前的京畿地区，以平城（恒州）为中心，西至旧都盛乐（朔州），南至恒山南麓（肆州），政治和军事重要性显而易见。虽然孝文帝把这次奏请赴丧的账主要算在元丕头上，对陆叡毕竟已起疑心，不久恢复陆叡军权时，只让他都督恒朔二州，而把极具战略意义的肆州（位于恒州与并州之间）单列出来。不让平城主将控制平城的南大门，这当然是意义深远的一个变迁，后来洛阳朝廷刻意把恒州降低到与其他北州相等的地位（后果之一是六镇动荡时，恒州不能起镇抚或阻挡作用），是从陆叡失去肆州军事指挥权开始的。

不过值得注意的是，至少到太和二十年（496）之前，孝文帝还是保留了平城在代北的某种中心地位，陆叡都督恒朔二州，意味着他不仅指挥平城驻军，还至少在名义上可以指挥盛乐地区的守军。这时盛乐的主官朔州刺史阳平王元颐（拓跋安寿），是文成帝的长弟拓跋新成的长子，是孝文帝的从叔。元颐担任怀朔镇主官时，参与过孝文帝时代最重要的一次对柔然用兵。《魏书·高祖纪》太和十六年八月乙未（492 年 9 月 18 日）："诏阳平王颐、左仆射陆叡督十二将七万骑北讨蠕蠕。"《魏书·陆叡传》："与阳平王颐并为都督，督领军将军斛律桓等北征三道诸军事，步骑十万，以讨蠕蠕。"魏军北征造成柔然内部的分裂和动荡，使得孝文帝相信，跟江左政权比起来，柔然不再是从前那么大的国防威胁，这是他次年敢于迁都的前提条件。这次对柔然用兵规模巨大，三道并进，元颐和陆叡是东西二道主将，中道主将则是杨播。[1] 元颐与陆叡都有在北边统兵的经历，现又各据旧都，谊近唇齿，当然是一种特殊关系。

大概在元恂从平城南返前后差不太久，定州刺史穆泰向孝文帝报告说，自己长久以来疾病缠身，"土温则甚"，就是在夏季炎热的平原地带病情会加重，因此请求回到平城担任恒州刺史。穆泰曾经在冯太后打算废黜孝文帝时力谏有功，孝文帝对他一向感激，所以明知穆泰对迁都等措施不满意，也予以优容，同意让他和陆叡对调。穆泰在《南齐书》中记为"伪定州刺史冯翊公目邻"，目邻是丘目邻的讹夺，丘目邻即《魏书·官氏志》丘穆陵（我猜即阿尔泰语言中常见的 Temür，意思是"铁"[2]）。穆泰的鲜卑语姓、名合起来，就是丘穆陵石洛。元恂在平城时，穆泰应该也已到任，而陆叡还没有出发去定州。《魏书·穆泰传》："(穆)泰不愿迁都，(陆)叡未及发而泰已

---

[1] 杨播墓志："(太和)十六年又加征虏将军，都督北蕃三镇，讨破地豆于贼。其年秋，加武卫将军、中道都督，率骑三万，北出鸡鹿塞五千余里，追逐茹茹而还。"见赵超《汉魏南北朝墓志汇编》（修订本），第 119—121 页。

[2] 不过于子轩明确表示，他不赞同把丘穆陵复原为 temür，而认为这个词有可能与哈密 Qumul 这个词有关。

至，遂潜相扇诱，图为叛。"《魏书·陆叡传》："叡未发，遂与泰等同谋构逆。"穆泰到任，平城内外的资源只有穆泰可以调动，所以他自然成为这次"叛乱"的首谋。

《北史·景穆十二王·阳平王新成附阳平王颐传》："（元颐）后除朔州刺史。及恒州刺史穆泰谋反，遣使推颐为主，颐密以状闻，泰等伏诛，帝甚嘉之。"据此，穆泰与陆叡谋划，打算推举在盛乐的元颐另立朝廷。《魏书·穆泰传》："……谋推朔州刺史阳平王颐为主，颐不从，伪许以安之，密表其事。"据《魏书·陆叡传》载孝文帝给李冲和于烈的诏书，是元颐把穆泰的信转给了洛阳："赖阳平王忠贞奋发，获泰之言，便尔驰表，得使王人纠虔，恒岳无尘。"孝文帝还提到这几个谋反之人"讪谤朝廷，书信炳然"，所谓朝廷，就是孝文帝自己，而"书信炳然"，很可能就是穆泰给元颐的信，因为其他参与者都在平城，联络诸事不必通过书信。

不过根据孝文帝的诏书，元颐并不是穆泰和陆叡的首选。孝文帝说穆泰等"始欲推故南安王，次推阳平王，若不肯从，欲逼乐陵王"。故南安王指南安王元桢（拓跋乙若伏[1]），景穆帝第十一子，文成帝之弟，是景穆子孙中辈分最高、资历最老

---

[1] 元桢的鲜卑语本名为乙若伏，见元举墓志："曾祖南安惠王桢，字乙若伏。"赵超《汉魏南北朝墓志汇编》（修订本），第278—279页。

的一个。据《魏书·高祖纪》，太和十三年（489）元桢"坐赃贿免为庶人"。据《北史·景穆十二王·南安王桢传》，元桢因"聚敛肆情"而被"削除封爵，以庶人归第，禁锢终身"。太和十八年（494）孝文帝在平城与官贵讨论迁都时，元桢和许多不愿迁都的人一样，都表示赞成迁都，凭借此功，到太和十九年底得"复本封"。真实情况可能是，太和十九年底，元桢随皇后小冯和太子元恂一起，搬家到了洛阳，以实际行动支持孝文帝，孝文帝因此复其封爵，几个月后还任命他为相州刺史。

孝文帝派元恂前往平城时，元桢正以庶人身份住在平城。孝文帝特地叮嘱元恂在平城办完大事，"汝族祖南安，可一就问讯"。元恂在平城，一定会遵照孝文帝指示前去拜访元桢，而元桢可能由这一拜访领会孝文帝的意思，主动要求随皇后和太子前往洛阳。然而，根据穆泰等谋反失败后的审查结论，元桢对谋反之事是知情的。据元桢墓志，元桢死在相州刺史任上，时在太和二十年八月二日（496年8月26日），同年十一月二十六日（12月16日）葬于北邙山。《北史》记元桢死后再次被削爵："及恒州刺史穆泰谋反，桢知而不告，虽薨，犹追夺爵封。"据此大致推测，穆泰事发，在太和二十年秋冬间，去元恂平城之行已差不多一年了。可以说，元桢并没有参与穆泰、陆叡等人的计划，即使他在平城时见过穆泰，也一定为时短暂。

穆泰、陆叡等选择拥立元桢，大概基于三个条件：一是元桢在宗室资历最高（景穆帝诸子唯一在世者），有一定号召力；二是他被孝文帝削爵禁锢，必定怀恨在心；三是他住在平城，诸事方便。考虑到元桢在太和十九年初冬即已随皇后和太子南迁，那么此前穆泰应该已到平城，有机会面见商议。元桢一方面拒绝参与，并迅速南迁，另一方面他并没有向孝文帝告发。也许他并不反对穆泰等人的计划，只是不愿自己承担风险。在元桢离开平城前往洛阳后，穆泰、陆叡等只好另找阳平王元颐，没想到元颐悄悄告发了他们。随后孝文帝派任城王元澄前往平城，元澄到雁门关后让治书侍御史李焕单骑先发，突入平城，迅速平定了一场拟议中的政变。穆泰试图反抗，一触即溃，参与者尽被捉拿。

据《魏书》和《北史》，穆泰和陆叡是谋叛的主谋，积极参与者主要是宗室疏属，比如元丕的一个弟弟和两个儿子都是重要成员。他们为什么要参与这么危险的事情？基本上是不满孝文帝的改制措施，特别抵触的是爵制改革和迁都。据《魏书·高祖纪》，太和十六年正月乙丑（492年2月21日），"制诸远属非太祖子孙及异姓为王，皆降为公，公为侯，侯为伯，子男仍旧，皆除将军之号"。举例来说，元丕从东阳王降为平阳公，陆叡从平原王降为巨鹿郡开国公，穆泰从冯翊公降为冯翊侯。太和十七年（493）迁都之议定于洛阳，次年在平城大议，反对者虽多数迫于压力不得不表态支持，内心的愤懑可想而知。然而，对于统治集团中的多数人来说，迁都也好，改制也好，利益明显受到伤害的毕竟是少数，这或许能解释为什么宗室近属不大可能公然反对。这也可以解释为什么穆泰等人的谋叛经不起李焕一介单骑的打击。

对谋叛者的审讯，一定会涉及一个关键问题：皇太子元恂是否知情？如果元桢离开平城前见过穆泰等，元恂也同样有机会和他们接触。《魏书·元丕传》："丕父子大意不乐迁洛。高祖之发平城，太子恂留于旧京，及将还洛，隆与超等密谋留恂，因举兵断关，规据陉北。时丕以老居并州，虽不预其始计，而隆、超咸以告丕。丕外虑不成，口虽致难，心颇然之。"这里说元丕的儿子元隆、元超密谋把元恂留在平城，同时发兵控制雁门关，应该是太和十九年秋冬的事。如果这是穆泰等人计划中的选项之一，那么非常困难的一步就是夺取雁门关的控制权，因为孝文帝刚刚把肆州从恒朔军区单列出来。孝文帝给李冲、于烈的诏书提到陆叡等"以朕迁洛，内怀不可，拟举诸王，议引子恂，若斯之论，前后非一"。所谓"议引子恂"，就是已经了解到陆叡等有拥立元恂以对抗孝文帝的计划。联系到太和二十年八月元恂曾计划北奔恒代，至少看上去，元恂和平城是曾经或一直互通声息的。

尽管这仍然不能说明元恂本人对平城谋划是否知情，或是否同意，调查结果一定让孝文帝深感震撼。从元桢墓志所透露的时间线索看，陆叡、穆泰等失败在太和二十年十一月前后。孝文帝下决心废黜皇太子元恂在太和二十年十二月丙寅（497年1月26日），不能不说这两个事件是相关的。一个月后，即太和二十一年正月丙申（497年2月25日），孝文帝"立皇子恪为皇太子"[1]。再过九天，即正月乙巳（497年3月6日），"车驾北巡"，孝文帝亲自前往平城，处理穆泰等谋叛之后的诸般遗留（主要是判决）问题。

这次北巡历时半年。经过太原时，孝文帝把元丕带上，让他到平城旁听对他弟弟和几个儿子的审讯。在平城、云中（即朔州的中心城市盛乐城）、离石、平阳等地巡行之后，孝文帝于四月抵达长安。按照计划，孝文帝很快要从长安东行，回归洛阳。然而正是在长安，孝文帝接到了御史中尉李彪的密表，触发了对于元恂的终极处理：

> 帝幸代，遂如长安，中尉李彪承间密表，告恂复与左右谋逆。帝在长安，使中书侍郎邢峦与咸阳王禧奉诏赍椒

---

[1] 元恪立为皇太子的时间，《魏书·高祖纪》作正月丙申，《魏书·世宗纪》作正月甲午（2月23日）。后史多从《高祖纪》。

酒诣河阳,赐恂死。时年十五余。敛以粗棺常服,瘗于河阳城。[1]

李彪的密报显然出自某种指使,指使者只可能来自两个方向,一个是大冯,一个是孝文帝本人。元恂之死当然符合大冯的利益,不过在这个节骨眼儿上要瞒过孝文帝不是那么容易的。也许孝文帝已深信元恂参与了穆泰等人的政变阴谋,也许他只是不愿意一个废太子再次成为阴谋者的武器。也正是因此,一年半后李彪在御史台的属官告发元恂被关押时曾给孝文帝"手书自理",却被中尉李彪和侍御史贾尚"寝不为闻",即指控李彪与贾尚故意不把元恂的书信上报给孝文帝。这当然是重罪,不过孝文帝对李彪没有深究,不了了之,而贾尚"暴病数日死",似是灭口之举。

是不是可以这样理解,孝文帝从平城南返时,感觉对案情有了通盘掌握,已打定主意除掉元恂。所以,在从长安回洛阳前,通过李彪密报,他找到理由杀死了自己的长子。这当然是孝文帝为了社稷长远利益所做出的痛苦决定。不过,今人读史,容易把元恂简单地归类为反改革的保守派,而事实上我们并不能肯定当时是否存在这样一个政治派别,以及更重要的,

---

[1] 《北史》卷一九《孝文六王传》,第714页。

元恂有什么理由要加入和自己利益明显无关的政治反对派？穆泰、陆叡等人的政变阴谋即使是可信的，也不能说明参与阴谋的所有人在政治上有完全一致的立场。毋宁说，这样一个谋叛集团更像是一个失意贵人们发泄不满、抱怨时政的俱乐部，进入俱乐部的人都不满意迁都等变化，但对于如何走出困境并无一致意见，对于是否采取行动、采取何种行动更是各有主张。元恂在小冯被废后决意北奔，与其说是计划"跨据恒朔"（孝文帝语），不如说是被洛阳宫的各种力量逼着逃命。当然，孝文帝以后会看到这一点的。

太和二十一年六月庚申（497年7月19日），孝文帝回到洛阳。七月甲午（8月22日），"立昭仪冯氏为皇后"。经过将近四年的努力，在高照容被杀，冯熙、冯诞父子恰逢其时地死去之后，大冯全面达成了废后、废储、立子和夺宫的所有目标。这是她人生的高光时刻。

16　悬瓠长夏

大冯的成功,对于王钟儿意味着什么呢?她的墓志说:"太和中固求出家,即居紫禁。"这里的"太和中",应该是高照容死后的太和二十年(496)或二十一年(497),王钟儿已五十七八岁。当大冯接管元恪的抚养权,要扮演母亲角色时,元恪的生母高照容固然必须消失,长期服侍高照容、帮助她养育孩子的王钟儿也不能再留在元恪的世界里。墓志说王钟儿"固求出家",实际上,很可能是被安排出家。不过,她虽然出家,却没有离开洛阳宫,墓志说"即居紫禁",就是仍然生活在宫内。墓志后面说她老年生病时迁往"外寺",那么在皇宫内的尼寺大概可称"内寺"。作为比丘尼,她获得了新的身份,法名慈庆。我们今后就用慈庆来称呼她。

16 悬瓠长夏

当慈庆开启陌生的比丘尼生涯时,诸事顺遂的皇后大冯正在享受她的高光时刻。不过大冯一定想不到,她的高光时刻不会如她所愿的那样延续很久,事实上前后合起来还不到一年。

不赞成孝文帝迁都和改制的人一定很多,只是他们中的绝大多数除了消极抵抗别无他法,少数胆敢走极端者如穆泰、陆叡等也几乎注定会失败。大冯废储夺宫一路走下来,得罪的人虽远不如孝文帝多,然而她显然是比孝文帝更容易针对的目标,而且很可能,她引发、招徕并凝聚的敌意更具体、更鲜明、更迫切。可以设想,个人性的愤懑与敌意会在适当的时候转化为社会网络,甚至进一步转化为目标明确的有计划行动。当然,无论在当时还是在后世,巨大的宫廷阴谋都不大可能留有文件,圈内人讳莫如深,圈外人茫然不晓,写史者无可得而措笔,读史者无可得而窥秘。正如元恂失去孝文帝信任及随后被废被杀的真实过程已无从复原,毫不奇怪的是,围绕大冯人生最后两年所发生的一切也相当怪诞离奇。

对孝文帝来说,大冯被立为后,一年多来高度紧张的洛阳宫终于安定,他可以专心对萧齐用兵了。一个半月后,即太和二十一年八月庚辰(497年10月7日),"车驾南讨"。送别的时候,大冯无论如何也想不到这是一次致命的分别,正享受巅峰感的她完全意识不到，与皇帝的长时间隔离会给暗中的敌对者最大的机会。一年半后她才再一次，也是最后一次见到皇帝，而那时她的悲惨结局已经无可挽回了。

孝文帝在位的最后五年，差不多一半时间用在对萧齐用兵，要么身在南征军中，要么忙着筹划南征。他的目标非常清楚，就是要把北魏的南部边境大幅前推，压迫萧齐的北方边境向南退缩，以便为首都洛阳制造更安全的战略空间。从孝文帝的军事安排看，他有三个主要目标。第一个，也是最紧迫的，在洛阳的正南方，面对萧齐的雍州（襄阳）重镇，必须夺取萧齐在汉水（沔水）以北的南阳盆地，做到与萧齐隔汉水分境。第二个，是把魏境南推至淮河上游的桐柏山、大别山北麓，夺取萧齐在这个区域的主要军镇义阳（今河南信阳）。第三个，是在东南方向攻占萧齐的淮南地区，把南朝防线挤压到长江南岸，实现与南朝隔江对峙。这三个目标，要用三个战役分别达成。三大战役可分别称为沔北战役、义阳战役和淮南战役。从历史发展看，孝文帝用半年多实现了第一个目标，紧接着启动义阳战役，想尽快实现第二个目标。然而后院失火，洛阳宫的动荡迫使他紧急班师。这样他就永远失去了实现第二个和第三个目标的机会。

从太和二十一年九月到二十二年（498）三月，北魏大军以绝对的优势兵力[1]，把南阳盆地的几个萧齐郡县戍城分割隔断，筑围攻击，先后攻克新野、赭阳、舞阴、南乡、南阳（宛城）和邓城，萧齐的沔北五郡尽数入魏，齐军据守的军城中，只剩下汉水边的樊城兀然独存。樊城依托汉水，南与襄阳相连，对于魏军来说，既难攻击，又难守御。孝文帝见好就收，满足于距离洛阳最近的萧齐势力已基本清除，于三月庚寅（498年4月15日）来到樊城城下，"观兵襄沔，耀武而还"。之后孝文帝马不停蹄地奔赴淮源，去实现他的第二个目标。

值得注意的是，当孝文帝亲临新野城下，指挥大军"筑长围以守之"，可谓戎马倥偬之际，他却抽出时间处理了一宗可能只有大冯才会关心的事务。太和二十一年十月乙亥（497年12月1日），"追废贞皇后林氏为庶人"。贞皇后林氏即元恂生母，被冯太后杀害已十四年，四年前因元恂被立为太子而追尊为皇后。元恂被废被杀时，似无人想起这位空有名号的皇

---

[1]《南齐书·魏虏传》："(元)宏时大举南寇，伪咸阳王元憘、彭城王元勰、常侍王元嵩、宝掌王元丽、广陵侯元燮、都督大将军刘昶、王肃、杨大眼、奚康生、长孙稚等三十六军，前后相继，众号百万。其诸王军朱色鼓，公侯绿色鼓，伯子男黑色鼓，并有鼙角，吹唇沸地。"《资治通鉴》把这段话简化为"众号百万，吹唇沸地"，其中"吹唇沸地"一词后来常见用于诗词。清末黄遵宪写八国联军进攻北京的诗，有"压城云黑饿鸱鸣，齐作吹唇沸地声"之句。见《人境庐诗草》卷十《七月二十一日外国联军入犯京师》，《黄遵宪集》，中华书局，2019年，第263页。

漫长的余生

后。现在孝文帝忽然有此决定，表面上是因"有司"上报，事实上只能是在洛阳的大冯想起此事，或被提醒，不能容忍有人分享皇后名号，才有这么一份报告出现在孝文帝面前。孝文帝批准追废林氏，固然有礼法依据，但也可看出他对大冯情义如故。不过半年后情况就发生了大变。

沔北战役还没有完全结束时，孝文帝命征南将军王肃开始围攻义阳城，这标志着第二个战役的开始。孝文帝在樊城城下耀兵沔上、南望襄阳之后，立即挥师东进，加入王肃刚刚启动的义阳战役。这次行军异常迅疾，半个月后，即太和二十二年三月辛亥（498年5月6日），孝文帝抵达义阳战役中魏军的大本营悬瓠城。这个悬瓠城，就是王钟儿（慈庆）被俘入平城宫之前长期生活过的那个汝河上游的军事重镇。

因萧齐援军渐至，速胜的机会已经丧失，孝文帝在进入悬瓠二十天之后，于四月庚午（5月25日）下诏"发州郡兵二十万人，限八月中旬集悬瓠"。这大概是因为，魏军不得不把相当兵力留在沔北，只好另外动员兵力投入义阳战役。这次动员的各地人力物力，包括北镇的高车部落。据此安排，来自各州郡的增援军队到八月中旬才能抵达悬瓠，因而对义阳的总攻只有到八月底以后才能展开，那么九月前的四个月，除战役筹备之外别无大事，孝文帝本人并无必要留在悬瓠。然而，孝文帝从三月底进驻悬瓠，到诸军齐聚的九月底突然宣布停止义阳战役，他竟然在悬瓠城住了整整五个月。这是极不正常的。

一个解释是孝文帝突然病重。《北史·后妃传》说大冯与宦官高菩萨私乱，"及帝在汝南不豫，后便公然丑恣"。据此，孝文帝病重在前，得知大冯失德在后。《魏书·术艺·徐謇传》："（太和）二十二年，高祖幸悬瓠，其疾大渐，乃驰驲招謇，令水路赴行所，一日一夜行数百里。至，诊省下治，果有大验。"孝文帝的确在悬瓠重病了一场，病因很可能是长期吃五石散或各种丹药（甚至可以说，北魏皇帝多壮年病死者，主要是因为食散服丹），因此急招擅长合金丹的御医（侍御师）徐謇到悬瓠。这一番忙乱，身为皇后的大冯自然知道了皇帝生病之事，所以《北史·后妃传》的叙事时序似乎有道理。不过，《徐謇传》载孝文帝九月间在汝滨为感谢徐謇举行的宴会上所下的诏书，明确说到自己生病的时间："仲秋动痾，心容顿竭，气体羸瘠，玉几在虑。"可见孝文帝生病在八月，去三月底初至悬瓠已经四个多月了。因此，孝文帝久驻悬瓠，是别有原因的。

皇帝离开这么久，洛阳的确出了一些乱子，表面上看，最严重的是高级官员间发生了内斗。孝文帝留在洛阳处理政务（称为"留台"）的三个主要官员是尚书仆射李冲、任城王元澄和御史中尉李彪，冲突发生在李冲与李彪之间。论资历地位，李彪远逊于李冲。而且李冲还是李彪最主要的提携者。《魏书·李冲传》："李彪之入京也，孤微寡援，而自立不群，以冲好士，倾心宗附。冲亦重其器学，礼而纳焉，每言之于高祖，公私共相援益。"虽然李彪是顿丘李氏，李冲为陇西李氏，本无宗亲关系，但李彪对李冲"倾心宗附"，便是以同为李姓而结宗致敬的意思。后来李彪得孝文帝重用，大概对李冲的"宗敬"颇不及初："及彪为中尉、兼尚书，为高祖知待，便谓非复藉冲，而更相轻背，惟公坐敛袂而已，无复宗敬之意也。"《魏书·李彪传》："彪素性刚豪，与冲等意议乖异，遂形于声色，殊无降下之心。自谓身为法官，莫能纠劾己者，遂多专恣。"按照《魏书》这种叙述，李冲对李彪的打击是出于个人原因，与国事关系不大。不过《魏书》又记李冲的态度是不寻常的愤怒："冲时震怒，数数责彪前后愆悖，瞋目大呼，投折几案。尽收御史，皆泥首面缚，詈辱肆口。"李冲一贯持重、温和，怎么会突然间性情大变呢？看起来无论如何是一场蓄积已久的大爆发。

我认为，李冲这场大爆发是洛阳一连串针对大冯行动的一个环节，当然可能还是十分重要的一个环节。李彪是洛阳最高司法官员，掌握着洛阳城内外的治安警戒大权，宫内外各种秘密活动很难逃过他的眼线。正是因此，当针对大冯的大规模行动即将展开时，李彪是应该首先被除掉的。如此显要、深得皇帝信任的一个人物，怎么才除得掉呢？唯一的途径是让留台三驾马车自相残杀。只有这时，李冲与李彪的隐性矛盾才可能被利用、被放大、被引爆。

而且不要忘记，李彪正是导致废太子元恂最终被杀的举报人，是他"承间密表，告恂复与左右谋逆"。无论李彪的举报是不是受到孝文帝指使，他的行为决定了他很大程度上被视为大冯一党。也不要忘记了，元恂立为太子后，李冲一直担任太子少傅，所以太子被废，李冲不得不一而再再而三地向孝文帝谢罪。李冲对元恂被陷害一定有所察觉，只是无可奈何而已，而他提携起来的李彪直接助力了元恂之死，这当然会使他愤懑难抑。在皇帝缺席的洛阳，那些想除掉李彪的人，对这些情况必定了如指掌。我们当然不知道他们都是谁，但他们的确是存在的，而且历史地看，他们无处不在、十分强大。他们要做的，只是一点点撑大李冲和李彪之间的裂隙，在李冲那里火上浇油，促使他爆发。

李冲联合元澄对付李彪，"积其前后罪过，乃于尚书省禁止彪"，上书孝文帝，激烈地攻击李彪，甚至赌上了自己一生积攒的政治资本。李冲虽在上表中隐隐提及"往年以河阳事"（即诬告元恂事），毕竟不敢冒犯皇上，但最后说："如臣列得实，宜殛彪于有北，以除奸矫之乱政；如臣无证，宜投臣于四裔，以息青蝇之白黑。"分明是不共戴天的决绝。孝文帝读表大惊："何意留京如此也！"尽管为了李冲的面子不得不处理李彪，但还是留有余地。"有司处彪大辟，高祖恕之，除名而已。"而且，孝文帝还很不高兴地说："道固可谓溢也，仆射亦为满矣。"道固是李彪的字，仆射指李冲，意思是两人都不知谦谨，致有此乱。从孝文帝这一各打五十大板的评论来看，他似乎完全没有读出这一事件的重大政治含义。

李冲和李彪的这场冲突何时发生，史无明文，《资治通鉴》系于太和二十二年三月底四月初之间，把二人冲突的始末及因此李冲发病而死总而叙之，似是认为冲突发生在三月底之前。这样处理很可能是对的。无论如何，尽管这个事件相当严重，而且随后李冲死去，都没有影响孝文帝完成义阳战役的决心。只是随着李彪被除名，洛阳宫内外针对大冯的行动开始加速。

16 悬瓠长夏

大概是五月至七月间的某一天,一个不速之客的到来,彻底改变了孝文帝的计划,逆转了五年来宫廷政治的发展方向。

不知道具体的日期[1],一定是在夏季,一个下雨的日子。孝文帝的六妹,过去的彭城公主,现已改号陈留公主,没有官员陪同,没有士兵护卫,没有车队随行,只带着她自己的侍婢家僮,总共十几个人,"乘轻车,冒霖雨",狼狈不堪的样子,突然出现在悬瓠城下。可能是在公主的要求下,和孝文帝谈话时,并无他人在侧(据《魏书·皇后传》,彭城王元勰因侍疾得以闻知)。公主向皇兄报告的内容,史书只说是皇后秽乱后宫,诸如"后遂与中官高菩萨私乱","后便公然丑恣,中常侍双蒙等为其心腹"等。当然内容未必限于这些,不过已足够让孝文帝震惊了。《北史·后妃传》:"帝闻,因骇愕,未之信,而秘匿之。"以孝文帝的聪明敏感与经验丰富,自然知道事关重大。如果皇后大冯真是一直在他背后另有一套,那么过去几年他自己在许多事情上的判断与处置,很可能都是错误的。其中包括自己的长子元恂,而这是任何为人父者都难以面对的。接下来的一段时间,也许是好几个月,孝文帝身在悬瓠,心在

---

[1] 《资治通鉴》系此事于太和二十三年二月,只是为孝文帝终审大冯补叙前因,不可以当作编排年月的依据。陈留公主到悬瓠向孝文帝密告皇后,只会发生在前一年的夏天,很可能在五六月间。

159

洛阳，秘密调查由此展开。之所以留在悬瓠不动，就是因为在调查结果出来之前，不能轻举妄动。

为什么陈留公主会加入针对大冯的行动中呢？

大冯的生母姓常，常氏为冯熙生了两个孩子，即大冯和她的弟弟冯夙。大冯为冯夙谋划婚事，立意要让他"尚主"，就是娶一个公主。这时孝文帝诸妹中，陈留公主恰好新寡。《北史·后妃传》："是时彭城公主，宋王刘昶子妇也，年少嫠居。北平公冯夙，后之同母弟也，后求婚于孝文，孝文许之。"大冯替弟弟向孝文帝求婚，孝文帝许婚，说明孝文帝对大冯仍然是信任和宠爱的。不过这一婚事的当事人之一陈留公主（即彭城公主）却是万般的不乐意，"公主志不愿"，就是看不上冯夙其人。只是既然孝文帝已许婚，身为后宫之主的冯皇后是可以强制执行的，公主的抵抗空间极为有限。正是被逼入绝境，且刻不容缓的形势，把陈留公主推向了皇后大冯的对立面，加入一个正快速发展的计谋网络中。

> 公主志不愿，后欲强之婚，有日矣。公主密与侍婢及僮从十余人，乘轻车，冒霖雨，赴悬瓠，奉谒孝文，自陈本意，因言后与菩萨乱状。帝闻，因骇愕，未之信，而秘匿之。(《北史·后妃传》)

古代史料存在如何解读的问题，标点句读是难点之一。中华书局点校本《魏书》和《北史》上引文的标点，"婚"字都从下句，作"婚有日矣"，似乎是已成婚一段时间了。如果是这样，陈留公主的反抗还有什么意义呢？其实只是皇后大冯逼公主与冯夙完婚，即所谓"欲强之婚"，拖不下去了，公主不得不铤而走险，密赴悬瓠。后来关于陈留公主婚姻史的叙述，都只说她先嫁刘昶之子刘承绪，后嫁王肃，不提她嫁过冯夙。如果公主与冯夙成婚有日，那么即使后来离婚，也要算她嫁过冯家。[1]

　　从陈留公主到悬瓠那天开始，孝文帝需要"日理"的"万机"中，优先项不再是义阳战役的筹备，而是洛阳宫隐秘诸事的调查。当然，非常可能的情况是，他的这一番调查，不过是发现了别人希望他发现的一切。

---

[1] 关于陈留公主，请参看我的一篇旧作《陈留公主》，《读书》2005年第2期；后收入散文集《杀人石猜想》，中华书局，2010年。

17　大冯梦破

悬瓠的夏天炎热多雨，可是对于正在搜集和分析洛阳信息的孝文帝来说，也许他时常感受到的是一阵阵的透心凉。孝文帝搜集信息的渠道一定很多，其中包括与来自洛阳的各类人员谈话。据《魏书·阉官·刘腾传》，太和二十二年夏，宦官刘腾时任职中黄门，"高祖之在悬瓠，腾使诣行所，高祖问其中事，腾具言幽后私隐，与陈留公主所告符协"。刘腾参与颠覆大冯，为他后来飞黄腾达积累了资本，这次向孝文帝报告"幽后私隐"，可说是关键的一步。

《魏书·高祖纪》记录孝文帝于太和二十二年七月壬午（498年8月5日）发布了一道诏书："朕以寡德，属兹靖乱，实赖群英，凯清南夏，宜约躬赏效，以劝茂绩。后之私府，便可损半；六宫嫔御，五服男女，常恤恒供，亦令减半；在戎之亲，三分省一。"诏书内容是让皇室内外为南边战事"约躬赏效",节省开支,其中"后之私府,便可损半",更是明确地大大减少了皇后的例入。这一措施表面上看并不是针对皇后,但放在孝文帝全面调查大冯并已基本得出结论的背景下,不能不说有一定的针对性。

《北史·后妃传》所记大冯诸般劣迹,大概是孝文帝后续调查结果中那些可以在小范围内公布的内容:

> 此后(指陈留公主见孝文帝之后)后渐忧惧,与母常氏求托女巫,祷厌孝文疾不起,一旦得如文明太后辅少主称命者,赏报不赀。又取三牲,宫中袄祠,假言祈福,专为左道。母常或自诣宫中,或遣侍婢与相报答。

这些指控中,也许最令孝文帝惊恐不安的是,大冯想要步冯太后的后尘"辅少主称命"。制造这一指控的人显然了解孝文帝精神世界最黑暗的部分,知道冯太后留给孝文帝的噩梦般的记忆。当然,这种指控也可以在孝文帝那里迅速获得确认,因为符合他对历史的理解和对现实的观察。可以肯定,孝文帝的调查结果远不止这些仅仅涉及大冯私德的事情,一定还关涉过去数年间大冯为扳倒小冯和元恂所使用的诸般手段。只是后者诸项,要么孝文帝自己负有责任,要么说出来徒增伤悲,因而完全不见于史。当所有的调查都一再确认陈留公主和刘腾的密告,甚至进一步揭示更多、更惊心的过去与现在时,孝文帝的身心都经受了巨大折磨。最终,当四月间下令召集的二十万各地援军陆续抵达悬瓠时,三十二岁的孝文帝终于病倒了。一个多月后他回忆这场病,如此描述:

> 夫神出无方,形禀有碍,忧喜乖适,理必伤生。朕览万机,长钟革运,思芒芒而无怠,身忽忽以兴劳。仲秋动痾,心容顿竭,气体羸瘠,玉几在虑。

孝文帝发病的具体时间,现已无法知道,只知道是八月(仲秋)。不过八月辛亥(八月初二,498年9月3日)这一天悬瓠发生了一件大事,那就是"皇太子自京师来朝"。皇太子到悬瓠,当然是奉了皇帝的召唤。从洛阳与悬瓠之间近六百里的距离看,召皇太子元恪来赴的诏命,是七月下达的,绝不会迟至八月孝文帝发病以后。也就是说,孝文帝在七月中下旬已对持续近两月的调查有了基本结论,之后把皇太子与皇后分开,并把皇太子召到自己身边,可能是他非常优先的措施。孝文帝对元恪生母高照容的离奇死亡不会全无所知,但惑于大冯私爱,宁愿睁只眼闭只眼。而且,大冯母养元恪,应该也是他支持并鼓励的。也许正是因为他的叮嘱,元恪中规中矩地母事大冯，大冯更是全力表现母亲的慈爱。《北史·后妃传》这样描述元恪与大冯的关系：

> 宣武之为皇太子，二日一朝幽后，后拊念慈爱有加。孝文出征，宣武入朝，必久留后宫，亲视栉沐，母道隆备。

孝文帝和他的父亲献文帝都曾与冯太后有过这样的关系，不过他们都是在婴幼儿时期开始这种关系的，不像元恪在进入青春期时才突然失去母亲而不得不另认一个母亲。一旦了解到大冯的另外一面，孝文帝立即意识到这种关系的危险性，关于过去，关于父亲之死和自己几乎被废的记忆，有如噩梦复现。元恪被召至悬瓠一事，大概应该这样理解。这一逻辑的自然发展，就是孝文帝也知道了元恂的废死背后，存在那么多的神秘外力与精心安排。这不可能不引发他巨大的悔恨与痛苦。以孝文帝的抱负自期与宏图远志，当他突然发现自己一直生活在别人的计谋安排之下，怎么会不迸发"怀疑人生"的绝望？所谓"仲秋动疴，心容顿竭，气体羸瘵，玉几在虑"，就是在这一背景下发生的。

皇帝出征，自然有御医随侍，而且很可能当时御医中地位最高的太医令李修也和孝文帝在一起。李修和徐謇都是献文帝夺取刘宋淮北四州时获得的南方医学人才，两人也都因在冯太后当权时期的平城宫服务而成为名医，不过李修资历高于徐謇，而且更得冯太后信任。《魏书·术艺·徐謇传》："文明太后时问治方，而不及李修之见任用也。謇合和药剂，攻救之验，精妙于修。"孝文帝在冯太后死后才注意到徐謇："高祖后知其能，及迁洛，稍加眷幸。体小不平，及所宠冯昭仪有疾，皆令处治。"按本传的说法，徐謇最擅长的是制作延年益寿的金丹，所以孝文帝对他的重用，似乎主要在食散服丹方面："謇欲为高祖合金丹，致延年之法，乃入居嵩高，采营其物，历岁无所成，遂罢。"孝文帝病重时，徐謇正在嵩山上采备合和金丹的材料，所以后来孝文帝说他"驰轮太室，进疗汝蕃"。

悬瓠行宫自有国医圣手，为什么必须"驰驲招謇，令水路赴行所，一日一夜行数百里"呢？当然有可能因行宫诸医皆束手无策，或诊治不见疗效。不过存在另一种可能，那就是已成惊弓之鸟的孝文帝不敢信任身边这些御医，因为包括李修在内，重要的御医都是平城时期深受冯太后恩惠的，与冯家有千丝万缕的联系。徐謇虽然也曾服务于冯太后，可他是个有性格的人，"性甚秘忌，奉承不得其意者，虽贵为王公，不为措疗也"。这样的人，多多少少是在主流之外的。更何况，最近一段时间徐謇一直在嵩山采药，与洛阳宫各方势力无染。也许，这才是孝文帝急召徐謇水陆兼程"一日一夜行数百里"奔赴悬瓠的主因。

17　大冯梦破

徐謇到悬瓠，"诊省下治，果有大验"，孝文帝病情颇有好转。不过，八月和九月的大部分时间就这样过去了。孝文帝身体虚弱，又关切洛阳宫的大事，哪有心情继续作战？于是九月己亥（498年10月21日）"帝以萧鸾死，礼不伐丧，乃诏反旆"。七天后，"车驾发悬瓠"，大军北行。据《南齐书》，齐明帝萧鸾之死在七月己酉（七月三十日，498年9月1日）。孝文帝却要过了五十天才说"礼不伐丧"，因为这些天里他自己病重缠绵。待身体稍好可以行动了，孝文帝立即借口"礼不伐丧"班师北归。

孝文帝为义阳战役兴师动众，除了从沔北战场带来的数十万禁军精锐（主力），还从各地额外征发了二十万人（壮声势的炮灰），如此阵仗，要是说解散就解散，似乎也不好交代。恰好，被征发前来悬瓠的高车部落兵厌战避役，在袁纥（韦纥，即唐代的回纥、回鹘）部落酋长树者带领下北逃，惊动了北魏的故都朔州、恒州等地[1]。这时坐镇平城的是江阳王元继，他上表孝文帝称："高车顽党，不识威宪，轻相合集，背役逃归。计其凶戾，事合穷极，若悉追戮，恐遂扰乱。"所谓高车反叛，

---

[1] 《北史·高车传》："后孝文召高车之众随车驾南讨，高车不愿南行，遂推袁纥树者为主，相率北叛，游践金陵，都督宇文福追讨，大败而还。"据此，高车部落兵是在南行路上决定逃跑的，他们受召后大概已行至朔州（盛乐）以南，所以逃归路上才能"游践金陵"。

其实只是逃避兵役，不值得紧张。不过这给了孝文帝一个好机会，使他从悬瓠撤退时有了把大军继续聚在一起的借口——"北伐叛虏"。事实上，孝文帝从来就是打着南征、北伐或巡视的旗号，把最重要的军力聚在自己身边。也许在诸般不确定的时刻，只有这样才能给他带来安全感。

既然"北伐叛虏"，孝文帝的行军路线自然是从悬瓠一直向北。然而这次行军拖沓缓慢，一点也没有"北伐"的气象。九月丙午（498年10月28日）离开悬瓠，十一月辛巳（498年12月2日）抵达邺城，区区九百里，竟走了三十五天。在此期间，孝文帝一直卧病，大概是军行迟缓的原因之一。不过更主要的原因是孝文帝需要消磨时间。他无意北伐，同时又不打算立即回洛阳，因为回到洛阳时他必须拿出解决方案，而下决心显然是非常不容易的。正是因此，在邺城，孝文帝继续磨蹭，既不北进，又不解严，数十万大军就这样聚集在邺城内外。

在邺城耗了一个月，收到江阳王元继从平城发来的报告，说叛乱的高车已经平定。再没有理由耗下去了，于是十二月甲寅（499年1月4日），孝文帝"乃诏班师"，正式取消北伐，大概来自各州郡的军队都可以遣散了。可是，孝文帝仍然不急着回洛阳，而是在邺城又住了整整一个月。可以肯定的是，孝文帝仍在病中，身体远未康复（事实上他一直没有康复，直到去世），而且，他一直忙于洛阳宫内外的人事安排，不过，犹豫和难下决心恐怕才是他久驻邺城的主因。

至少,孝文帝不愿意回到洛阳去迎接新年。太和二十三年的新年正旦(499年1月28日),他在邺城与群臣共庆新年,以病愈为由赐群臣"大飨于澄鸾殿"。初五这一天(499年2月1日),孝文帝还从容地"幸西门豹祠,遂历漳水而还"。偏偏在这时,来自沔北前线的报告说,萧齐大将陈显达兵至襄阳,即将发起夺回沔北五郡的战事。如果不是因为这条战报,孝文帝不知还会在邺城耗到何时。攻取沔北是他一生最大的军事胜利,这一历史荣耀不容有失。于是孝文帝突然加快了节奏,正月乙酉(499年2月4日)离开邺城,戊戌(499年2月17日)回到洛阳,十三天走了差不多七百里。

大冯早就察觉到皇帝对自己起了疑心,特别是皇帝滞留邺城时,她的不安和忧惧达到一个高峰。《魏书·皇后传》:"高祖自豫州北幸邺,后虑还见治检,弥怀危怖,骤令阉人托参起居,皆赐之衣裳,殷勤托寄,勿使漏泄。"大冯派出一批又一批宦官前往邺城探望皇帝,她结好这些宦官,指望他们不说自己的坏话。而且,她还派自己亲信宦官双蒙去探测皇帝的态度:"亦令双蒙充行,省其信不。"对这些负有多重使命的洛阳宫来使,大概孝文帝都予以接见,言语之间不免虚虚实实、彼此试探。大冯委派的这些宦官不辱使命,都不肯说大冯的坏话(即使皇帝在那里暗示并引导),只有一个例外:"然惟小黄门苏兴寿密陈委曲，高祖问其本末，敕以勿泄。"从孝文帝对苏兴寿"敕以勿泄"来看，孝文帝的调查一直是秘密进行的。

受沔北战事影响，孝文帝在洛阳只停留了一个半月。这一个半月当然要处理许多政务，以及主持或出席许多重要仪典，这些事都是公开举行的，会被记录下来。当然，最重要的事却绝对不会公开，甚至也不大可能被记录（史书所记往往得自参与者事后的回忆或社会上的传闻，不一定可靠），那就是清算大冯的罪过，并给出明确的"判决"。《魏书·皇后传》："至洛，执问菩萨、双蒙等六人，迭相证举，具得情状。"最后的时刻到来了（具体日期已不可考），这是自前年秋天送别之后，大冯第一次也是最后一次见到皇帝。仍在病中的孝文帝，躺在含温室的病床上，被执的高菩萨等六人立于门外，室内外戒备森严，然后叫皇后进来。《北史·后妃传》："后临入，令搜衣中，称有寸刃便斩。"《魏书·皇后传》："后临入，令阉人搜衣中，稍有寸刃便斩。"文字虽小有不同，孝文帝的紧张与恐惧却一样弥漫于字里行间。这种紧张与恐惧，是孝文帝二十三四岁之前的日常，现在又回来了。

显然大冯没有携带任何武器，所以被准许入内，但孝文帝仍对她极为戒备，让她坐在远离自己的地方："后顿首泣谢，乃赐坐东楹，去御筵二丈余。"接下来，孝文帝让门外的高菩萨等把先已招供的罪状再说一遍，然后斥责大冯。《北史·后妃传》记孝文帝的话："汝有妖术，可具言之。"《魏书·皇后传》则记为："汝母有妖术，可具言之。"大冯是什么反应呢？她要求旁人都退出，说有机密的话要跟皇帝说（"后乞屏左右，有所密启"）。皇帝命贴身侍卫都退出[1]，只留下宦官中地位最高的大长秋卿白整，白整"取卫直刀柱之"，就是拿了一把卫士用的长柄大刀，杵着刀立在一旁。大冯见白整在，仍不肯说话。孝文帝用细布塞住白整的耳朵，还低声叫白整的名字，叫了三次，白整都没反应，说明他真是听不见了。于是大冯说了一番话，当然，"事隐，人莫知之"。

这一番神秘的谈话之后，孝文帝让他的两个弟弟彭城王元勰和北海王元详进来。二人是孝文帝最信任也最有能力的两个亲王：前者一直随侍孝文帝，协助处理军国大务，在孝文帝病重时更是日夜不离病榻；后者留守洛阳，被孝文帝召至悬瓠、委付机密后再返回洛阳，可以说是孝文帝在洛阳的代理人。不过他们两个都知道后宫深险，所以"固辞"，不敢进含温室。孝文帝对他们说："昔是汝嫂，今便他人，但人勿避。"两人一进来，孝文帝就说："此老妪乃欲白刃插我肋上！可穷问本末，勿有所难。"在两个弟弟面前（以及可以想象的更多人面

---

[1] 这些守护在含温室的人，《北史·后妃传》作"中常侍"，即宦官；《魏书·皇后传》作"中侍"，即内侍，其中有宦官，也有卫士。我觉得应从《魏书》。

前),孝文帝的羞愧和他的愤怒几乎是一样强烈,或更加强烈。《魏书·皇后传》:"高祖深自引过,致愧二王。"

最终怎么处理呢?孝文帝先确定一个原则:"冯家女不能复相废逐。"小冯被废,孝文帝已自觉有损清德,一之谓甚,其可再乎?哪怕只为自己的名誉计,也不能再废一个皇后了。更何况还涉及前太子元恂的诸般冤情,张扬开去有害无益。孝文帝对两个弟弟说:"且使在宫中空坐,有心乃能自死,汝等勿谓吾犹有情也。"名义上不作任何处理,实际上已视为囚徒,仅在表面上保留她的皇后排场。史书这样解释孝文帝何以不废大冯:"高祖素至孝,犹以文明太后故,未便行废。"把孝文帝从宽处理的原因归之于他对冯太后的"至孝",怕是只见其表未见其里。我的理解,孝文帝对冯太后及其家族,恐惧多于感念,循礼多于真情。不废大冯,与其说孝文帝对冯太后仍存孝心,不如说他碍于清议,自惜羽毛。

元勰、元详离开后,孝文帝"乃赐后辞死诀",就是宣布至死不复见。"再拜稽首,涕泣歔欷。"大冯回宫后,似乎还不太清楚问题的严重,竟对孝文帝派来问话的宦官发脾气,说:"我天子妇,当面对,岂令汝传也!"于是孝文帝让大冯的母亲常氏入宫,拿木杖"挞之百余乃止"。算是让她认清形势,面对现实,不再摆皇后的谱。可是,对皇后的处理既不公开,知者有限,她必要的威仪还是要维持。如史书所说:"(皇后大冯)虽以罪失宠,而夫人嫔妾奉之如法。"表面上还是皇后,有基本的面子,实际上已被监控起来。

这些事还没处理完,沔北战场传来了坏消息。二月"癸酉(499年3月24日),(陈)显达攻陷马圈戍"。据《南齐书·陈显达传》,陈显达率领的四万齐军,围攻马圈四十天,守城魏军"食尽,啖死人肉及树皮",只好弃城而逃。军情紧急,魏军如不及时夺回马圈,沔北各戍可能发生连锁性的溃败。孝文帝只好抱病再度亲征,三月庚辰(499年3月31日)从洛阳出发。按照他离开时的安排,尽管大冯仍保留表面上的皇后排场,皇太子元恪却与大冯之间实现了完全的切割,"令世宗在东宫,无朝谒之事"。元恪再也不需要"二日一朝幽后"了,他与大冯之间的母子关系正式解除了。毫无疑问,对于元恪来说,这是自迁洛以来头一次真正轻松的时刻。

孝文帝大军自洛阳向南,十七天后,三月丁酉(4月17日)到马圈城下。然而,就在抵达马圈的前十一天,"帝不豫",孝文帝的病情忽然加剧。彭城王元勰和在悬瓠时一样"内侍医药,外总军国之务"。据《魏书·献文六王·彭城王传》,孝文帝对元勰说:"牵疴如此,吾深虑不济。"又说:"吾患转恶,汝其努力。"而且很可能,这次亲征之始,孝文帝就对自己的健康信心不足。据《魏书·景穆十二王·任城王传》,孝文帝出征前对元澄说:"朕疾患淹年,气力惙弊,如有非常,委任城大事。

是段任城必须从朕。"

几乎与魏军大败齐军同时,孝文帝病情越来越重,进入危重状态。庚子(4月20日)"车驾北次谷塘原"(谷塘原在今河南邓州附近),六天后的四月丙午(4月26日),孝文帝去世。据《魏书·高祖纪》,在死前两天(三月甲辰,即4月24日),孝文帝做出了一系列重大决定:第一是"诏赐皇后冯氏死",第二是"诏司徒勰征太子于鲁阳践阼",第三是确立六大臣建立新皇帝的辅政班子。实际上,这大概是元勰等在御医徐謇等确定皇帝即将不治之后,提出的一套对策,让弥留之际(也许一直昏迷中)的孝文帝认可,当然这并不意味着孝文帝会不同意这样处理。

《北史·后妃传》对上述第一条决定有细致描述,记孝文帝对元勰说:"后宫久乖阴德,自绝于天,吾死后可赐自尽别宫,葬以后礼,庶掩冯门之大过。"弥留之际怎么会说得这么啰唆呢?毋宁说是元勰事后解释遮掩的话。孝文帝死于谷塘原,因敌军离得不远,元勰与元澄决定秘不发丧,仪仗军容不变,装作孝文帝仍然活着的样子,继续北行。到南阳宛城,悄悄把孝文帝尸体装入棺材,再放进大车里,仍装作他还在养病的样子。一路向北,又走了十天,终于抵达鲁阳,与从洛阳来奔的皇太子元恪、孝文帝长弟咸阳王元禧等相遇。四月丁巳(5月7日)正式宣布皇帝驾崩,同日元恪即位。

17 大冯梦破

很可能是在孝文帝刚死、大军还在谷塘原时，元勰派使者前往洛阳传信给皇太子，同时向元禧、元详等报告噩耗。根据分工，元禧陪太子南奔，元详坐镇洛阳。元详首先要做的，就是执行孝文帝的遗诏处死大冯。《北史·后妃传》：

> 北海王详奉宣遗旨，长秋卿白整等入授后药。后走呼，不肯引决，曰："官岂有此也！是此诸王辈杀我耳。"整等执持，强之，乃含椒而尽。梓宫次洛南，咸阳王禧等知审死，相视曰："若无遗诏，我兄弟亦当作计去之。岂可令失行妇人宰制天下，杀我辈也？"谥曰幽皇后，葬长陵茔内。

算算大冯从立为皇后到"含椒而尽"，不过一年八个月，其中还有超过一半时间处在担惊受怕中。李善注《文选》引《文子》曰："有荣华者，必有愁悴。"愁悴来得如此迅疾，也是难以想象。恰如班固所言："朝为荣华，夕而憔悴，福不盈眦，祸溢于世。"

18　投迹四禅

常景奉旨为慈庆（王钟儿）撰写墓志，铭辞中有一句"投迹四禅，邀诚六渡"，是对应序辞中那句"太和中固求出家，即居紫禁"。四禅，指佛教修行的四禅定、四禅天。六渡即六度，指大乘佛法的菩萨行，包括布施、持戒、忍辱、精进、禅定和般若。王钟儿出家为尼，应该在太和二十年（496）高照容被杀之后。大冯要夺取并垄断元恪的情感归属，不仅要杀死他的生母，还要消除掉他有情感依托的那个人际圈子。这种做法，相当于从一个人的情感世界里删除其故乡。因此，那些和高照容关系亲密、和元恪的青少年时代有较多关联的人，特别是他的育母或保母，都不宜再出现在他的新生活中。王钟儿就是在这个背景下成为一个尼姑，法号慈庆。

根据墓志，慈庆出家后并没有离开洛阳宫，所谓"即居紫禁"。这可能并不是孤例，《洛阳伽蓝记》称她最终因病移居的昭仪寺为"外寺"，说明在宫里还有一个"内寺"。这个内寺虽在宫内，一定与宫外的瑶光寺关系密切。现有史料显示，洛阳宫出家女性中的上层人物多在瑶光寺。《北史·后妃传》记孝文废皇后冯氏（小冯）、宣武皇后高氏和孝明皇后胡氏都在瑶光寺出家。不过，据《洛阳伽蓝记》，瑶光寺是宣武帝时期修建的，时间不明，建寺的目的也许是为了安置孝文帝遗留宫人中那些愿意出家者，特别是废皇后小冯那样的特殊贵人。在瑶光寺建成之前，小冯这类出家人应该都是生活在洛阳宫内寺的。因此，不管王钟儿出家是自愿（如墓志所说"固求出家"），还是被迫，既然仍在洛阳宫，那么她依旧生活在一个比较熟悉的环境里。

不过成了出家人，理论上不再是原世俗社会的一部分，生活方式也会有很大的变化。对某些上层人物来说，生活可能变得相对艰难起来。《魏书·阉官传》讲冯翊李润羌出身的宦官王遇（本姓钳耳）的故事时，提到了出家为尼的小冯：

> 废后冯氏之为尼也，公私罕相供恤。遇自以常更奉接，往来祇谒，不替旧敬，衣食杂物，每有荐奉。后皆受而不让。

> 又至其馆,遇夫妻迎送,谒伏侍立,执臣妾之礼。[1]

这里说小冯出家后"公私罕相供恤",是指她得不到适当的照顾,来自宫廷方面和她自己亲属的帮助都很有限。与小冯曾有过很深联系的王遇不因她身份的变化而改变态度,仍事以皇后之礼,奉供如常,小冯亦坦然受之。迁都前后,王遇曾因说大冯坏话被严厉惩罚,免官夺爵,"收衣冠,以民还私第"。毫无疑问他后来加入了洛阳宫内外针对大冯的一系列行动,因此在宣武帝继位后重获任用,"兼将作大匠"。也许,这是他后来与小冯保持关系的重要缘由。

然而,如果说小冯的生活水平有显著的下降,那不是因为她出家为尼,而是因为她在皇后的宝座上遭到了废黜。理解这一点,需要换一个角度思考。一个被废黜的皇后,如果没有出家,她的遭遇是不是会更好些呢?当然不会。甚至可以说,正是出家使得她一方面免遭更多的猜忌和伤害,另一方面不至于枯坐冷宫,失去基本的自由。上引王遇故事中,小冯可以与王遇家庭保持联系,还可以常常到他家访问("又至其馆"),说明她享有相当的自由。本书前引言里说:"北魏迁都洛阳以后,被废或失势的后妃有不少出家为尼的,无论是否自愿,比

---

[1] 《魏书》卷九四《阉官·王遇传》,第 2195 页。

起佛教传入之前同样情形的那些宫廷女性,比丘尼的身份使她们能获得某种程度的自由和新生,至少能保持某种相对独立的社群生活。"在这个意义上,中古前期佛教在东亚大陆的广泛传播,的确给许多女性——即使不是所有女性,而且当然不止是女性——带来了崭新的机会与可能。

哪怕是——也许可以说特别是——对于慈庆这样的人来说,佛教信仰与比丘尼生活在一定程度上是受欢迎的,是带来了光亮、空间和自由的。佛教固然有屈服并服务于权力,为权力提供规驯工具的一面,但新传入的佛教也为信众提供了崭新的精神生活与社会生活。即使在最粗浅的层面,佛教教义也可以帮助慈庆这样的信仰者反思生命的意义,给人生苦难提供某种解释,让她明白,她遭受和见证的这么多苦难并非因为她做错了什么,而有着超越当前时间与空间的、深远且神秘的理由。这当然不止是一种精神安慰。更何况,信仰者社群生活也是对原生活世界、原社会关系网络的一种突破,突破就有可能带来一定程度的自由(或曰解放)。

为了说明以上的主要观点,接下来要举一个例子,也是一个女性,而且是我们前面提到过的一个重要人物的妹妹。孝文帝后期最为倚重的宗室诸王,除了他自己的几个弟弟(特别是彭城王元勰),就是他的叔祖父任城王拓跋云的长子任城王元澄。《魏书》和《北史》都没有记录的是,元澄有个妹妹元纯陀，因其墓志出土才得为今人所知。[1]下面就讲讲元纯陀的故事。

据元纯陀墓志，她是拓跋云（墓志作岱云）的第五女。志题"魏故车骑大将军平舒文定邢公继夫人大觉寺比丘元尼墓志铭并序"，"车骑大将军、平舒文定邢公"指邢峦。据墓志，拓跋云死时纯陀年七岁，则其生年当在孝文帝延兴五年（475）。墓志称"初笄之年，言归穆氏"，那么她的初嫁时间当在太和十三年（489）。丈夫去世后，"兄太傅文宣王（元澄）违义夺情"，故再嫁邢峦。纯陀的第一次婚姻应该只生一女，别无子息，所以元澄为她安排了第二次婚姻。

元纯陀是邢峦的第二任妻子（志题所谓"继夫人"），邢峦也是元纯陀的第二任丈夫。邢峦先娶博陵崔辩第三女崔淑兰，见崔宾媛墓志志盖文字。[2]崔淑兰为邢峦生育一子邢逊，产后不久辞世。邢峦很快续娶任城王元澄的妹妹元纯陀，这个

---

[1] 元纯陀墓志出土于洛阳北邙山，出土时间不详，为于右任收藏，1935年捐赠给碑林博物馆。拓片图版收入赵万里《汉魏南北朝墓志集释》图版第一三一。墓志录文可见赵超《汉魏南北朝墓志汇编》（修订本），第334—336页。
[2] 崔宾媛墓志志盖题铭："次妹字淑兰，适尚书车骑大将军瀛洲刺史河间邢峦。"见陶钧《北魏崔宾媛墓志考释》，载《收藏家》2012年第6期，第25—34页。

婚姻关系不见于史籍，仅见于邢峦与元纯陀二人各自的墓志。[1]孝文帝和宣武帝时元澄名高权重，这对邢峦得以独当一面可能是有很大帮助的。邢峦在《魏书》有长篇传记，邢峦之妻元纯陀的事迹则几乎完全依靠其墓志方可考知。

据《魏书》，邢峦（464—514）字洪宾[2]，河间鄚县人，比纯陀大十一岁。邢峦先娶博陵崔辩第三女崔淑兰，即崔宾媛的二妹。崔淑兰生下邢逊后不久去世，元纯陀大约很快与邢峦成婚。元纯陀墓志："（邢逊）爰以孩褓，圣善遽捐，恩鞠备加，慈训兼厚，大义深仁，隆于己出。"强调纯陀参与了邢逊的抚养。邢逊"武定四年卒，年五十六"，则其生年当在孝文帝太和十五年（491）。此时距纯陀初婚穆氏才两年左右，可见她

---

[1] 邢峦墓志据称1972年出土于河间南冬村邢峦墓，志石今藏河北省文物考古研究院。墓志拓片的图版与录文请参看田国福主编《河间金石遗录》，河北教育出版社，2008年，第186—187页。邢峦墓志之末称："夫人博陵崔氏，父辩，定州刺史；后夫人河南元氏，父岱云，使持节都督中外诸军事开府征东大将军冀雍徐三州刺史任城康王。"把拓跋云的名字写作岱云，疑岱云是拓跋云的鲜卑语本名。孝文帝改代人姓氏之前，曾大改代人多音节本名为符合华夏传统的单音节单名(所谓赐名)。拓跋云死于孝文帝大举赐名之前，简化岱云为云，可能是后来追记时发生的。

[2] 邢峦墓志称邢峦字山宾。赵明诚《金石录》卷二一"后魏车骑大将军邢峦碑"条，亦记碑云"峦字山宾"。墓志与墓碑相合。《太平御览》卷七一〇引《谈薮》"后魏河间邢峦字山宾"云云，见中华书局影印宋本《太平御览》，1960年，第3166页。可见洪宾实为山宾之讹。

的第一个丈夫穆氏死于婚后不久。纯陀改嫁时，把幼小的女儿留在穆家，自己去邢家照料同样幼小的邢逊。

邢峦与元纯陀在平城结婚，迁都洛阳后在洛阳城东垣内的永和里营建新宅，相当华丽壮观。《洛阳伽蓝记》卷一城内"修梵寺"条：

> 寺北有永和里，汉太师董卓之宅也。里南北皆有池，卓之所造，今犹有水，冬夏不竭。里中太傅录尚书长孙稚、尚书右仆射郭祚、吏部尚书邢峦、廷尉卿元洪超、卫尉卿许伯桃、凉州刺史尉成兴等六宅，皆高门华屋，斋馆敞丽，楸槐荫途，桐杨夹植，当世名为贵里。[1]

连孝文帝都注意到了邢峦家的特殊气派。《魏书》记孝文帝因为行药（孝文帝长期食散，可能是他的死因），一大早在洛阳城里乱逛，来到司空府南，看到了邢峦家宅。他特地派人对邢峦说："朝行药至此，见卿宅乃住，东望德馆，情有依然。"邢峦回答说："陛下移构中京，方建无穷之业，臣意在与魏升降，宁容不务永年之宅。"[2] 显然邢峦是要解释自己的住宅何以如此

---

[1] 《洛阳伽蓝记》卷一城内"修梵寺"条，见范祥雍《洛阳伽蓝记校注》，第60页。
[2] 《魏书》卷六五《邢峦传》，第1564页。

豪华，不过我觉得邢峦修建豪宅的财富中，元纯陀带来的嫁妆很可能要占一定份额。

永和里传为汉末董卓宅所在（如果董卓确曾在此居住，为时必极为短暂），这赋予该里特殊的传奇色彩，而且还与邢峦扯上了干系。《太平寰宇记》引《郡国志》：

> （董卓宅）在永和里，掘地辄得金玉宝玩，后魏邢峦掘得丹砂及钱，铭曰"董太师之物"。后梦卓索，峦吝不还，经年，无疾而卒。[1]

其实这个故事最早见于《洛阳伽蓝记》：

> 掘此地者，辄得金玉宝玩之物。邢峦家常（尝）掘得丹砂及钱数十万，铭云"董太师之物"。后（梦）卓夜中随峦索此物，峦不与之，经年，峦遂卒矣。[2]

洛阳永和里董卓故居地下藏有珍宝，这样的故事很可能魏晋时已颇有流传，当然绝无真实依据，因为董卓西迁时并没

1　乐史：《太平寰宇记》卷三河南道西京河南府洛阳县，第54页。
2　范祥雍：《洛阳伽蓝记校注》，第60页。

有匆忙到来不及带走财宝。北魏传言中把董卓遗宝与邢峦之死相联系，可能有两个原因，一是邢峦久有贪财之名[1]，二是邢峦死得太过突然。

元纯陀的第二次婚姻远比第一次长久，差不多有二十二年，直至邢峦五十一岁时忽患暴疾而终。据邢峦墓志，邢峦死于宣武帝延昌三年三月九日丁巳（514年4月18日）。《魏书》记他"暴疾卒"之后，直接说"峦才兼文武，朝野瞻望，上下悼惜之"，没有交代他患了什么"暴疾"。邢峦墓志也说"天不憗遗，寝疾暴迫"。值得注意的是，邢峦的弟弟邢伟当时也在洛阳，官尚书南主客郎中，与邢峦同住永和里，亦染"暴疾"而死。邢伟墓志记"春秋卌有五，延昌三年七月廿六日壬申（514年8月31日），暴疾卒于洛阳"。[2] 兄弟二人前后脚因"暴疾"而亡，一定是某种急性传染病。永和里邢宅患上同一传染病的，应该不止这两位，只是我们无从知晓。

邢峦死时，元纯陀刚刚四十岁。元纯陀与邢峦未育子女，

---

[1] 《魏书》卷六五《邢峦传》，记邢峦在汉中"商贩聚敛，清论鄙之"，后在豫州及悬瓠"不复以财贿为怀"，其子邢逊"锐于财利，议者鄙之"。见第1569页、1574页。

[2] 邢伟墓志1956年于河间南冬村邢伟墓出土，见孟昭林《记后魏邢伟墓出土物及邢蛮墓的发现》，《考古》1959年第4期，第209—210页；蛮当作峦。墓志拓片的图版与录文，亦请参看田国福主编《河间金石遗录》，第188—189页。

很可能正是因此，邢峦死后她即出家为尼。墓志说：

> 及车骑谢世，思成夫德，夜不洵涕，朝哭衔悲。乃叹曰：吾一生契阔，再离（罹）辛苦，既惭靡他之操，又愧不转之心，爽德事人，不兴他族。乐从苦生，果由因起，便舍身俗累，托体法门，弃置爱津，栖迟正水。

墓志称纯陀"法字智首"，说明她出家后的法号是智首。墓志志题称元纯陀为"大觉寺比丘元尼"，可知她剃度注籍的尼寺是洛阳城西宜年里的大觉寺。

《洛阳伽蓝记》卷四城西大觉寺条：

> 大觉寺，广平王怀舍宅也，在融觉寺西一里许。北瞻芒岭，南眺洛汭，东望宫阙，西顾旗亭。神皋显敞，实为胜地。是以温子升碑云"面山背水，左朝右市"是也。环所居之堂，上置七佛。林池飞阁，比之景明。至于春风动树，则兰开紫叶，秋霜降草，则菊吐黄花。名德大僧，寂以遣烦。永熙年中，平阳王即位，造砖浮图一所，是土石之工，穷精极丽。诏中书舍人温子升以为文也。[1]

---

[1] 《洛阳伽蓝记》卷四，见范祥雍《洛阳伽蓝记校注》，第234页。

温子升奉孝武帝元修（广平王怀之子）之命为大觉寺所撰碑文，见《艺文类聚》卷七七[1]，当然只是节选，上引"面山背水，左朝右市"之语即未见录。据赵明诚《金石录》，温子升此碑由书法名家韩毅书丹。[2]不过，不管是《洛阳伽蓝记》还是温子升碑文，都没有说明大觉寺是尼寺。多亏元纯陀墓志，我们才知道大觉寺原来是一所尼寺。墓志称纯陀"博搜经藏，广通戒律，珍宝六度，草芥千金"，就是在大觉寺修行奉佛。

不过，元纯陀接下来十五年的人生，并没有或并不主要被限定在大觉寺。她出家为尼，可能并不是，或不仅仅是因为参透了"乐从苦生，果由因起"，而是另有考虑。她与邢峦未育子女，邢峦死时，邢峦与前夫人崔淑兰所生的邢逊已经二十四岁，已成家立业。据崔楷墓志盖题铭，崔楷的长女崔袤猗嫁给邢逊，有"六男五女"。[3]也就是说，邢逊娶了自己生母的侄女、舅舅的女儿，这当然进一步强化了他与母亲一家的联系。同时，元纯陀与前夫穆氏所生的女儿差不多也在这个年纪，亦已成家立业。返回、参与女儿的生活世界，似乎是她这个时候相当自然的冲动。

1　欧阳询：《艺文类聚》卷七七，上海古籍出版社，1982年，第1312—1313页。
2　赵明诚：《金石录》卷二一"东魏大觉寺碑"条。
3　田韶品：《曲阳北魏崔楷墓》，《文物春秋》2009年第6期。

但她以邢氏寡妻的身份，返回前夫子女的生活，一定存在某种或直接或间接、或显著或隐微的障碍。中古时代的某些女性至少在比较的意义上是幸运的，因为佛教为解除这类障碍提供了一个方便法门：出家为尼。出家以后，元纯陀一定程度上解除了与邢家在法律、道德与社会生活层面的义务，同时获得了在不同家庭、不同社会团体、不同空间限隔之间行走来去的自由。在这个意义上，佛教不只提供了一种信仰、一种理念，也提供了一种社会生活的新可能。当然，这只是佛教为中古女性提供较前更大空间、更多自由的例证之一。

元纯陀第一次婚姻的丈夫穆氏失名无考，他们所生的女儿在墓志中也只称为"穆氏"。这个穆氏嫁给了北魏宗室元昂。这里呈现了一个具体而微的婚姻网络模式：邢峦与崔淑兰之子娶崔淑兰的侄女，元纯陀与穆氏所生之女嫁给元纯陀的堂侄儿，母亲家庭在婚姻对象的选择上占比甚高。当然，已嫁在邢家的元纯陀是不是参与了穆家女儿的婚姻决策，并无可考。元昂是西河王元太兴的长子，太兴的父亲是京兆王拓跋子推，子推是元纯陀的父亲拓跋云（拓跋岱云）的哥哥。元太兴信佛，病重之时许愿，如果病愈就舍去官爵出家为沙门。因此他病愈之后随即到嵩山出家，孝文帝特令皇太子（后来的宣武帝）于四月八日为他落发。这之后，元太兴的西河王爵位由元昂继承。穆氏嫁给元昂应该在宣武帝初年，那时他早已继承西河王爵位了。

《艺文类聚》卷四六职官部二太尉条，引后魏温子升《西河王谢太尉表》[1]，是为东魏西河王元悰代拟的谢表。东魏孝静帝天平二年二月壬午（535年3月24日）"以太尉咸阳王坦为太傅，以司州牧西河王悰为太尉"[2]，谢表当作于此时。据《北史》，元悰字魏庆，曾祖父是北魏景穆帝之子京兆王拓跋子推，祖西河王元太兴，父西河王元昂。[3] 可见，元悰就是元纯陀之女穆氏与元昂所生的儿子。元纯陀墓志亦云："西河王魏庆，穆氏之出，即夫人外孙。"

元纯陀死于永安二年十月十三日（529年11月29日），时年五十五岁。墓志说她死于"荥阳郡解（廨）别馆"，那时她的外孙西河王元悰正在荥阳太守任上，而元悰很可能是携母赴任（穆氏至多不过三十九岁），元纯陀便到荥阳和女儿及外孙住在一起。墓志："西河王魏庆，穆氏之出，即夫人外孙，宗室才英，声芳籍甚，作守近畿，帝城蒙润。夫人往彼，遘疾弥留。"元纯陀在人生的最后阶段，显然与第一次婚姻的家庭保持着比较而言可能更亲密的关系，原因很简单：那是她唯一

---

1 欧阳询：《艺文类聚》卷四六，第823页。文中"于焉承之"疑当作"于焉承乏"。
2 《北史》卷五《东魏孝静帝本纪》，第185页。
3 《北史》卷一七《景穆十二王传上》，第632—633页。

的子女所在。

元纯陀虽死在元惊处，后事处理却理应由邢家负责，邢逊更是理所当然的丧主。细味元纯陀墓志的文字和语气，可以肯定，即使不是出自邢逊之手，这篇墓志也是邢逊请人写的。墓志说纯陀死后"子孙号慕，缟素兴嗟"，既强调了纯陀为邢家媳妇的属性，又兼顾其女尼身份。子孙，既指邢逊及其子女，也指元惊和他母亲。

一般来说，后死的妻子要与先死的丈夫合葬。元纯陀是不是要和邢峦合葬呢？

据邢峦墓志，邢峦死于延昌三年三月，次年"二月十一日，迁窆祔于先茔"。邢峦的"先茔"在哪里？前已提及，邢峦的弟弟邢伟那时与邢峦一起住在洛阳永和里，和邢峦一样感染"暴疾"而死。邢伟墓于1956年在河北省河间县南冬村东约半里发现，出土墓志一方，原有墓志盖，已佚。[1] 邢伟墓志："粤四年二月十一日甲申，葬武垣县永贵乡崇仁里，祔车骑公神之右茔。"邢伟病亡比邢峦晚四个半月，下葬与邢峦同一天（515年3月11日），其坟茔正位于邢峦（车骑公）墓的右手，所葬之地是"武垣县永贵乡崇仁里"。邢峦墓志据说1972年

---

1 孟昭林：《记后魏邢伟墓出土物及邢峦墓的发现》，第209—210页。

出土于同一墓地。[1]至迟到北宋后期,邢峦墓的地表还有完整的墓碑存在。北宋黄伯思《东观余论》卷上"记与刘无言论书"条,称"刘言瀛洲有邢峦碑,甚完"。[2]

邢氏旧籍在鄚县,邢峦家族墓地却在鄚县南边的武垣县,说明那时武垣才是邢氏的居住地。如果元纯陀与邢峦合葬,就要葬在武垣县永贵乡崇仁里的邢氏家族墓地。

元纯陀似乎自己决定不与邢峦合葬。墓志云:

> 临终醒寤,分明遗托,令别葬他所,以遂修道之心。儿女式遵,不敢违旨。

纯陀临终交代不与邢峦合葬,是出于修道的考虑还是顾虑自己与女儿一家的关系,当然已不可知。而且,她在荥阳去世时,邢逊是不是赶去见到了最后一面?当然大有疑问。如果邢逊或邢家其他人并不在场,元纯陀是否真有此遗嘱,亦未可知。也就是说,存在这种可能:元纯陀的女儿穆氏和外孙元惊不想让元纯陀与邢峦合葬。不合葬,则意味着纯陀单独葬在洛阳北邙山,这至少会非常方便她自己的后人祭墓。墓志所说"儿

---

1 这个信息见于田国福主编《河间金石遗录》,第186页
2 黄伯思:《东观余论》卷之上,明汲古阁本,叶四一。

女式遵"之儿女，显然分指邢逊与穆氏，可见穆氏在后事处理中是起了一定作用的。如果元纯陀没有出家，她的女儿大概想不出不合葬的理由，而邢逊也不敢不办理合葬。在这里，在人生的尽头，元纯陀的比丘尼身份再次赋予她某种选择的自由。

宗教社会史研究者早就发现，女性在新兴宗教的发展与传播中特别活跃，比如，早期基督教的信众中女性多于男性，上层阶级的信众中女性比例更高。[1] 早期基督教在吸引女性信众方面更为成功，上层社会男性信教往往是受到他们先已信教的母亲或妻子的影响。[2] 研究表明，基督教能够成为在西方具有支配地位的世界性宗教，女性发挥了极为重要却被历史忽略的作用。[3] 新宗教至少在一个时期内会提供对抗已有建制的思想资源和组织力量，女性对此是敏感的，也是积极采取行动的。

在这个意义上，当慈庆墓志用如下的文字赞美她时，我

---

[1] Adolf von Harnack, *The Mission and Expansion of Christianity in the First Three Centuries*, translated by James Moffatt, vol. 2, New York: G.P. Putnam's Sons, 1908, p. 73.

[2] Henry Chadwick, *The Early Church*, Penguin Books, 1967, p. 56.

[3] Rodney Stark, *The Rise of Christianity: How the Obscure, Marginal Jesus Movement Became the Dominant Religious Force in the Western World in a Few Centuries,* HarperCollins, 1997, pp. 95-128.

们宁愿相信那不完全是套话：

> 尼之素行，爱谐上下，秉是纯心，弥贯终始。由是忍辱精进，德尚法流，仁和恭懿，行冠椒列。

19 宣武皇帝

太和二十三年四月丁巳(499年5月7日)元恪在鲁阳(今河南鲁山)即位,是为北魏世宗宣武帝。宣武帝在位十六年(按古代标准,他在位时间跨了十七个年头,从太和二十三年四月到延昌四年正月,499—515),使用过四个年号(景明、正始、永平、延昌),每个年号都是四年。《魏书·世宗纪》说他小时候"有大度,喜怒不形于色,雅性俭素",做了皇帝之后,"善风仪,美容貌,临朝渊嘿,端严若神,有人君之量矣"。这是对他个人品性风格的描述,格于史体,当然都是尽量说好话的。至于他统治时期的朝政状况,《魏书》的评价就不高了:"垂拱无为,边徼稍服。而宽以摄下,从容不断,太和之风替矣。比夫汉世,元成安顺之俦欤。"[1] 以西汉的元帝、成帝,东汉的安帝、

---

[1] 《魏书》卷八《世宗纪》,第257页。

顺帝来比附他，也就把后来北魏衰乱的责任部分地推给了他。

《魏书》称宣武帝"垂拱无为，边徼稽服"，是一个非常有意思的总结性评价，说的是宣武帝本人不像他父亲孝文帝那样锐意制作，各方面都没有改革创新的努力，却意外地在南北军事对抗方面收获了巨大成功。这些成功中最重要的两项，即夺取南朝的汉中和寿春，并非北魏积极进取的结果，而是和献文帝时获得刘宋的淮北淮西大片土地一样，是收了南方内政破裂的大礼。只有夺取义阳，算得魏军主动进攻的重大成就。不过，不管过程如何，论疆境南扩的深度，宣武帝时期的成就远远超过了孝文帝时期，而且这些重要战略要地的获得，注定了南北军事上强弱攻守的态势再无翻盘的机会。

也许这些军事成就反倒加深了北魏政治酝酿已久的内部危机。尽管一直有战事，但规模都不大，而且都在南方，可是在北方和西北，传统的军镇密集区和职业军人最多的地方，进入了太平盛世般无仗可打的和平时期。北魏以征服立国，军队在体制内最为尊崇，尤其是军力所赖的北方边镇，在朝廷财政支出中享有优先地位。孝文帝迁都，以六镇为首的北方边镇地位开始下降。对高级将领来说，无仗可打意味着无功可立和升迁缓慢，造成边镇官职的吸引力下降。对中下级军官来说，无仗可打意味着得不到正常财政支出之外的后勤补充，那也就意味着经济利益的不小损失。

来自朝廷的好处大幅下降后,军镇各级官贵势必加大对所领镇戍军民的盘剥,底层军民的日子会越来越不好过,战争提供的阶层流动性趋于冻结。再加上宣武帝时期北方连年大旱,严重削弱了边镇各戍耕牧自给的能力。此外,随着王朝大兴文治,越来越多的官职开放给华夏士人,相应的,能够供应迁洛代人的官职日见寡少。《魏书·山伟传》:"时天下无事,进仕路难,代迁之人,多不沾预。"[1]虽然说的是孝明帝时期的情况,其实主要是宣武帝时期造成的。

不过,以上话题都是传统政治史所关注的,与我们这里围绕王钟儿/慈庆所讲的故事,虽有联系,却不是那么直接。有直接联系的是宣武帝对权力、对宫廷、对身边各类人的看法和处理方式。

毫无疑问,元恪当上皇帝,年过六十的慈庆一定是高兴的。后来宣武帝把慈庆留在宫内,最紧要的时刻还想到请老太太出马,可见他们一直是有联系的。和北魏此前历代皇帝比,宣武帝崇佛最甚。《魏书·世宗纪》说他"雅爱经史,尤长释氏之义,每至讲论,连夜忘疲",并记永平二年十一月己丑(509年12

---

[1] 《魏书》卷八一《山伟传》,第1935页。

月12日）"帝于式乾殿为诸僧、朝臣讲《维摩诘经》"。[1] 宣武帝在皇宫聚众讲经远不止这一次。《魏书·释老志》："世宗笃好佛理，每年常于禁中亲讲经论，广集名僧，标明义旨，沙门条录为《内起居》焉。"[2] 可以想象，慈庆是一定会参与这类讲经活动的。在旧有的情感凝结之外，老尼慈庆与宣武帝又有了一层新的精神联系。

不过，对于宣武帝来说，从在鲁阳即位到自如地安坐洛

---

[1] 《魏书》卷八《世宗纪》，第249页、257页。
[2] 《魏书》卷一一四《释老志》，第3304页。

19　宣武皇帝

阳宫，并非理所当然，而是经历了一番风雨艰险的。

孝文帝在南阳病重，自知大限已到，匆忙为继承人安排辅政班子时，彭城王元勰央求孝文帝不要选他，允许他在新君继位后退居闲散，还要求孝文帝立下字据。孝文帝共有六个弟弟，他一向器重的是最小的两个弟弟彭城王元勰和北海王元详，尤其是元勰，迁洛后深得倚重，兼综军国大务，声实俱隆。反倒是孝文帝的长弟咸阳王元禧，在军政事务中都无关紧要。元勰大概明白，孝文帝在世一切都好，只要孝文帝不在，自己的处境会非常危险（"震主之声，见忌必矣"），所以他坚定地请求孝文帝允许他"辞蝉舍冕，遂其冲挹"。孝文帝当然理解这一要求的合理之处，不仅答应他，还给太子元恪一份手诏，要他尊重元勰的立场，"汝为孝子，勿违吾敕"。[1]

因元勰退出，孝文帝给元恪安排的辅政大臣一共六人，号称"六辅"。六辅之中，咸阳王元禧和北海王元详分别是孝文帝的长弟与幼弟，代表皇室；任城王元澄和广阳王元嘉在太和后期为孝文帝所亲重，代表宗室；尚书令王肃和吏部尚书宋弁是太和后期诸般改革的智库，代表朝臣，特别是其中越来越重要的文士。虽同为辅臣，六人轻重不同，元禧、元

---

[1]《魏书》卷二一下《彭城王传》，第648—649页。

详分任太尉、司空，地位最高，宋弁只是吏部尚书，名位最轻，且死在孝文帝晏驾之前。余下三人都是尚书省长官，王肃是尚书令，元澄、元嘉分任左右仆射。照说王肃位高，不过他从萧齐逃难而来，虽受孝文帝宠用，在朝中全无根基，元澄等人自然不服。

恰好有南齐降人举报王肃与南边勾结谋叛，元澄立即抓捕王肃，同时上报朝廷。审查的结果是子虚乌有，这下子元澄就麻烦了。他因在太和后期特受孝文帝信任，元禧早已反感，于是借机与元详联名上奏，指责元澄"擅禁宰辅"，迫其"免官归第"。[1] 王肃虽获昭雪，心气已挫；元澄虽不久再获任用，亦远离中枢。[2] 这件事发生在宣武帝即位之初。六辅格局还没开始就死了一人，刚刚开始再废去二人，意味着所谓的"六辅"，实际从未存在过。

即使在六辅格局中，真正有权威的也只是元禧和元详二王。在宋弁早死，王肃、元澄淡出后，广阳王元嘉以疏属（太

---

[1] 《魏书》卷十九中《任城王传》，第540—541页。
[2] 胡三省注《资治通鉴》，认为元禧等畏惮元澄，借机把他逐出权力中心："按史官称任城王澄之才略，魏宗室中之巨擘也。太和之间，朝廷有大议，澄每出辞，气加万乘而轶其上。孝文外虽容之，内实惮之，况咸阳王禧等乎！因王肃而斥逐之耳。主少国疑之时，澄之能全其身者，幸也。"见《资治通鉴》卷一四二齐纪东昏侯永元元年五月，第4443页。

武帝子孙）年老，"好饮酒，或沉醉"，本来就有装饰意味，现在更不会再摆辅臣的架子。这样真正发挥辅政大臣作用的只剩下元禧和元详，而元禧作为孝文帝长弟尤为崇重。即位之初的宣武帝，因居丧守孝（所谓"谅闇"），理论上不听政事，实际上也不被允许行使皇权，军国万机皆决于元禧、元详二人。北魏自道武帝以来虽不见兄终弟及之事，但可汗诸弟依次上位的古老内亚传统并未完全消失。美国学者艾安迪指出，北魏中前期许多皇弟死得不明不白，很像是被有计划地杀死的，目的大概是避免他们在皇帝死后参与皇位继承之争。[1] 从这个角度讲，宣武帝元恪的潜在权力竞争者首先是他的六个叔父。

六个叔父中的赵郡王元干，死在孝文帝之前。剩下的五个叔父，名声最大的彭城王元勰在鲁阳时就把孝文帝的手诏跪呈给元恪，表现出告别权力的决心。而陪同元恪南来的元禧，和元恪的东宫诸臣一样，一开始并不信任元勰，元禧甚至不肯入城，而留在城外逗留观望。大概所有人都明白，如果元勰有夺位自立的野心，这是他采取行动的最佳时机，甚至也可以说是唯一的时机。当元勰把大军指挥权分享给元恪的东宫官属，让孝文帝的御前侍卫转而为元恪效力，和元澄一起在第一时间

---

[1] Andrew Eisenberg, *Kingship in Early Medieval China*, Brill, 2008, pp. 35-60.

扶元恪即位，这才基本上洗脱了嫌疑，元禧也才放心入城。兄弟见面，元禧对元勰说："汝非但辛勤，亦危险至极。"元勰知道他为何迟迟不入城，心下怨愤，回道："兄识高年长，故知有夷险，彦和（元勰字彦和）握蛇骑虎，不觉艰难。"从鲁阳开始，元禧代表皇帝行使军国大权。回到洛阳，元详也加入进来，不过他作为幼弟，不能与元禧完全并立。就这样，元禧把自己推到新君头号畏忌对象的位置上。

这时宣武帝元恪已经十七岁，不是任人与夺的少年了，但他从无监国或带兵的经历，与朝臣缺乏个人联系，因而不知道可以倚靠或利用朝臣中哪些人来抗衡元禧。而他的成长经历，特别近四五年来过山车般的洛阳宫经历，让他产生强烈的不安全感，对宫廷内外以及朝廷上下几乎无法建立信任。这种情况下，他会本能地在自己身边寻求支持。所谓身边，就是物理距离最近的人，只能是侍卫武官和宦官。《魏书》辟有《恩倖传》，专记那些出身细微、以近侍身份大得皇帝（或太后）信赖因而飞黄腾达的人。《魏书·恩倖传》一共为九人立传，其中六人活跃于世宗朝，可见近侍贵宠的现象以宣武帝时期最为多见。

自在鲁阳即位，宣武帝接触最多的便是身边的侍卫武士，而这些侍卫武士又由两部分人构成，一部分是原太子宫侍卫，另一部分是原孝文帝御前侍卫。宣武帝与他们日常厮混，建立起一定的信任和亲密关系，其中乖巧者自然能够察知皇帝的心事，会主动为皇帝出谋划策、排忧解难。《魏书·恩倖传》所记的王仲兴本是孝文帝的贴身侍卫，宣武帝即位后继续担任近侍武官，职为斋帅，深得宣武帝信任，后来升为武卫将军，总领宫内禁卫军。另一个"恩倖"寇猛，孝文帝时任羽林中郎，属于禁军的下级军官。宣武帝"爱其膂力，置之左右，为千牛备身"，成了手执大刀紧贴皇帝的御前侍卫，后来也做到武卫将军。

不过宣武帝即位之初，最亲密最信任的还是太子宫的旧人，其中最有代表性的是赵修。据《魏书·恩倖传》，赵修"起自贱伍"，"本给事东宫，为白衣左右"，可见是作为厮役小人在太子宫打杂，虽具"左右"之名，却是"白衣"，即不在正式编制之内，没有官方身份。赶上年轻的太子爷最喜欢拳脚功夫好、擅长骑马射箭的卫士，"颇有膂力"的赵修很快就成了心腹。宣武帝即位后，赵修转为禁中侍卫，继续贴身服侍宣武帝，"爱遇日隆"。可以说，赵修是宣武帝即位之初最重要的耳目和爪牙。从他后来与于烈兄弟关系特亲来看，宣武帝与于烈联手终结亲王辅政，居中联络的除了于烈之子于忠、东宫御医王显，赵修也发挥了很大作用。

可是王显也好，赵修也好，对朝廷政务都全无了解，在政治层面毫无经验。要对抗亲王宰辅，还必须有深通朝政的计

谋之士。在年轻的宣武帝跟身边几个亲信满腹怨怼却无能为力时，真正能出谋划策的人物出现了，他就是从偏远的流放地秘密潜入京城的高聪。据《魏书·高聪传》，高聪出自勃海高氏中随南燕渡河居住青州的那一支，作为平齐民被掳至云中镇，成了兵户（和建立东魏西魏的那些六镇人士的身份差不多），得同宗的高允提携，才在魏朝做官。高聪不仅长于经史，文才突出，而且"微习弓马"，向孝文帝自荐，愿意带兵打仗。可是到了淮水前线，率领二千军队的高聪"躁怯少威重，所经淫掠无礼，及与贼交，望风退败"，被抓到悬瓠（就是孝文帝曾长期驻扎并且生病的那个南方重镇），孝文帝给他的处分是"恕死，徙平州为民"。平州大致位于今河北省东北角燕山山脉以南的滦河流域（唐山与秦皇岛之间），那时属于边地。可能高聪刚刚抵达平州，就听说孝文帝驾崩，于是不顾禁令，悄悄南返，回到洛阳后观察形势，发现了机会。

虽然细节已全不可知，反正高聪秘密地联系上了宣武帝，献上了最重要的策略。所以《魏书·高聪传》说："六辅之废，聪之谋也。"宣武帝亲政，立即任用高聪为给事黄门侍郎，职居秘要。

高聪为废六辅做了哪些谋划，事涉机密，当时知者必甚寥寥，他自己事后决不会说，外间自然无人知晓。我这里纯粹推测，很可能正是高聪替宣武帝发现了于烈这个可用之臣。

据《魏书·于烈传》，于烈是孝文帝末期非常信任的武将，他虽不赞成孝文帝迁都改革，但从不公开表达自己的反对意见。而且当穆泰、陆叡等在平城谋划反对孝文帝时，"代乡旧族，同恶者多，唯烈一宗，无所染预"，为孝文帝深所赞赏，把他提拔到禁军统帅领军将军的关键岗位上。太和二十三年孝文帝最后一次出征时，没有如前次那样让于烈从行，而是把他留在洛阳，执手告别，说道："都邑空虚，维捍宜重，可镇卫二宫，以辑远近之望。"当时孝文帝对自己的健康已失去信心，凡事都从长远考虑，把于烈留在洛阳，就是防范意外。孝文帝死在荆沔前线，于烈是洛阳城中少数几个得元勰通报的人之一，他"处分行留,神色无变",为皇位顺利转移立下功劳。不过,于烈很快就和实际执政者元禧发生了冲突。

据说发端于一件小事。《魏书·于烈传》:"咸阳王禧为宰辅,权重当时。"元禧和元勰的风格很不一样,一向盛气凌人惯了的,更何况此刻高居权力巅峰,哪里把文武臣工放在眼里。他派一个家僮去见于烈,要于烈从禁卫军选派一批羽林虎贲来给他当护卫,以便"执仗出入"。羽林虎贲职在宿卫,只从属皇帝,怎能随随便便跟着一个奴僮出去?于烈说,我作为领军将军,只知道保卫皇帝保卫朝廷,要我派羽林虎贲,必须得有诏书,断无私下奉送之理。家僮悻悻而归,一番报告。元禧动了气,让家僮再来见烈。

家僮传元禧的话道:"我是天子儿、天子叔,元辅之命,与诏何异?"

于烈面色严峻,厉声回答:"向者亦不道王非是天子儿、叔,若是诏,应遣官人所由,遣私奴索官家羽林,烈头可得,羽林不可得!"

无论《于烈传》这段话是否可靠(显然在美化于烈的同时丑化元禧,更是为宣武帝的后续行为铺垫合理性),于烈与元禧之间一定出了大矛盾。执政与禁军统帅闹崩,当然是极大的问题。元禧"遂议出之",就是要把于烈调出洛阳,安排他去旧都平城担任恒州刺史。于烈不接受,屡屡上表要求留在洛阳,而元禧控制下发布的"诏书"则一再不听。于烈气急败坏,找到彭城王元勰,怒道:"殿下忘先帝南阳之诏乎?而逼老夫乃至于此!"这时的元勰名望虽高,却不在辅政之位,无从干预。

有意思的是,元禧虽然知道于烈是个威胁,也打定主意把他赶走,却没有先解除他的领军职务。于烈到此地步,一不做二不休,只好悄悄联系皇帝,推动政变发生。元禧与于烈的冲突对于夹在其间的许多文武官员来说固然是灾难,不过,对于宣武帝和他身边那些亲信来说,则是从天而降的好消息。可想而知,在宣武帝与于烈之间沟通联络的,除了于烈的儿子于忠,就是原东宫亲信如王显、赵修这类人物。于烈让于忠秘密地传话给宣武帝:"诸王等意不可测,宜废之,早自览政。"这话才是说到宣武帝心坎里了。

恰在这时,身居元辅却被元禧压了一头的元详也忍不住了。元详虽是幼弟,却深得孝文帝器重,只是太和末年被元勰抢尽风头,新君继位后又被元禧高居其上,自然憋闷含屈。他主动跟宣武帝说,元禧有些做法太过头了,不能再让他这样搞。很显然,元详的目的是扳倒元禧,不过去掉元禧,不等于宰辅之位自动归入元详。于是元详又跟宣武帝说,元勰名望太高,对于皇上总是个威胁,不宜担任宰辅。元详这些想法的一个前提,便是宣武帝自己不能执政,必须有个亲王宰辅。去掉了元禧和元勰，虽然还有两个哥哥在，但他们名声才器都不突出，担任宰辅只有元详最合适。

可是宣武帝考虑的却是终结亲王辅政，这当然是元详意想不到的。

到景明二年（501）正月，十九岁的宣武帝居丧守孝理论上已跨三个年头（其实还不到二十个月），可以结束"谅闇"状态了。《魏书·术艺传》："罢六辅之初，（王）显为领军于烈间通规策，颇有密功。"王显以御医身份，有较大的便利往来于宫廷内外，特别适合充当宣武帝与于烈之间的联络人。这些参与密谋的一帮人（特别是其中最有头脑的高聪），选择的行动时机正是祫祭。正月间最大的国家祭典是祫祭，祭日，三公诸王要一大早到太庙旁边斋洁，预备入庙行礼。据《魏书·世宗纪》，宣武帝宣布亲政在正月庚戌（501年2月18日），可见行动就在这一天。据《魏书·彭城王传》，元禧、元勰和元详（一定还有其他王公大人）在太庙东坊斋洁时，于烈带着六十余名"宿卫壮士"闯了进来，大概他们先已在外面控制了这三个亲王带来的贴身警卫。

《魏书·于烈传》对事件经过有浅白的描述，特别记有宣武帝与于烈父子的对话，显得是宣武帝一人一时的决策，于忠只是传话者，于烈只是执行者。比如宣武帝前一晚让于忠传话给于烈，说"明可早入，当有处分"。次日一早于烈入见，宣武帝说了一堆"诸父慢怠,渐不可任"的话,于烈随即表态"今日之事,所不敢辞",颇有舞台效果。其实这么危险的行动,一定是宣武帝与于烈早就仔细筹划过的,这一天不过是依计而行罢了,哪里用得着他们二人事到临头一个找理由,一个表决心?

据《魏书·于烈传》,于烈"乃将直阁已下六十余人,宣旨诏咸阳王禧、彭城王勰、北海王详,卫送至于帝前"。据《魏书·咸阳王禧传》,于烈把元禧、元勰和元详三人押送到光极殿,见到了宣武帝。宣武帝拿出准备好的说辞:"恪虽寡昧,忝承宝历,比缠尫疹,实凭诸父,苟延视息,奄涉三龄。父等归逊殷勤,今便亲摄百揆。且还府司,当别处分。"最后一句,不是让他们各回各家,而是"且还府司",意味着要暂时把他们留在什么地方,等接管权力的部署安排完毕,才会放他们回家。消息传出,引起朝廷上下不小的震动,很多人担心会有大规模杀戮,殃及池鱼,于是有些朝臣躲避奔藏,有些甚至逃出洛阳。《魏书·张彝传》记担任尚书的张彝和邢峦"闻处分非常,出京奔走"。

同一天,宣武帝颁布了亲政诏书(可想而知,所有文件都是高聪早已拟好的),让魏朝上下都知道现在是皇帝自己行使皇权了。诏书一方面感谢几个叔父"勋劳王室",另一方面宣布"便当励兹空乏,亲览机务",同时给元禧、元详加些好听的官号。据《魏书·彭城王传》，宣武帝告诉元勰，将遵照先帝指示，允许他"释位归第"，元勰表示"悲喜交深"。

宣武帝亲政后，似乎与几个叔父特别是元禧的关系仍然紧张。据《魏书·咸阳王禧传》，元禧失去权位后，连见宣武帝一面也做不到，"赵修专宠，王公罕得进见"。咸阳王府的卫队首领（斋帅）刘小苟向元禧报告说，皇帝身边的一帮近侍（如赵修）扬言要诛杀元禧。元禧叹道："我不负心，天家岂应如此。"嘴里这样说，心下却万分不安，"常怀忧惧"。四个月过去，觉得日子有点过不下去了，可能加上身边有人怂恿，元禧竟动了李逵那种"反了吧"的念头。正当这个念头愈来愈炽时，五月壬子（501年6月20日），元禧的弟弟广陵王元羽暴死。元羽之死并无政治背景，纯是一个不光彩的意外。《魏书·广陵王羽传》："（元）羽先淫员外郎冯俊兴妻，夜因私游，为俊兴所击。积日秘匿，薨于府，年三十二。"孝文帝曾严厉批评元羽，说他"出入无章，动乖礼则"，似乎早就知道元羽在外偷鸡摸狗，只是想不到他会死在这种事上。元羽虽然死得不光彩，毕竟是元禧的长弟，我们不知道的是，元羽的死是否在一定程度上推动了元禧下决心？

十天后，宣武帝到黄河南岸的小平津打猎，元禧在洛阳城西的小宅召集亲信商议，计划"勒兵直入金墉"，关闭洛阳城门（如曹魏的高平陵之变）。元禧似乎早就确定了要在这一天采取行动，已通知他在禁卫军里安排的亲信（后来宣武帝说"直阁半为逆党"），让他们在北邙山伺机下手刺杀宣武帝，同时派长子元通奔赴黄河北岸的河内郡，在那里举事响应洛阳。不过奇怪的是，元禧在城西小宅的会议上竟全无控制力，参会者"众怀沮异"（就是对元禧的计划提出种种质疑，让元禧意识到无法操作），会议开了一整天，未能形成一个行动方案。等到会议拿不出个结论，元禧自己也考虑等等再说，才派人去追赶元通（当然是追不上的，也就断送了元通的性命）。会议不了了之，跟大家约好保密，然后元禧自己带着家人（"臣妾"）前往他在城东的洪池别墅。参会的武兴王杨集始一出门就飞骑直奔北邙山，把元禧谋反的事报告给宣武帝。

据《北史·咸阳王禧传》，宣武帝打猎归来途经北邙山，在一座佛塔的阴凉里午睡，侍卫们四下追逐猎物去了，身边只有元禧安排的几个武士，但他们担心刺杀皇帝会招致不祥（"吾闻杀天子者身当癞"），最终没敢动手，错过了千载难逢的机会。杨集始赶来告变时，宣武帝身边侍卫不多，又不了解洛阳发生了什么，一时颇为惊惶，只好派于忠先去探探洛阳的情况。于忠驰回洛阳，见自己父亲于烈已布置好了安全警戒，这才到北邙接宣武帝回宫。这之后，自然是对元禧及其党羽的大搜捕，很快就在洛水南岸的柏谷坞抓住了元禧。元禧人生最后一两天的细节，《魏书》《北史》记之甚详，这里一律从略。

宣武帝亲自审问了元禧，结果当然是赐死，死后秘密埋在北邙山上。时在景明二年五月壬戌（501年6月30日）。"同谋诛斩者数十人。"元禧还活着的儿子们（长子元通被杀于河内），一律逐出宗室，即所谓"绝其诸子属籍"。元禧的女儿们，"微给资产奴婢"。元禧倾力积攒的庞大家产，主要部分都被宣武帝赐给他最宠信（意味着在反元禧的事业中功劳最大）的赵修，以及舅舅高肇，剩下的则由内外百官瓜分。元禧诸子衣食匮乏，只有叔父元勰愿意略加救济。走投无路之下，元禧的几个儿子先后都外奔萧梁。

咸阳王府的音乐伎人（所谓"宫人"）作为财产自然也被重新分配，她们重新进入音乐伎人的买卖市场，漂泊流离之际，有感于咸阳王府的昔日，编了这么一首歌：

> 可怜咸阳王，
> 奈何作事误。
> 金床玉几不能眠，
> 夜踏霜与露。
> 洛水湛湛弥岸长，
> 行人那得度。

《魏书·咸阳王禧传》："其歌遂流至江表，北人在南者，虽富贵，弦管奏之，莫不洒泣。"在江南听到这首歌而泪水涟涟的北人，一定有元禧的儿子们。

元禧死后刚刚两个月，七月壬戌（501年8月29日），原六辅中位次较高的王肃病死，六辅之说遂成往事。

以元禧之死为标志，宣武帝的夺权斗争以胜利告终，不过这并不意味着他对几个叔父的疑忌已经完结。北海王元详在元禧死后巴结亲附宣武帝的近侍恩倖，因此一度获得宣武帝的信任，但随着这一近侍恩倖集团的分裂（确切地说，是这一集团内部发生了权势转移），元详被牵连其中，触犯了忌讳（比如他和某些禁卫军官有亲密关系）。到正始元年五月丁未（504年5月30日），宣武帝下诏废元详为庶人。据墓志，元详死于正始元年六月十三日（504年7月10日）[1]，地点在关押他的太府寺。

这样，宣武帝的六个叔父，只剩下彭城王元勰和高阳王元雍在世，其中元勰以名高望重，素为宣武帝及其亲信所忌。随着宣武帝几个弟弟长大成人，加上宣武帝自己一直未能生子，他非常担心皇叔元勰与皇弟们走得太近。"诏宿卫队主率羽林虎贲，幽守诸王于其第。"这不仅是针对宣武帝几个弟弟的，元勰也享受了同样待遇。《北史·外戚传》记高肇"又说

---

[1] 赵超：《汉魏南北朝墓志汇编》（修订本），第79页。

宣武防卫诸王，殆同囚禁"。《魏书·彭城王传》说元勰"既无山水之适，又绝知己之游，唯对妻子，郁郁不乐"。永平元年三月戊子（508年4月20日），唯一的皇子、不到三岁的元昌突然夭折，对宣武帝造成强大心理冲击。偏偏同年秋天，他的长弟京兆王元愉在冀州称帝起兵，虽然一个月内就兵败被杀，深知皇上心意的亲信们（包括高肇）立即把元勰牵扯进去。《魏书·世宗纪》："（永平元年九月）戊戌，杀侍中、太师、彭城王勰。"据此元勰死于戊戌（十八日）。可是元勰墓志称"永平元年岁在戊子，春秋卅六，九月十九日己亥薨"[1]，则记元勰死日为九月十九日（508年10月28日）。据《魏书·彭城王传》，元勰被逼饮毒酒而死，在十八日深夜，十九日清晨"以褥裹尸，舆从屏门而出，载尸归第"，对元勰家人说他是喝酒喝死的。

　　孝文帝六个弟弟，到宣武帝即位的第十年，死得只剩一个元雍了。而且那时宣武帝的四个弟弟中，他已经杀了一个，软禁了一个，剩下的两个也在严格监督之下。传统读史者会说，宣武帝元恪称得上刻薄寡恩。如今我们看元恪的成长经历和他即位后的权力格局，也可以说，他的所作所为，很大程度上反映了他内心深处强烈的不安全感。他生长其中的孝文帝时代，留在他记忆中的，主要是惊心动魄的宫廷倾轧和朝廷权斗，而

---

[1] 赵超：《汉魏南北朝墓志汇编》（修订本），第80页。

少许的甚至可能是唯一的温暖记忆,就来自他的母亲,以及围绕母亲的那些人和事。正是这种心理特质,使得宣武帝对朝臣特别是位高权重的宗王缺乏信任,而无限亲近他身边那些出身寒贱的侍卫人员。主要是靠着这些侍卫人员,他才从煊赫一时的王公们手中成功地夺回了权力。

同时,宣武帝元恪把对于母亲的温暖记忆,转化为亲近和信任那些与母亲有关系的人。这一点因与王钟儿/慈庆相关,因而为本书所特别关注。

20　晖光戚里

宣武帝亲政以后，当然要重谢帮他夺权立功的人，外如于烈、于忠这种禁军将帅，内如赵修、茹皓之类列入《恩倖传》的左右近侍。信任身边的人，信任与自己有较久联系的人，是宣武帝的一大特点。即使是纯粹的文臣儒生，他也更看重那些跟他"有旧"的人。比如，太和末年他还是太子时，孝文帝派在东宫带他读书的"侍读"之臣中，有一个孙惠蔚。据《魏书·儒林传》，孙惠蔚二十多年"久滞小官"，直到宣武帝亲政。传文说："世宗即位之后，仍在左右敷训经典，自冗从仆射迁秘书丞、武邑郡中正。"这里"即位"其实是说"亲政"。[1] 宣

---

[1] 《魏书》卷八四《儒林传》，第2002页。"世宗即位之后，仍在左右敷训经典"一句之前，已叙"高祖崩"后，诸臣议昭穆，邢峦欲弹崔光事，显然在从鲁阳返回洛阳之后。

武帝有权提拔孙惠蔚，在他亲政之后。从此孙惠蔚飞黄腾达，荣任儒生文士无不垂涎的黄门侍郎、著作郎、国子祭酒、秘书监等职，尽管"才非文史，无所撰著，唯自披其传注数行而已"。《魏书》非常隆重地总结道："魏初以来，儒生寒宦，惠蔚最为显达。"

值得注意的是，孙惠蔚长期在宣武帝身边所"敷训"的"经典"，并不都是儒经，还包括宣武帝更倾心的佛经。传文云："先单名蔚，正始中侍讲禁内，夜论佛经，有惬帝旨，诏使加'惠'，号惠蔚法师焉。"宣武帝崇佛，身边各类人物必定也都跟风礼佛，世代业儒者亦不能免。不过孙惠蔚小名陀罗，可见出自信佛家庭，他跟宣武帝一起名义上读儒家经典，实际上讨论佛教经论，或久已如此。这样的讲经场合，在宫内的老尼慈庆很可能也会参加。对宣武帝而言，慈庆是跟母亲有关的温暖记忆的一部分，如同遥远的故乡。只是慈庆年老且已出家，宣武帝对她不好在名位上有所奖答，而对其他那些背景差不多的人，他的感念方式自然一定是官职名位。

前面概述北魏宫内奚官奴和宫女人生时，提到"大魏宫内司高唐县君杨氏墓志"所记的内司杨氏。杨氏因刘宋淮北四州入魏而沦为奚官奴，时"年在方笄"，也就是十五六岁。在她二十七八岁时，"文昭太皇太后选才人，充宫女"，成为高照容身边的宫女之一，做了王钟儿的同事，帮助高照容抚养了她的二儿一女。可能在高照容死后，杨氏转去宫内其他机构服务，"择典内宗七祧"，做的事情跟日常祭祀有关。在宣武帝即位以后，杨氏先升细谒小监，再升文绣大监，最后因"化率一宫，课艺有方，上下顺厚"，而"改授宫大内司"，升至宫女的最高职位大内司。墓志云："宣武皇帝以杨历勤先后，宿德可矜，赐爵县君，邑号高唐。"杨氏在世时荣获封爵（高唐县君），另一位内司吴光就没能得到如此恩宠。这当然跟宣武帝的个人情感有关。当然他荣宠杨氏，不完全是报答和感激，还是一种信任、一种依赖、一种利用，从一个侧面反映了他内心的不安全感。

另一个在宣武帝少年时就进入他生活的人，是宫廷御医王显。据《魏书·术艺传》的《王显传》，王显甚至早在宣武帝出生之前，就已经和他发生了关联：

> 初文昭皇太后之怀世宗也，梦为日所逐，化而为龙而绕后，后寤而惊悸，遂成心疾。文明太后敕召徐謇及显等为后诊脉。謇云是微风入藏，宜进汤加针。显云："案三部脉，非有心疾，将是怀孕生男之象。"果如显言。

高照容受孕而感心悸，孝文帝晚期最信任的名医徐謇都没看出来，只有王显神奇地诊断对了（他不仅看出是怀孕，还知道要生男)。至于高照容所做的梦(为日所逐,日化为龙而绕身),应该是王显在宣武帝立为太子或即皇帝位后层累添加的。同样的故事也进入《北史·后妃传》,说成高照容幼年所做为日光追逐的怪梦,在入平城宫之前,自然也就没有提到生病以及王显的诊断。[1]这次诊断成功,可能使得高照容对他格外信任,以后有事还会找他。传文记他为年少的元恪看病:

> 世宗自幼有微疾,久未差愈,显摄疗有效,因是稍蒙眄识。

大概因为元恪的"眄识",王显还在元恪的太子宫任职。《北史·魏诸宗室传》有《常山王遵传》,拓跋遵的曾孙元寿兴(元晒)[2],曾担任太子中庶子:"初,寿兴为中庶子时,王显在东宫,

---

[1] 《北史》卷一三《后妃传》记孝文文昭皇后高氏(即高照容)"后幼曾梦在堂内立,而日光自窗中照之,灼灼而热,后东西避之,光犹斜照不已。如是数夕,怪之,以白其父颺"。接下来记高飏问辽东人闵宗,闵宗以为"奇征",推测说:"昔有梦月入怀,犹生天子,况日照之征!此女将被率命,诞育人君之象也。"见第501页。这一段看起来像是在王显故事的基础上进一步拔高,把入宫之后做梦生病的故事提前到幼年,而且更像是高家人物口吻,极大的可能是出自高肇之口。
[2] 寿兴名晒(或曷),唐人避讳改用其字。见《魏书》卷一五《昭成子孙传》校勘记第四条,第448—449页。

贱，因公事，寿兴杖之四十。"[1]后来元寿兴被处死，他当年在太子宫与王显结下的梁子至少是原因之一。正因王显是东宫官属，加上与宣武帝的历史联系，他在宣武帝即位后自然成为亲信中的亲信。在终结亲王辅政的斗争中，他立下汗马功劳。御医（侍御师）身份有利于他充当信使，沟通宫廷内外，即传文所谓"间通规策"："又罢六辅之初，显为领军于烈间通规策，颇有密功。"

宣武帝亲政，奖励王显为游击将军、廷尉少卿，不过"仍在侍御，营进御药，出入禁内"，虽有将官职，只用来领薪水、充门面，实际做的仍是侍御师的工作。王显一直向宣武帝"乞临本州"，希望担任家乡州的州刺史。王显是阳平郡乐平县人，阳平郡属于相州，相州是北魏第一大州，州治邺城是河北最繁荣的城市，王显所求的就是相州刺史。那时担任本州刺史是非常荣耀的事，更何况他可以借机大大加强家族在地方上的势力。宣武帝虽应许了他，却舍不得他离开，"积年未授"。而王显自己早在外间放出消息，"声问传于远近"，所以他只好跟人解释说，这是板上钉钉的事，皇上已经决定了的。不久，果然"除平北将军、相州刺史"，王显高高兴兴地上任。可到相州没几天，宣武帝派人命他飞马还京，因为皇上身体又出了

---

[1] 《北史》卷一五《魏诸宗室传》，第569页。

问题，需要他"掌药"。直到皇上好些了，才放他回邺城。后来王显回洛阳，官太府卿、御史中尉，但侍御师的身份一直没变，仍然负责皇帝（后来还加上皇子）的医疗。[1]皇帝的医生固然必须医术高，但最重要的还是得让皇帝信任。以宣武帝的性格和心理特点，既然认准了王显可靠，就很难离得开他了。

对于宣武朝朝政来说更重要的一个变化，也和宣武帝的这种心理特质有关，那就是外戚高肇的崛起。

据《魏书·世宗纪》，太和二十三年四月丁巳（499年5月7日）宣武帝即位于鲁阳，那时一切草率，"委政宰辅"。回洛阳后，开始按照故事和礼典做一些必要的安排。六月"戊辰（499年7月17日），追尊皇妣曰文昭皇后"。之前那些死于子贵母死之制的皇帝生母，都在所生皇子即位后立即追崇位号，如文成帝的母亲郁久闾氏追尊为恭皇后，献文帝的母亲李氏追尊为元皇后，孝文帝的母亲李氏追尊思皇后。所以元禧等辅政大臣追尊高照容为文昭皇后，是遵循故事和旧制。之所以追尊为文昭皇后，是因为早在立元恪为皇太子时，孝文帝

---

[1] 胡三省注《资治通鉴》，迷惑于宣武朝史事中，一会儿提到侍御师王显，一会儿提到御史中尉王显，前者微贱，后者隆贵，就以为是两个人："医师侍御左右，因以名官。后魏之制，太医令属太常，掌医药；而门下省别有尚药局侍御师，盖今之御医也。此又一王显，非御史中尉之王显也。"其实是同一个人。见《资治通鉴》卷一四七梁纪天监七年三月，第4581页。

就给她追加了昭仪之号，谥为文昭贵人。现在直接从文昭贵人升级为文昭皇后。

不过和过去情况不同的是，以前追尊皇帝生母为大行皇帝的皇后时，后宫都有一个拥有最高权威的女性，文成帝时是常太后，献文帝和孝文帝时是冯太后。宣武帝即位时，孝文帝的皇后一废一死，宣武帝自己尚无正妻，可以说北魏第一次出现了宫中无主的局面。无主时期的后宫，可能培育了多种势力竞争的基础，后来宫中的复杂形势即由此酝酿而来。

《资治通鉴》萧齐东昏侯永元元年（北魏孝文帝太和二十三年）六月戊辰，于叙"魏追尊皇妣高氏为文昭皇后，配飨高祖，增修旧冢，号终宁陵"之后，接着是：

> 追赐后父飏爵勃海公，谥曰敬，以其嫡孙猛袭爵；封后兄肇为平原公，肇弟显为澄城公；三人同日受封。魏主素未识诸舅，始赐衣帻引见，皆惶惧失措；数日之间，富贵赫奕。

按照《资治通鉴》的时间编排，辅政诸王在追尊高照容之后，立即封高照容的父兄为公爵：追封她已死的父亲高飏为勃海公，并且由高飏的嫡孙高猛袭爵；高照容兄弟中在世的两个，高肇封为平原公，高显封为澄城公。高肇、高显和高猛，三人同日封公,封公之日得宣武帝接见。三人以平民身份入宫,封公后由宫里赐了与爵位匹配的服装,换装后才与宣武帝相见。三人骤遇如此宏大阵仗,"皆惶惧失措"(《北史·外戚传》说"皆甚惶惧,举动失仪"),当然,亦从此"富贵赫奕"。依《通鉴》,这些加给宣武帝舅氏的尊荣都是元禧、元详掌权时安排的。其实,也许《通鉴》只是顺带叙及高肇等,并非有意为高肇等封公排定时间。

北魏政治史上高肇的出场,他和弟弟高显、侄儿高猛同日封公,并与宣武帝相见认亲,在宣武帝亲政之后、元禧被杀之前。《北史·外戚传》记"宣武追思舅氏,征肇兄弟等",时在"景明初"。不过"景明初"并不是景明元年(500)。诸高被封,文书程序应该是先经臣下上奏,后由皇帝"诏可"。据《北史·外戚传》,领衔奏请给诸高封爵的,是"录尚书事、北海王详"。元详任录尚书事,在宣武帝亲政后。《魏书·北海王详传》:"世宗览政,迁侍中、大将军、录尚书事。"六辅时期的元详是司空,宣武览政后暂时解除了他的三公职位。知诸高获封,在宣武帝亲政之后。《北史·外戚传》记高肇等封爵之后,"是年,咸阳王禧诛,财物珍宝、奴婢田宅多入高氏"。可见,宣武帝与舅舅高肇、高显见面,在景明二年正月庚戌(501年2月18日)以后,五月壬戌(6月30日)之前。高氏应该不在南迁之列,仍居平城。宣武帝亲政后派人去平城接他们南来,一来一去总要个把月,见面可能在二三月间。

高照容的父亲高飏共有五男三女[1],都生在高句丽,最大的女儿据其墓志知生于文成帝兴安二年(453),那么太和初全家迁于平城时,她早已成年,可能已经出嫁。据她的墓志,其夫是韩贿。[2]高飏举家"入国"时,同行者有"乡人韩内",这个韩贿可能与韩内是一家的。高飏夫妻以及他们比较大的几个儿子,高琨、高偃、高寿,在宣武帝亲政以前都已去世,都葬在平城(唯一不清楚葬地的是高寿,高寿不与于封赠及改葬,既可能因为庶出,也可能因为死在"入国"之前)。宣武帝寻亲时,舅舅中只剩了高肇和高显兄弟二人,于是封已去世的外祖父及在世的两个舅舅为开国公,外祖父高飏的公爵由其长子高琨继袭,高琨已死,则由高琨长子(所谓高飏嫡孙)高猛继袭。据高猛墓志,高猛生于太和七年(483),与宣武帝年岁相当,袭封勃海郡开国公时已十八九岁。[3]

宣武帝给外祖父追赠勃海公,显然是要把自己的外家攀

---

1 高飏与妻盖氏的子女数量等问题,请参看我为高琨墓志所写的疏证,见罗新、叶炜《新出魏晋南北朝墓志疏证》(修订本),第71—73页。
2 高肇、高照容的长姊高氏的墓志出土情况,见《河北曲阳发现北魏墓》,《考古》1972年第5期。高氏墓志的录文见赵超《汉魏南北朝墓志汇编》(修订本),第204—205页。
3 罗新、叶炜:《新出魏晋南北朝墓志疏证》,第97—99页。

附上著名的勃海高氏，因此后来高肇还长期担任冀州大中正。迁都前后的一些年，正是有权势者更改籍贯、重塑郡望的大好时机。[1] 以《魏书·恩倖传》为例：王叡"乃言家本太原晋阳，遂移属焉"；王仲兴"世居赵郡，自以寒微，云旧出京兆霸城，故为雍州大中正"；寇猛"自以上谷寇氏，得补燕州大中正"；茹皓"自云本出雁门，雁门人谄附者乃因荐皓于司徒，请为肆州大中正，府、省以闻，诏特依许"；赵邕"以赵出南阳，徙属荆"，先后任南阳中正、荆州大中正；侯刚"以上谷先有侯氏，于是始家焉"，也担任过燕州大中正。要成功打造郡望，把自己一家与某地古老的名族混同起来，只迁移籍贯是不够的，还要把家搬过去，成为当地名副其实的大地主，同时还应把葬在外地的父祖先人迁回"故乡"。比如王叡一家本来都葬在平城，"迁洛后，更徙葬太原晋阳"；赵邕的祖父本来葬在平城，赵邕改籍南阳后"丧自平城还葬南阳"。这类新贵有钱有势，通常还会担任"故乡"的太守乃至刺史，占田占地，兴建家宅，他们有足够的资源把自己由外来者转化为本地大族。

决定家族地位的不只是历史声誉，还要有相匹配的当世

---

[1] 成功的例子很多，最典型的是杨播兄弟"重返"华阴故里成为正宗弘农杨氏。参黄桢《制造乡里：北魏后期的弘农习仙里杨氏》，载《国学研究》第36卷（2015年12月）。

漫长的余生

官位与婚姻圈子，新贵家族也都会凭借自己的权势强行加入这类婚姻网络。还是以《魏书·恩倖传》所记的赵邕为例：赵邕把自己攀附为南阳赵氏之后，还希望能打入更高等级的婚姻网络。担任幽州刺史时，他借机和著名的范阳卢氏联姻。他看中的那个卢家姑娘，父亲早已去世，叔父替她做主，同意了这门婚事。但是姑娘的母亲不同意，而这位母亲出自幽州另一名门北平阳氏。为了摆脱卢家叔父的控制，阳夫人带着女儿回到自己娘家"藏避规免"。赵邕怎肯善罢甘休，到阳家把阳夫人的叔父抓去（可能阳夫人的父亲已不在世，叔父当家），动刑拷打，逼他交人，竟然把他打死了。当然这些大家族都有各自的社会资源，也不是好欺负的。阳夫人把状告到洛阳，朝廷派员调查，查出实情，判处赵邕死刑。虽然赶上大赦，免了死刑，赵邕仍逃不过"除名"，从此再没有翻过身来。

照宣武帝的设计，高肇兄弟就应遵循这一套路，把自家与赫赫有名的勃海高氏混同起来。[1] 今所见高肇家族的所有碑

---

[1] 与高肇家情况接近而又试图攀附勃海高氏的，还有出自辽东的高道悦家族。《魏书·高道悦传》说这一家本是"辽东新昌人"，道悦父高玄起入魏后"遂居勃海蓨县"。高道悦墓志仍称辽东新昌人，见赵超《汉魏南北朝墓志汇编》（修订本），第142—144页。不过高道悦的埋葬地却在"冀州勃海郡蓨（蓨）县"之"崇仁乡孝义里"，可见他的家庭（或家族）正在努力把自己打造成勃海高氏。

志，无不宣称出自勃海高氏。高肇的弟弟高显[1]，高肇的两个儿子高植、高湛，以及高肇本人[2]，高偃之子高庆、高贞，都葬在勃海（"德州卫河第三屯"），可见他们的确是向着这个方向努力的。京兆王元愉出为冀州刺史时，可能出于高肇的托请，辟高偃之子、十八岁的高庆为州主簿。那时高庆的姐姐是皇后，他应该是住在洛阳的，但为了建设勃海郡望，宁愿到冀州担任并不重要的本州上佐，以此作为未来正式出仕的基础。不过，不幸的是元愉在冀州称帝造反，所举的旗号就是对抗高肇，杀害了年轻的高庆。[3]

只是高肇粗劣无文，对这种家族郡望建设似乎不太积极（可能他更看重眼前的权力），所以有些事做得不够到位。比如说，他没有能把父兄迁回勃海安葬。《北史·外戚传》记高肇"父兄封赠虽久，竟不改瘗"，宣武帝只好强迫他，"乃诏令还葬"。虽然有皇上这么大的压力，高肇仍不肯亲自"临赴"，

---

1 据清人吴式芬《金石汇目分编》卷三之二，直隶河间府景州有"后魏护军将军高显碑铭"，应该与高肇及其子侄在同一个墓地。见《石刻史料新编》第27册，新文丰出版公司，1982年，第20694页。

2 据高湛墓志，高湛于元象二年十月十七日（539年11月13日）"迁葬于故乡司徒公之茔"，见赵超《汉魏南北朝墓志汇编》（修订本），第420—421页。司徒公即高肇，可见高肇也葬在勃海。

3 高庆死于元愉之乱，仅见于《高庆碑》，碑见《北京图书馆藏中国历代石刻拓本汇编》第三册，中州古籍出版社，1989年，第114页。

而是于延昌三年(514)派侄儿高猛到平城"迁葬于乡"。按照这个说法,高肇最终还是把父兄"迁葬于乡"了。事实上高猛在平城只是做了一个重新安葬,把封丘修大(高飏夫妇、高琨与高偃,三坟并立,当地人称三皇墓[1]),把新的封爵写进墓志,如此而已,并没有迁回勃海(宣武帝所要求的"还葬",是还葬于勃海)。[2] 而且,后来高猛也没有还葬于勃海。正因如此,高肇家族改变郡望的成效不太显著。据《魏书·北海王详传》,元详与从叔安定王元燮的妃子高氏私通,这个高氏便是高肇的从姊妹。元详的母亲高氏(也许出自真正的勃海高氏)知道后骂道:"汝自有妻妾侍婢,少盛如花,何忽共许高丽婢奸通,令致此罪。我得高丽,当啖其肉。"她称高肇家女子为"高丽婢",可见她完全不承认这一家冒牌货。[3]

高肇家族到洛阳以后的婚姻情况怎样呢?首先是高肇本人。按年龄来说,高肇在平城时必定早已娶妻,可他到洛阳时似乎复归单身(起码是没有正室),又有了娶妻的需求。他先

---

[1] 王银田:《元淑墓志考释——附北魏高琨墓志小考》,《文物》1989年第8期。按《山左碑目》记有神龟三年之高偃碑,碑文已佚,似乎高偃在神龟三年迁葬勃海。

[2] 罗新、叶炜:《新出魏晋南北朝墓志疏证》,第71—73页。

[3] 有关北朝勃海高氏郡望问题,参看仇鹿鸣《"攀附先世"与"伪冒士籍"——以渤海高氏为中心的研究》,《历史研究》2008年第2期,第60—74页。

看重的是王肃死后正在守寡的陈留公主（孝文帝之妹，宣武帝之姑），无奈公主相中的是出身名族的秦州刺史清河张彝，看不上文化不高且家族来历不明的高肇。《魏书·张彝传》："时陈留公主寡居，（张）彝意愿尚主，主亦许之。仆射高肇亦望尚主，主意不可。肇怒，谮彝于世宗。"高肇只好向孝文帝另一个妹妹高平公主求婚，这次似乎很顺利，终于娶到一个长公主，成了宣武帝的亲姑父。

其次是高肇的侄儿高猛。高猛继承勃海公爵位之后，大概再过一两年，肯定是在宣武帝本人的促成之下，得尚高照容所生的长乐长公主元瑛。据墓志，元瑛生于太和十三年（489），比高猛小六岁。[1]和宣武帝及其弟弟元怀一样，元瑛也是王钟儿抚养过的。高照容死时，元瑛才七八岁。元瑛长大后除了嫁给高猛，史书关于她的记载非常少，《魏书·皇后传》有一条记事颇能反映她的为人风格。大概在神龟年间，胡太后率领"王公、嫔、主已下从者百余人"进到皇家大库堆放绢布的地方（左藏），让大家尽自己的力，能拿多少拿多少（"皆令任力负布绢，即以赐之"）。那时北魏货币经济不发达，绢布其实就是钱。长乐公主元瑛以胡太后的小姑子身份，当然也在从行之列。可以想象所有人都是拼老命多取多拿的，"多者过二百匹，少者

---

[1] 罗新、叶炜：《新出魏晋南北朝墓志疏证》，第114—115页。

百余匹"。陈留公李崇、章武王元融两个王公大人物，都因为背负多到力不能胜，双双摔倒在地（"所负过多，颠仆于地"）。结果二人都受了伤：李崇伤了腰，元融伤了脚。时人因此为他俩造了一首谣谚："陈留、章武，伤腰折股；贪人败类，秽我明主。"所有人中，只有长乐长公主元瑛"手持绢二十匹而出"，既不想表现得过于与众不同，又不肯拿得太多（"示不异众而无劳也"），赢得时人好评，"世称其廉"。

元瑛没有为高猛生儿子（但不知是否生了女儿），这当然会成为一个继承方面的问题，但首先的一个麻烦是会在高猛死后的丧事上，缺少一个孝子丧主。高猛比慈庆/王钟儿早死一年，墓志记他死于正光四年四月十日（523年5月10日）。据《北史·外戚传》，高猛临死，向公主坦白了一个秘密：他在外面还有（至少）一个家，育有一子，一直瞒着公主。《北史》和《魏书》都说这个儿子"年几三十矣"。高猛死时才四十一岁，其子至多二十五六岁，说"年几三十矣"大概是为了强调他早已长大成人。如果他的确不小于二十五岁，那说明是高猛在平城时所生，是与公主结婚之前的事情，不知道平城时期的事为什么还要隐瞒。不管公主听说之后心情如何，总算解决了一个眼前的难题。于是公主把这个地下状态的儿子找来，让他充任孝子丧主。而且,两年多后的孝昌元年十二月二十（526年1月18日）元瑛自己也死了，此后大概不再会有人关心高猛的爵位承继问题。元瑛死在慈庆之后，如果当时没有生病，她应该参加了老保母的丧事。元瑛墓志第十五行，有一四字句，除首字"哀"外，余三字漫漶。仔细读较好的拓片，可知"哀"后两字为"子元"。哀子，即高猛临终所说的那个已经成年的儿子，他的名字是元某。这个儿子不仅做了高猛的丧主，还成了元瑛的丧主。不过后来他并没有继袭爵位，可能是因死得早（"寻卒"）。

高猛有一个姐姐或妹妹，嫁给了赵郡李子岳。据李子云墓志："（子云）弟子岳，字凤峙，散骑侍郎，妻勃海高氏，父琨，左光禄大夫。"值得注意的是，李子岳的姐姐李令徽，就是任城王元澄的夫人。据李氏墓志，李令徽于景明二年九月三日（501年9月30日）死于长安。[1] 高猛是元澄年长的几个嫡子的长辈亲戚，这一点在李子云墓志出土以前尚不为人知。

高肇的弟弟高显得封开国公，他担任过高丽国大中正，这个事实说明高肇一家没有掩盖自己的高丽背景。高显先后担任过侍中、护军将军等重要职务，但少有事迹。《魏书·高聪传》记宣武帝在河内怀县表演射箭，射出"一里五十余步"的好成绩，群臣请立碑纪念，领衔上奏的就是侍中高显。据《魏书·世宗纪》，这次御射发生在景明三年十月庚子（502年11月30日）。《高聪传》详载高显等人的奏文，赞美宣武帝"亲御弧矢，临

---

[1] 赵超：《汉魏南北朝墓志汇编》（修订本），第61—62页。

原弋远，弦动羽驰，矢镞所逮，三百五十余步"，可见皇帝"圣武自天，神艺夙茂"，如此神威足以"肃截九区，赫服八宇矣"，"盛事奇迹，必宜表述，请勒铭射宫，永彰圣艺"。盛情难却，宣武帝同意了。"遂刊铭于射所，聪为之词。"这篇上奏典雅清丽，一定不是高显自己写的，而当时高聪担任给事黄门侍郎，后来御射碑的碑文又由高聪执笔，那么可以推测，上奏文也是高聪写的。

史书中高显再没有其他表现，而且他也不像高肇那样留有恶名，可能主要原因是死得早。《魏书·常景传》先记常景受敕参议修订律令，时在"正始初"，接着说"世宗季舅护军将军高显卒"，高肇请常景"作碑铭"，时高肇官衔为尚书右仆射。高肇为高显立碑，请当时以文采著称的"尚书邢峦、并州刺史高聪、通直郎徐纥"，加上太常博士常景，一共四人，为高显写碑铭。四人各自交稿，宣武帝让崔光评判四文高下优劣，崔光认为常景写得最好。崔光感慨道："常景名位乃处诸人之下，文出诸人之上。"《常景传》讲这个故事当然是为了显示常景的才气，但这个故事也足以反映宣武帝对两个舅舅的爱护。高肇请朝中第一流的四个文士为高显分别写碑铭，只用一篇，另三篇作废，而这四个人竟然也都欢然从命。正始年邢峦为尚书，仅在正始元年（504），因为到这年闰十二月他就奔赴汉中前线了。由此可知，高显死在正始元年，距他初至洛阳才两三年时间。

高肇亡兄高偃今可考知者有三女二儿,其中高英即宣武帝高皇后,有墓志出土。[1]墓志志题为"魏瑶光寺尼慈义墓志铭",可见她出家后的法号是慈义。墓志:"尼讳英,姓高氏,勃海蓨人也,文昭皇太后之兄女。世宗景明四年纳为夫人,正始五年拜为皇后。"高英生一儿一女,皇子夭折,女儿就是建德公主。建德公主后来嫁给萧宝夤的长子萧烈,萧烈的母亲就是宣武帝的妹妹南阳长公主。孝庄帝永安三年(530),萧宝夤以谋反被杀,萧烈同死,那时建德公主应该还不到二十岁。

高英有个姐姐,嫁给了博陵崔模。崔模的大姐是崔宾媛,崔宾媛墓志的志盖文字详列家人信息,叙崔模妻室云:"(崔)模妻荥阳郑氏;继室范阳卢氏;继室渤海高氏,宣武皇帝后姊。"[2]原来崔模有三任妻子,前两任荥阳郑氏和范阳卢氏可能早死,续娶了第三任高氏,这位高氏就是高英的姐姐。高肇一家与河北大族联姻,仅见二例。孝明帝初期,崔模与弟崔楷作为高肇的朋党被审查,最重要的关联大概就是婚姻关系。高英还有个妹妹,嫁给了河间王元琛。《北史·文成五王传》:"(元)琛妃,宣武舅女,高皇后妹。"高偃之子、高英之弟高贞,死于延昌

---

[1] 赵超:《汉魏南北朝墓志汇编》(修订本),第140—141页。
[2] 陶钧:《北魏崔宾媛墓志考释》,《收藏家》2012年第6期,第25—34页。

三年（514）七月（见《魏书·礼志》），有碑存世。[1]

史书中可见的高肇家人，还有高肇的两个从妹，二人是亲姐妹，其父很可能是高飏之弟高乘信，他和高飏一起在太和初"入国"。这二姐妹入洛后，妹妹嫁给内侍出身的茹皓，姐姐嫁给安定王元燮。元燮是孝文帝的从叔，嫁给元燮的这位姐姐，就是前面提到的、被北海王元详的母亲斥为"高丽婢"的那位。很可能就是在妹妹家里，她与常来这里的元详相遇相爱。茹皓在孝文帝时期是"白衣左右"，宣武帝即位后"侍直禁中，稍被宠接"，到宣武帝亲政后"眷赉日隆"。高肇把自己的从妹嫁给他，显然是在和他建立联盟关系。热衷而贪权的元详巴结茹皓，在茹皓结婚时"亲至其家，忻饮极醉"。元详认识了元燮的妃子高氏之后，与茹皓更是走得热络。《魏书·北海王详传》："详既素附于皓，又缘淫好，往来稠密。"高氏于元详为从叔母，事属乱伦，故史书其事，用了一个"蒸"字。元详当然也知道利害，所以"严禁左右，闭密始末"，很小心地保持着这个关系。

虽然高肇兄弟和那时其他骤然暴发的权势人物一样，努力把自己的家族攀附到旧族名门的行列，但高肇似乎在还葬与

---

[1] 高贞碑见《北京图书馆藏中国历代石刻拓本汇编》第四册，第143页。据碑文，高贞死于延昌三年四月，《魏书·礼志》所记七月，可能是议礼时间。

联姻两个方面都不太积极。可能这是因为他们教育水平不高，对郡望建设的意义认识不足，而一味热衷于拥抱眼下的权力。不过，也可能仅仅是因为历史给他们的时间还不够长。

21 帝舅之尊

《魏书·灵征志》所列的"雾",主要是大规模和严重的沙尘暴天气,如"雨土如雾","黄雾,雨土覆地","土雾四塞","黄雾蔽塞"等。最严重的一次发生在孝文帝太和十二年十二月,从丙戌日(489年1月28日)开始,连续六天"土雾竟天","勃勃如火烟,辛惨人鼻"。[1]该志记北魏这类大雾凡九次,其中七次在宣武帝时期,并总结说:"时高肇以外戚见宠,兄弟受封,同汉之五侯也。"[2]《魏书》把宣武帝时期沙尘暴天气频发归咎于高肇兄弟受宠,反映了北魏后期的一个主流,那就是对高肇的

---

[1] 《魏书》卷一一二上《灵征志上》,第3169—3170页。原文作十一月,从校勘记应作十二月,见第3184页。
[2] "汉之五侯"指汉成帝同一天封五个舅舅王谭、王商、王立、王根、王逢时为侯,时在河平二年六月乙亥(前27年7月17日)。

批判性和否定性立场。《魏书》继承了这一立场。

高肇兄弟于景明二年（501）上半年被招入洛阳，骤然宠贵，大概需要一段时间来适应。但高肇本人至迟已于景明三年秋被授予尚书右仆射的重要官职。《魏书·北海王详传》："世宗讲武于邺，详与右仆射高肇、领军于劲留守京师。"宣武帝到邺城阅兵讲武，在景明三年（502）九月。那时高肇以尚书右仆射留守洛阳，高显以侍中陪同皇帝出行，兄弟二人兼顾内外，看起来是宣武帝特意的安排。高肇进一步高升，做到尚书令。《魏书》和《北史》都没有记高肇始任尚书令的时间，我推测在正始四年九月。高肇为尚书右仆射时，尚书令是广阳王元嘉。《魏书·世宗纪》载正始四年九月己未（507年9月24日）诏书，以"尚书令、广阳王嘉为司空"。元嘉腾出的尚书令位置，自然立即为高肇所占据，任命时间很可能在同一天或稍后。

高肇担任尚书令差不多四年半。《魏书·世宗纪》延昌元年正月丙辰（512年2月27日）"以车骑大将军、尚书令高肇为司徒公"。延昌三年（514）冬以高肇为主帅统军征蜀，加大将军之号，仍居司徒之位，次年春回到洛阳被杀，司徒就是他的最终官职。《北史·外戚传》说高肇升司徒时，"虽贵登台鼎，犹以去要怏怏，众咸嗤笑之"。这时司徒最称荣耀，可高肇还是更看重把持行政实权的尚书令一职，这反映了他看重实际、专注于当下的风格，浸润于官场文化的那些人当然无法理解。

史书斥高肇恃宠专擅，核以记事，每虚多实少。《魏书·裴粲传》："时仆射高肇以外戚之贵，势倾一时，朝士见者咸望尘拜谒。"朝士如此巴结（或畏惧）高肇，是不是意味着如果不"望尘拜谒"，就会有麻烦呢？传文表彰裴粲，因为他就没有那么做，他见高肇时，只是按照常规礼节"长揖而已"。家人怪责，裴粲回答："何可自同凡俗也。"然而他并没有因此倒霉，高肇不曾给他穿小鞋。高肇当尚书令时，御史中尉是游肇，二人同名。高肇让游肇改名，游肇说自己的名字是孝文帝所赐，因此坚决不肯改名。《魏书·游肇传》："高肇甚衔之，世宗嘉其刚梗。"虽然惹得高肇不高兴，却博得宣武帝赞赏，高肇也拿他没办法。高肇为司徒时，有个儒生刁冲因高肇"擅恣威权"而上表攻击他。《北史·刁冲传》记刁冲"抗表极言其事，辞旨恳直，文义忠愤，太傅清河王怿览而叹息"。很显然，刁冲也没有遭到高肇的打击报复。事实上，高肇的话宣武帝也不是都听。《魏书·良吏传》记宋世景特别能干，"台中疑事，右仆射高肇常以委之"，后高肇和尚书令元嘉一起推荐他做尚书右丞，因王显从中作梗，"故事寝不报"，宣武帝竟然没有批准。

见于史书的高肇主要罪状似乎都与几个亲王之死有关。北海王元详之废，《魏书·北海王详传》说是高肇诬告："后为高肇所谮，云详与（茹）皓等谋为逆乱。"元详与茹皓勾结亲昵，已见前述，茹皓之败，牵连及于元详，而元详确有诸般劣迹。

21　帝舅之尊

《魏书·彭城王传》把元勰遇难全都推给高肇:"尚书令高肇性既凶愎,贼害贤俊。又肇之兄女,入为夫人,顺皇后崩,世宗欲以为后,勰固执以为不可。肇于是屡谮勰于世宗,世宗不纳。"京兆王元愉反于冀州,元勰的舅舅潘僧固"见逼从之",也就是说,潘僧固加入了元愉的叛乱。可是,潘僧固跟随元愉到冀州做官,恰恰是元勰推荐的。于是,传文称高肇诬告元勰"北与愉通,南招蛮贼"。元勰死后,其妻李妃号哭高叫:"高肇枉理杀人,天道有灵,汝还当恶死。"在宫里率领武士逼元勰喝下毒酒的元珍,据《北史·魏诸宗室传》,"曲事高肇,遂为帝宠昵"。宣武帝让自己宠昵的元珍动手处死元勰,恐怕不能说是高肇的主意。元愉在冀州称帝造反,据《北史·孝文六王传》,"称得清河王(元怿)密疏,云高肇谋为杀害主上",兵败被俘,至野王"绝气而死","或云高肇令人杀之"。同传又说:"司空高肇以帝舅宠任,既擅威权,谋去良宗,屡谮(元)怿及(元)愉等,愉不胜其忿怒,遂举逆冀州。"这就把元愉造反的责任也推到高肇头上。元怿向宣武帝指控高肇,比之于王莽,提出"宜杜渐防萌,无相僭越","宣武笑而不应"。

史书有关高肇"贼害贤俊""谋去良宗"的这几个事例,都与宣武朝权力斗争的核心问题有关,那就是宣武帝对几个叔父十分警惕。在一度威胁皇权的元禧、元详死后,宣武帝又担心皇叔元勰在背后支持几个皇弟,后来还的确出现了皇弟称帝造反的大案。在这几个亲王的不幸故事中，高肇当然发挥了一定的作用，但与其说他是罪魁祸首，不如说他只是宣武帝用得称手的一个工具而已。这个道理，当时朝中诸贵，包括几个遭遇不幸的亲王，一定也都明白，只是不可点破。李妃见到元勰尸体，伤恸已极，愤怒已极，却也只敢咒骂高肇，其实她当然知道谁是真正拿主意的。

可以说，高肇代宣武帝担负起全部骂名，本是皇帝制度的内在要求。《魏书·任城王传》："于时高肇当朝，猜忌贤戚。澄为肇间构，常恐不全，乃终日昏饮，以示荒败。所作诡越，时谓为狂。"元澄为孝文帝所亲用，名列六辅，元禧、元详亦颇为忌惮，宣武帝对他不可能不提防。元澄"常恐不全"，决不会仅仅因为高肇的"间构"。眼见元禧、元详、元愉、元勰如此下场，元澄采用自秽策略，"终日昏饮，以示荒败"。

当然，宣武帝最亲宠的高肇也是元澄不敢得罪的。《魏书·任城王传》附《元顺传》记元澄子元顺事（元顺很可能是李令仪所生，李令仪的弟弟李子岳娶高琨之女，即高猛的姐妹，所以元顺和高肇是沾亲带故的）：

> 时尚书令高肇，帝舅权重，天下人士，望尘拜伏。（元）顺曾怀刺诣肇门，门者以其年少，答云"在坐大有贵客"，不肯为通。顺叱之曰："任城王儿，可是贱也！"及见，直

往登床，捧手抗礼，王公先达，莫不怪愕，而顺辞吐傲然，若无所睹。肇谓众宾曰："此儿豪气尚尔，况其父乎！"及出，肇加敬送之。澄闻之，大怒，杖之数十。

元澄杖责元顺，可能是听说了高肇的那句评论。不过，从这个故事也可以看出，高肇还是有一定心胸的。元澄怕的不是高肇，而是高肇背后的宣武帝。不过宣武帝对高肇也不是盲目信用的。《魏书·乐志》记公孙崇为考定音律事于正始四年上表，以为金石音律所关至大，请求皇上派重臣主持，因为"自非懿望茂亲、雅量渊远、博识洽闻者，其孰能识其得失"。谁是这样的人呢？公孙崇表曰："卫军将军、尚书右仆射臣高肇，器度淹雅，神赏入微，徽赞大猷，声光海内，宜委之监就，以成皇代典谟之美。"这样神乎其神的美誉，高肇那时一定享受了很多，如今保留在史料里的已相当罕见。不过宣武帝不是糊涂蛋。《魏书·乐志》说"世宗知肇非才"，一方面同意公孙崇的表请，另一方面下诏"可令太常卿刘芳亦与主之"，找来一个真正的专家与高肇一起主持其事。

叙述与事实脱节是生活的常态，不过对于高肇，以及千千万万有幸被历史提到的人来说（虽然进入历史就意味着变形），更大的不公平和不真实发生在身后，在各种各样的历史叙述中。试举一例。《魏书·天象志》有如下一条：

> 世宗景明元年四月壬辰，有大流星起轩辕左角，东南流，色黄赤，破为三段，状如连珠，相随至翼。左角，后宗也。占曰："流星起轩辕，女主后宫多谗死者。"翼为天庭之羽仪，王室之蕃卫，彭城国焉。又占曰："流星于翼，贵人有忧系。"是时，彭城王忠贤，且以懿亲辅政，借使世宗谅阴，恭己而修成王之业，则高祖之道庶几兴焉。而阿倚母族，纳高肇之谮，明年，彭城王竟废。

这一段叙述与分析的时间终点在景明元年（500）的"明年"，事件标志是"彭城王竟废"。如前所述，彭城王元勰"悲喜交深"地"释位归第"，在景明二年正月庚戌（501年2月18日）。那时高肇兄弟还在平城，未曾参与宣武帝从辅政诸王手中夺回权力的宫廷政变，与洛阳的权斗毫无干系，说宣武帝这时"阿倚母族，纳高肇之谮"，是一点也不符合真实历史的。事实上，正是在高肇担任尚书右仆射以后的景明四年（503）七月，被废的元勰才重新起用，高拜太师。上引这段对于星占的历史分析更违背史实的，是说"是时，彭城王忠贤，且以懿亲辅政"，似乎不知道元勰本来就不在六辅之列，说什么"借使世宗谅阴，恭己而修成王之业，则高祖之道庶几兴焉"，更是离题万里了。

身份制与等级制社会对出身与流动限度是非常敏感的，

出身寒贱者只宜在一个限阈内流动，如果因某种机缘突破了制度设定的流动极限，进入由特定身份等级社会所专属的那个阶层，他就成为通常不受欢迎的特例。对高等级政治职务的垄断，反映了国家对高等级社会经济政治利益的制度性保障，与此相配合，就有一整套意识形态设置，其基本舆论不仅是当时政治的晴雨表，也会反映在历史编纂中。突破身份的制度性极限，意味着必然面对否定性的社会舆论。清人钱大昕说："六朝人重门第，故寒族而登要路者，率以恩倖目之。"[1] 目之为恩倖，就是对其权位予以伦理性的否定。

高肇家族既非拓跋崛起所赖的代人，又与华北名族的社会网络无关，骤得权势，超然于宗室及旧族之上，当然会被权贵社会视为异类，和那些被列入《恩倖传》的人物差不太多。《北史·外戚传》："(高)肇出自夷土，时望轻之。"表面上是针对高肇的出身，其实是因为他过于突然地闯入了权势阶层。权势是限量供应的绝对奢侈品，在高等级社会内也存在着血与火的竞争，现在一个外人未经竞争而轻松攫取，可想而知，他必定成为整个高等级社会的眼中钉。

然而，皇帝制度又在法理上决定了一切政治权力都不过

---

[1] 钱大昕：《廿二史考异》卷三七南史三"恩倖传条"，方诗铭、周殿杰点校，上海古籍出版社，2004年，第605页。

是皇权的延伸，也就是说，皇帝既是一切官爵合法性的来源，也是一切官爵的终极分配者。皇帝制度内在属性之一，就是皇帝可以突破已有制度。由此决定了官职竞争中总有弯道超车者，也总有火箭式干部。当宣武帝这样一个内心安全感甚弱，对外界难以信任的皇帝在位，他总是更容易信任那些与他有个人性联系的人。那么很自然的，他会信用当他还处在弱势地位时与他亲近的人，也就是东宫时期和亲政之前的侍卫、御医、宦官等等，再就是与他母亲有关联者，包括宫女和外戚。高肇兄弟"数日之间，富贵赫奕"，要放在这个背景下理解。

高肇以帝舅之尊，深得宣武帝信任，封以高爵，授以重官，只要这种信任不变，朝野内外是无人能奈他何的。但加官晋爵是一回事，操弄权柄是另一回事。有名有位，只是理论上有权有势，要实际上享受权势而不是被权势吞噬，还需要一定的个人条件或个人努力。《北史·外戚传》称高肇"及在位居要，留心百揆，孜孜无倦，世咸谓之为能"。显然他具备一定的政务能力，而且他还喜欢做事。这样一个与既得利益集团全无联系的人，有政务才能又热衷政务的人，母舅之亲，把他放到尚书省长官的位置上，年轻的宣武帝就有了控制朝政的安全感。高肇虽一开始只是担任尚书右仆射，但尚书令元嘉"好饮酒，或沉醉"，不爱管事（或不敢管事），高肇实际上控制了朝廷政务。有了宣武帝的信任和支持，可以说高肇在官僚体系里不

21 帝舅之尊

需要担心遭遇抗衡或威胁。

然而,这并不意味着高肇真是一人之下万人之上。实际上,在很长一段时间里,高肇并不是宣武帝最亲近的人。有人比他更靠近皇上,更懂得怎样与皇帝相处,也更得皇上信任,他们就是《恩倖传》重点写的赵修和茹皓等侍卫出身的亲信。跟他们比起来,高肇的独特之处在于,他能够让宣武帝对他的信任保持长达十三四年,可以说始终不渝。而赵修、茹皓这样的亲信,固然一时亲宠无两,但他们都没有能力长期维持宣武帝对他们亲宠的热度。而且,当六辅消散,权势为宣武帝亲信人群所独享时,这个人群内部势必存在着权势分配的竞争。高肇能够成功上升,就因为他在所有竞争中都胜出了。当竞争对手一个一个被扳倒,高肇就成为宣武朝一个耀眼的政治现象。

据《魏书·恩倖传》载宣武帝黜落赵修的诏书,赵修最后的官职是散骑常侍、镇东将军、领扈左右,三者之中最有实际意义的是领扈左右。领扈左右,即领左右,是皇帝禁卫系统中最内层、靠近皇帝的卫士长(北魏末年的权臣如尔朱荣都要亲自兼任这个低级别武官)。赵修在东宫只是"白衣左右",宣武帝即位后"仍充禁侍,爱遇日隆",至迟在宣武帝亲政后就开始担任领左右了。宣武帝这封诏书写得十分讲究,显然是高聪、邢峦这一级别文士的作品。诏书为宣武帝开脱,说赵修"昔在东朝,选充台皂",指赵修以白衣左右的身份服务于太子宫，在这个过程中与宣武帝建立起个人感情，所谓"幼所经见，长难遗之"。诏书以此解释为什么即位后不只要用他（"故纂业之初，仍引西禁"，东指太子宫，西指皇宫），而且还要重用他（"识早念生，遂升名级"），尽管他是不值得重用的（"地微器陋，非所宜采"）。

赵修的高光时刻并不长，延续了不到两年。他在宣武朝所做的事情中，长期政治影响最大的，是说服宣武帝立于劲的女儿为皇后。据《魏书·世宗纪》，景明二年九月己亥（501年10月5日），即处死元禧三个多月后，"立皇后于氏"。《北史·后妃传》记宣武顺皇后于氏："以嫔御未备，因左右讽喻，称后有容德，帝乃迎入为贵人，时年十四，甚见宠爱，立为皇后。"这个能对宣武帝施加影响的"左右"，就是赵修。于劲是领军将军于烈之弟，于劲应该与其家多人一样，都在禁军任职。他们在宣武帝夺权和挫败元禧谋反的斗争中立下大功，因而也与宣武帝身边的亲信侍卫建立了私人联系。

《魏书·恩倖传》："初，于后之入，（赵）修之力也。"一年多后赵修被捕时，他正在于劲家玩游戏（樗蒲），尽管可能是于劲受命为稳住他而特意招他来玩（如此怀疑是因为赵修被捕后带到领军府受审），于劲和赵修关系亲密是无疑的。《魏书·恩倖传》："（赵）修死后，领军于劲犹追感旧意，经恤其家，自余朝士昔相宗承者，悉弃绝之，示己之疏远焉。"史书不记于劲为领军的时间，我猜可能在景明三年八月。《魏书·于烈传》："顺后既立，以世父之重，弥见优礼。八月，暴疾卒，时年六十五。"于烈死后，于劲继为领军。

景明三年八月也是赵修偏享皇上亲宠的最后时刻。这之前，每次赵修升官，他都在家里大摆筵席，宴请宣武帝及王公百官。《魏书·恩倖传》："每受除设宴，世宗亲幸其宅，诸王公卿士百僚悉从，世宗亲见其母。"赵修酒量奇大，宴席上凭自己酒力强劝客人暴饮（"逼劝觞爵"，劝人一碗，自己也得喝一碗），即使贵如北海王元详、广阳王元嘉，都被他折腾得吃不消（"必致困乱"）。宗庙祭典时，皇帝总是让赵修和自己同乘一车。而且，赵修还获得了在皇家北苑华林园骑马的特权，从那里一直骑到禁内。

《魏书·咸阳王禧传》也把元禧谋反归因于"赵修专宠，王公罕得进见"。《魏书·恩倖传》："（赵）修起自贱伍，暴致富贵，奢傲无礼，物情所疾。"所谓贱伍，就是最低等级的士兵（白衣左右）。何况赵修没有受过教育，"不闲书疏"，"不参文墨"，自然为内外朝臣所敌视。不过只要赵修跟皇帝在一起，别人再敌视也没有办法。到景明三年秋，赵修回乡葬父，他意识不到，这次与皇帝的短暂分离，是他告别荣华的开始。

不仅意识不到危险，而且他可能还误以为这是展示权势的大好时机。赵修家在赵郡房子县（今河北赞皇），他把大宗物资如在洛阳制作的碑铭、石兽和石柱等，先送到房子去。赵修为亡父所制碑铭，是请高聪写的。《魏书·高聪传》："赵修嬖幸，聪深朋附，及诏追赠修父，聪为碑文，出入同载，观视碑石。"赵修从洛阳出发时，一行丧车近百辆。路上所有花销，都从官出。《魏书·恩倖传》：

> （赵）修之葬父也，百僚自王公以下无不吊祭，酒犊祭奠之具，填塞门街。于京师为制碑铭、石兽、石柱，皆发民车牛，传致本县。财用之费，悉自公家。凶吉车乘将百两，道路供给，亦皆出官。

恰好这时宣武帝要到邺城阅兵讲武。据《魏书·世宗纪》，景明三年九月丁巳（502年10月18日）"车驾行幸邺"，这是从洛阳出发的时间，二十天后，宣武帝在邺城以南"阅武"。赵修参与了这个过程。阅武结束，赵修要告别皇上，北上回乡了。可是宣武帝另有展示神射的计划，他要赵修陪他直到御射结束，赵修的行程因而拖延了一个月。这次御射在史书上又写作"马射"，御射的地点是"射宫"。十月庚子（502年11月30日），赵修和宣武帝乘同一辆车进入射宫，可是从东门进入时，车上的旐竿撞断了，后来这被视为赵修的不祥之兆。御射结束，赵修赶回赵郡。因担心赶不上早已确定的葬期，宣武帝允许他"驿赴窆期",就是利用国家的高速驿传系统。同时,"左右求从及特遣者数十人",即宣武帝所派遣,以及自愿要求跟随赵修回乡的御前侍卫,还有几十个人。据说回乡路上赵修做了很多坏事,全无葬父之悲戚,还聚众奸掠妇女。不过我猜,这些罪行都是扳倒赵修时临时拼凑的,未必属实。

前面提到的宣武帝黜落赵修的诏书,在列举赵修罪失后说:"法家耳目,并求宪网。"意思是,向他检举揭发赵修罪行的两个人,分别上书请求处理赵修。法家指御史中尉甄琛,职在司法监察,耳目指王显,虽然那时官廷尉少卿,但"仍在侍御",为宫内第一御医,在宣武帝眼里还是耳目和左右。据《魏书·甄琛传》,甄琛是朝官中巴结赵修最卖力的三个人之一(另两个是李凭和高聪):"于时赵修盛宠,琛倾身事之。琛父凝为中散大夫,弟僧林为本州别驾,皆托修申达。"甄琛巴结赵修的实际好处,是为老父谋得一个中散大夫,为弟弟谋得本州别驾,其实都无职无权,图的不过是个虚名。甄琛表劾赵修,在宣武帝决意拿下赵修之后,是被动仓促的自救行为。真正撬动赵修的是王显。

王显跟赵修一样为宣武帝东宫旧人,同样在对六辅的斗争中立下汗马功劳,而且也是和皇帝日常厮混在一起,极为亲密。王显跟赵修本来关系不错,但不知怎么发生了争执,王显竟暗暗起了敌忾之心。《魏书·恩倖传》:"初,王显祗附于修,后因忿阋,密伺其过,规陷戮之。"只是赵修自己全无觉察("都不悛防"),还忙着回老家当孝子。就在赵修离开的这段时间,王显本人,以及他指挥下的左右侍从,开始在皇帝耳边灌输赵修的种种劣迹,所谓"因其在外,左右或讽纠其罪"。效果明显,即使宣武帝还没有决心抛弃他,也不如以前那么喜欢他了,即所谓"自其葬父还也,旧宠小薄"。

这种情况下,很可能在景明四年春夏间,王显启动了最后一击,密表赵修罪行,包括回乡途中"淫乱不轨",私匿民间所献玉印(玉印非人臣所宜有),违规扩建私宅,等等。《魏书·恩倖传》说"高肇、甄琛等构成其罪",实际过程应该是,宣武帝认真对待王显的控告后,把尚书省长官高肇和御史台长官甄琛叫来,也许还有别人,问他们的看法,他们都支持王显。这样宣武帝只好下决心,也才有甄琛的正式表奏,及随后宣武帝的诏书。

高肇乐于除掉赵修容易理解,甄琛本来和赵修关系甚好,他为什么也积极参与"构成其罪"呢?《魏书·甄琛传》的解释是,他是为了自保。宣武帝亲政后提拔甄琛为御史中尉,在肃清诸王影响、整顿朝官秩序方面立下大功,但也因此结怨甚广。如今赵修倒台,一方面为了自保不得不痛下杀手,另一方面还有点恻隐疼惜。虽然宣武帝判决赵修"可鞭之一百,徙敦煌为兵",但宣武帝还是存了一点旧情,他让尚书右丞元绍复核此案。据《北史·魏诸宗室传》，元绍是常山王拓跋遵的曾孙，"断决不避强御"，奉宣武帝诏命后，没有按照程序回报皇上，而是就地宣布立即执行前诏的判决。这也显示了朝臣中存在一种共识，不只是打他一顿远徙敦煌而已，那样他还有机会回来（年轻的皇上对他仍有不舍），所以必须尽快结束他的性命。

甄琛和王显一起"监决其罚"。据《魏书·恩倖传》，行刑官"先具问事有力者五人，更迭鞭之，占令必死"，先已定了当场打死的目标，于是找力气大的行刑者往死里打，怕行刑者力竭，让五人轮换着打。甄琛作为监刑者，眼见过去的好友如此遭罪，难免心下不忍。《魏书·甄琛传》："及监决修鞭，犹相隐恻。"甄琛这一矛盾心情，传文有形象的描述。看着一鞭一鞭打得赵修皮开肉绽，甄琛故作轻松，向其他官员开玩笑道："赵修小人，背如土牛，殊耐鞭杖。"这个态度也引起旁人反感，"有识以此非之"。御前侍卫出身的赵修胖大强壮，特别耐打。《魏书·恩倖传》："（赵）修素肥壮，腰背博硕，堪忍楚毒，了不转动。"不可思议的是，一百鞭打完，赵修离死还远。于是行刑官、监刑官都不顾诏书所判的明确数字，硬是又加了二百鞭，所谓"旨决百鞭，其实三百"。三百鞭打完，赵修竟然还没有死。于是叫来驿传快马送他去敦煌，直奔洛阳城西门。赵修这时已上不了马，在马上也坐不住了，于是被捆绑在马鞍上，打马飞驰。赵修的母亲和妻子跟在后面，却说不上话。奄奄一息的赵修这样奔行八十里，终于一命呜呼。

随后展开的是对赵修余党的清查。甄琛在整赵修时表现再积极，也无法逃脱被清查。后来弹劾他的表奏，特别指出他与赵修勾结已久："生则附其形势，死则就地排之，窃天之功以为己力，仰欺朝廷，俯罔百司，其为鄙诈，于兹甚矣。"表奏作者很可能是与甄琛结下私怨的邢峦，他受宣武帝之命主持对甄琛的审查，又与元详一起上奏审查结果。一番清理审查，"（赵修）所亲在内者悉令出禁"，"左右相连死黜者三十余人"，甄琛、李凭"免归本郡"，另一个与赵修亲好的朝官高聪，因与高肇认了远亲（疏宗），也就是说，正牌出自勃海高氏的高聪愿意接纳高丽高肇为宗亲，高肇出面帮他脱困，所以高聪算是幸免了。

赵修之败，高肇也许发挥了顺水推舟的作用，但肯定不是主谋。那时他入洛不足两年，刚刚过了刘姥姥初入大观园的适应期，应该还不至于冒险出击。但长远地看，赵修之死对于高肇来说有一个重大利好，那就是改变了后宫的力量平衡。于皇后的地位，固然与她的伯父于烈多次立功有关，也与赵修的大力支持分不开。现在于烈、赵修双双死去，虽然她父亲于劲继为领军，毕竟没有于烈那样的功劳地位，这一变化为宣武帝后宫后来的一系列的新发展准备了条件。与此直接相关的一个变化，发生在赵修死后，就是《北史·后妃传》所记宣武皇

250

后高氏以贵嫔身份进入皇宫。据"魏瑶光寺尼慈义墓志铭"[1]，这位宣武皇后高氏就是高英，是高肇亡兄高偃的女儿。墓志说她"世宗景明四年纳为夫人，正始五年拜为皇后"。这些变化的进一步发展，是本书下一节的主题，这里且按下不表。

听说赵修被司法主官们刻意整死，宣武帝是不高兴的。他把主持案件核查的元绍叫来，发了一通火，元绍一番狡辩，最后不了了之。宣武帝不多追究，很可能是因为，这时原来赵修的那个座位，已经有人坐着了。这个人就是茹皓。茹皓在宣武帝即位之初就已进入亲信核心圈，但被赵修看出他的潜力，把他排挤出去。景明三年初冬，赵修在邺城告别宣武帝回乡葬父时，本在兖州阳平郡担任太守的茹皓跑来邺城朝见皇帝，就此留下，替代了赵修的角色。茹皓从景明三年底重归权力中心到正始元年（504）五月被赐死，享受权宠最多也就一年半，比赵修时间还短。《魏书》和《北史》记茹皓事，零碎混乱，大致上把茹皓之败归为高肇嫉妒，且主要是为了搞倒北海王元详。其实搞倒元详的一大动力可能来自于氏家族。《魏书·于忠传》记元详痛恨于氏，曾以死威胁于忠。后来元颢入洛，杀于劲之子于晖，应该是为其父元详报仇，见《魏书·外戚传》。

前面提到，当时和后世都存在把宣武帝的问题推给高肇

---

[1] 赵超：《汉魏南北朝墓志汇编》（修订本），第140—141页。

的倾向，茹皓事也一样。高肇把从妹嫁给茹皓，显然是为了在内廷结一个盟友。但茹皓与元详走得太近，引起宣武帝警惕。对高肇来说，勾结茹皓的元详与他另一个从妹的不伦之恋，也会激发他极大的敌意，使他乐于协助宣武帝除掉元详和茹皓集团。这次权斗比赵修那一次更危险，牵涉更广，不过归根结底也只是狐狼之争而已，这里就不啰唆讲述了。

赵修也罢，茹皓也罢，似乎都没有把高肇视为竞争对手，因为他们各自在权力格局中所处的位置不同，不一定是竞争的关系。但是无论如何，高肇的个人素质和风格还是很不一样，他没有如赵修、茹皓那样在极短时间内八面树敌，在长达十三四年的时间里从没有引发宣武帝的疑忌和疏远。

现在我们随着高肇的目光，越过权斗，把注意力转向宣武帝的后宫。因为，正是在那里发生的一切，把我们的主人公慈庆/王钟儿再次卷入历史旋涡的中心。

22 皇子不昌

　　高英入宫在景明四年（503），是赵修死后宣武帝后宫发生的重大变化之一。对也许只有十三四岁的高英来说，一个非常利好的条件，就是她在宫里并非那么孤单，因为她的大姑母也被宣武帝任命为内侍中，可以自由出入宫禁。

　　高照容的大姐，也是高肇兄弟的大姐，在宣武帝亲政后，以皇姨身份被接到洛阳（住在延寿里）。这位我们不知其名的高家长姊，据墓志死于正光四年十一月十九日（523年12月11日），享年七十一岁（可见她比王钟儿／慈庆小十四岁）。高氏墓志志题"魏故持节征虏将军营州刺史长岑侯韩使君贿夫人高氏墓铭"，据此知其夫是韩贿，应与随同高飏归魏的"乡人韩内"有关。墓志说："在生不幸，韩侯凤殒。子幼茕然，房宇寥寂。"铭辞也说："侯已凤逝，子续幼孤。"可见韩贿死时，儿子还非常幼小,大概因为有这个儿子,高氏后来一直寡居。墓志云:"至景明三年,宣武皇帝以夫人皇姨之重,兼韵动河月,遂赐汤沐邑,封辽东郡君。"这一年高氏刚刚五十岁,她的儿子应早已成人。

墓志接着说:"又以椒幄任要,宜须翼辅,授内侍中,用委宫掖。"墓志没有说明高氏担任内侍中的时间,如果并非与封辽东郡君同时,那么很可能与高英入宫有关。也就是说,存在这种可能,宣武帝纳舅女为嫔时,高家安排大姑母做了女侍中,当然是为了照顾还相当年幼的高英。另一方面,宣武帝也乐于在后宫看到自己信得过的人影响力上升,这才叫"用委宫掖"。可想而知,与宣武帝一直保持联系的老尼慈庆,也会与高氏关系亲密,或至少是彼此熟悉,因为不仅有历史的原因,还有现实的关联。墓志文字显示高氏信佛,如"夫人以无生永逸,有陋将危,志腾苦海,舟梁彼岸,故裁谢浮虚,敬仰方直",等等。

不过高英入宫时,内宫权势都在于皇后之手。虽然赵修败死,于皇后之父于劲仍担任禁军统帅领军将军,深得宣武帝信任,正如《魏书·源怀传》所说"时后父于劲势倾朝野"。据《北史·后妃传》,于皇后入宫在宣武帝亲政后,因左右(即赵修)向宣武帝宣扬于氏"有容德",宣武帝"乃迎入为贵人","甚见宠爱"。据《魏书·世宗纪》,于氏立为皇后在景明二年九月己亥（501年10月5日）。这一年于氏十四岁。《北史·后妃传》对她的描述是"静默宽容，性不妒忌"。不过《北史·孝文六王传》之《京兆王愉传》，却讲述了一个有关这位于皇后另一面的故事。

据《京兆王愉传》，宣武帝在亲政之初，跟几个弟弟相当亲密（"留爱诸弟"），元愉等"常出入宫掖，晨昏寝处，若家人焉"。也许是于皇后的主意，宣武帝为元愉娶于皇后的妹妹做王妃。怎奈这一结合全无光彩，于妃婚后"不见礼答"。元愉似乎是那种用情专一的人，而他早在娶于妃之前，已经心有所属。孝文帝末年，他担任徐州刺史时，有天夜里在彭城（今江苏徐州）街巷听到曼妙动人的歌唱，循声觅人，原来是一位姓杨的女子（虽然史未明言，可能暗示她是一个歌伎），来自东郡。元愉"悦之"，娶以为妾，"遂被宠嬖"。那时对皇子婚事的要求已越来越严格，不仅正妻须由皇家安排，就算娶妾，也须出自士族家庭。杨氏出身寒贱，连做妾的资格都没有。深陷爱情的元愉卸任回京时，把杨氏带回洛阳，要给她改变身份。他找到出自名族赵郡李氏的李恃显，把杨氏送到李家，请他收杨氏为养女，由此给她改姓为李氏。经过这么一番洗白，元愉从李恃显家正正规规地迎娶杨氏/李氏回到京兆王府。二人非常恩爱，杨氏/李氏很快为元愉生下一个王子，取名宝月。

这位杨氏／李氏的墓志已经出土，志题"魏故临洮王妃杨氏墓志铭"，是正光四年长子元宝月为她制作的。[1] 从墓志文字看，元宝月恢复了母亲的杨姓，却不敢面对她的东郡籍贯，而把她说成弘农杨氏。墓志称："妃讳奥妃，字婉㶿，恒农华阴人也。"墓志追溯杨奥妃的先祖至于东汉杨震，且称其父祖皆为官员，当然都是不可信的。[2] 下面我们尊重元宝月的立场，称呼她时使用她本来的姓和名，即杨氏奥妃，而不用《北史》的"李氏"。据墓志，杨奥妃"少而机悟，长而温敏，幽闲表德，宽裕在躬"。墓志说她十八岁嫁给元愉："年十有八，百两云归。"杨奥妃十八岁，在太和二十二年[3]，这是她和元愉在彭城初识的

---

[1] 杨奥妃墓志收藏于大同北朝艺术博物馆，墓志拓版及录文，见《北朝艺术研究院藏品图录》（墓志卷），文物出版社，2016年。又请参看殷宪《北魏临洮王妃杨氏墓志考述》，收入殷宪《北魏平城书迹研究》，商务印书馆，2016年，第434—453页。

[2] 杨奥妃墓志："汉太尉震之裔，晋太保骏之囗世孙。祖伯念，安南秦州安邑子。考深德，兰陵太守。"据此，杨奥妃的祖父杨伯念，是安南将军（将军号）、秦州刺史（官职）、安邑子（封爵）；父亲杨深德，官兰陵太守。如果杨奥妃当真出于这样的家庭，元愉是不需要委托李恃显为她改姓的。

[3] 杨奥妃墓志："以永平二年十一月十二日薨于第，春秋廿有九。"据此知道杨奥妃生于孝文帝太和五年（481），十八岁是太和二十二年（498）。

时间¹，不是宣武帝即位后上演的从李怦显家假出嫁的时间。因此可以肯定，杨奥妃入京兆王府，比于皇后的妹妹于妃至少要早三年。于妃嫁给元愉时，杨奥妃要么已经生了元宝月，要么正怀着他。²

于妃把杨奥妃专宠、自己不见元愉礼答的情况报告给皇后姐姐，于皇后当然要替妹妹出头。于是她把杨奥妃叫进宫，"毁击之"，就是很重地打了一顿，可能还造成了毁容。然后，于皇后强行给杨奥妃剃发，让她出家为尼，却不许她出宫，而拘禁在宫内的尼寺，很可能就是慈庆在的那所内寺。事在景明三年，元宝月出生不久，于皇后让于妃把元宝月养为己子。元愉当然不敢去找于皇后要人，但这样也不可能使于妃在元愉面前增加吸引力。过了一年多，也就是到了景明四年，赵修垮台之后，宫内形势多少有了一些变化。于皇后的父亲于劲一方面

---

1 《北史》卷一九《孝文六王传》之《京兆王愉传》称元愉死时只有二十一岁，据此当生于太和十二年（488）。那么元愉初遇杨奥妃时，至多才十一岁，似于情理不恰。又据《北史》卷一九《孝文六王传》之《清河王怿传》，元怿死于正光元年（520），年三十四，则其生年当在太和十一年（487）。元愉是元怿之兄，生年必不晚于元怿，知《北史》记其年岁必误。元愉出镇彭城时应已十二岁，次年遇到十八岁的杨奥妃时，他不会小于十三岁。
2 元宝月墓志："以正光五年龙集甲辰五月廿五日遘疾薨于第，春秋廿有三。"知元宝月生于景明三年（502）。元宝月墓志录文见赵超《汉魏南北朝墓志汇编》（修订本），第232—234页。

忧心于皇后久不诞育，另一方面要调整赵修死后的宫内权力布局，也就是要拉拢高肇兄弟，于是上表宣武帝，"劝广嫔御"，即多立妃嫔，以广皇嗣。很可能，高英就是在这个背景下入宫为夫人的。同时，于劲勒令于皇后释放杨奥妃。

杨奥妃回到京兆王府，与元愉相聚，"旧爱更甚"，不久为元愉生了次子元宝辉。元愉共有四子一女，全都是杨奥妃所生，可见元愉专情之至。永平元年（508）八月元愉在冀州谋反称帝，《北史》称原因之一是"又以幸妾屡被顿辱，内外离抑"，指的就是皇后"毁击"杨奥妃并强令她出家之事，虽然那时于皇后已死，元愉显然把这笔账记在他的皇帝哥哥头上了。元愉在冀州的州治信都城（今河北衡水市冀州区）立坛称帝，立杨奥妃为皇后，算是大大地出了一口气——这口恶气他已憋了整整十年。不过元愉只做了一个月皇帝，信都城就被攻破，不久元愉和杨奥妃及所有孩子都被押解回京，元愉本人不明不白地死于野王(今河南沁阳)。《北史》说押解途中，元愉"每止宿亭传，必携李（杨奥妃）手，尽其私情"。

元愉死后，其四子虽被赦宥，但绝了属籍，不算元姓宗室了，无处容身。杨奥妃怀有身孕，依照宣武帝的意思要处极刑（"屠割"）。据《魏书·崔光传》，崔光当时任中书令，职当草拟诏书，他犹豫很久，最后上奏云："伏闻当刑元愉妾李，加之屠割。妖惑扇乱，诚合此罪。但外人窃云李今怀妊，例待分产。且臣寻诸旧典，兼推近事，戮至刳胎，谓之虐刑，桀纣之主，乃行斯事。"

崔光接着从一个独特的角度劝说宣武帝，那就是这么做可能不利于宣武帝诞育皇嗣。那时宣武帝的两个皇子都已夭折，宣武帝自己已二十六七岁，崔光提这个算是戳中了他的心事。崔光说："陛下春秋已长，未有储体，皇子襁褓，至有夭失。臣之愚识，知无不言，乞停李狱，以俟育孕。"宣武帝同意等杨奥妃完成生育再行刑。一年多以后的永平二年（509）十一月，杨奥妃的女儿元明月应该快一岁大了（"一女遗育，甫及将年"），杨奥妃被处死，年方二十九岁。

元宝月与三弟一妹，在极端窘境下又过了六七年[1]，到宣武帝死后，才得恢复属籍，投靠叔父清河王元怿。元宝月墓志称"年十有四，为清河文献王所摄养"，是指恢复皇家宗室身份之后的事。《北史》记胡太后追封元愉为临洮王，"宝月乃改葬父母，追服三年"。这里的"母"，就是杨奥妃。元宝月为杨奥妃所造墓志，以及一年后元宝月死后家人（很可能是他

---

[1] 杨奥妃墓志："王既遇祸，幽居别室。"知杨奥妃带着四子一女回洛阳后是被关押在某处的。元宝月墓志："七龄丧考，八岁妣薨……昆季婴蒙，止于宗正。"可见他们八年多时间一直在宗正所属的某处机构，大概处于半软禁、半控制的状态。杨奥妃墓志说她"以永平二年十一月十二日薨于第"，这个"第"当然只是监狱的委婉说法，不是真的指家宅。

妻子或弟弟）为他所造墓志，完全看不到于妃的痕迹，只认杨奥妃为元愉的正妃。可以说，元愉的后人完美地表达了他一直坚持的立场。甚至当元愉的第三子元宝炬被宇文泰选作孝武帝的继任者（是为西魏文帝），于大统元年正月戊申（535年2月18日）即位时，他仍然"追尊皇考为文景皇帝，皇妣杨氏为皇后"。[1] 元愉哪里想得到，在他死去近三十年之后，他心爱的杨奥妃终于获得了合法的皇后称号。

当然这些都是后话，现在我们先回到景明四年，当于皇后把杨奥妃还给元愉，并支持其父上表"劝广嫔御"[2]之后，又发生了什么呢？

两年后，于皇后就怀孕了。《魏书·世宗纪》："正始三年春正月丁卯（506年2月9日）朔，皇子生，大赦天下。"这是宣武帝第一个孩子，而他已经二十三岁了。正旦得子，当然是大喜事，所以要大赦天下。到三月戊子（506年5月1日），正式为皇子制名，"名皇子曰昌"。

十九岁的于皇后诞育皇嗣，理论上应该是巩固了她在后宫的至尊地位。然而实际情况可能大大不然。失去了赵修这种

---

[1] 《北史》卷五《魏本纪五》，第175页。
[2] 《北史·后妃传》称皇后"静默宽容，性不妒忌"，可能就是基于她支持于劲"劝广嫔御"。

亲信左右的日常照顾，后宫权势的复杂性弥漫开来。这时取代赵修原来地位的茹皓，已娶高肇的从妹，成为高氏的盟友。而于皇后的父亲于劲，这时可能已离开领军将军的关键岗位，前往中山（今河北定州）担任定州刺史了。[1] 于劲的离开，改变了内宫的权力结构。对于皇后来说，这是灾难的开始。诞育皇子没有给她带来好运，可能正相反，让她成了更紧迫的目标。于皇后的主要敌人，是已入宫三年的高英。

这时高英十六七岁，正是花样年华，以宣武帝亲表妹的身份，更得宫里宫外诸多人物的支持，有实力挑战皇后的权威。虽然具体时间不明，大概在正始二年至永平元年（505—508）间，也就是在于皇后生元昌前后，高英生了一个儿子，可是夭折了。后来高英再次怀孕，生了一个女儿，即后来的建德公主。《北史·后妃传》："宣武皇后高氏……宣武纳为贵嫔，生皇子，早夭，又生建德公主。后拜为皇后，甚见礼重。"按这个叙事时间表，建德公主生在高英做皇后之前，当然这是错误的。后

---

[1] 于劲卒年不祥，在他之后为领军的，今所知只有元珍，元珍之后是于忠。元珍为领军，应该在永平元年底之后。而于劲离职，可能在正始二、三年间。我猜想，有可能在正始三年皇子元昌出生之后。虽然见不到任何证据，有理由设想，于皇后既生皇子，于劲继续居中为禁军统帅就难免带来疑忌。所以，不管有没有高肇、茹皓或其他亲信的推动，宣武帝本人一定有足够的理由让于劲离开领军职位。不过目前我们还不知道于劲离职后谁继任领军。

来胡太后逼高英出家为尼，自己抚养建德公主，"恒置左右，抚爱之"，时在延昌四年（515）。那时建德公主"始五六岁"，那么她应该出生于永平三年或四年。《魏书·萧宝夤传》："（萧宝夤）长子烈，复尚肃宗妹建德公主。"称建德公主为孝明帝之妹，可见她一定出生在永平三年三月之后，而那时高英做皇后已经两年多了。

《北史·后妃传》："宣武顺皇后于氏……生皇子昌，三岁夭没。其后暴崩，宫禁事秘，莫能知悉，而世议归咎于高夫人。"这里的叙事次序是错误的，于皇后其实死在其子元昌之前。据《魏书·世宗纪》，正始四年十月丁卯（507年12月1日）"皇后于氏崩"，永平元年三月戊子（508年4月20日）"皇子昌薨"。于皇后死时二十岁（按现代的算法是十九岁），元昌死时三岁（按现代的算法还不到两岁）。从北朝史书的写法来看，母子二人的死背后都有高肇的影子。《北史·外戚传》："时顺皇后暴崩，世议言肇为之。皇子昌薨，佥谓王显失于医疗，承肇意旨。"

高肇及其家族（或家庭）也许有力量在洛阳宫内完成这两宗谋杀，但要完全瞒过宣武帝，难度是巨大的。说到底，"宫禁事秘"，就如当年废太子元恂被逼外逃，以至于被废被杀，那么大的事，连孝文帝都完全蒙在鼓里。不过，说元昌之死是王显故意耽误了治疗，多少有点不可思议，毕竟于皇后已死，幼小的皇子是可以由高英母养的（如子贵母死时代那种做法），不必置之死地而后快。更何况此时宣武帝仅有这一个子嗣，无论如何是极为珍贵的。很可能史书的这种写法，和北魏后期上层社会对高肇的那种全面否定的舆论一样，更多代表了一种态度、一种立场，未必与具体事实相关。

无论高肇是不是应该为于皇后和元昌之死负责，如史书所明示暗示的那样，毫无疑问的是，高肇一家从中获益了。据《魏书·世宗纪》，永平元年七月甲午（508年8月24日），在皇子元昌死亡四个月后，"以夫人高氏为皇后"。这时宣武帝已满二十六岁，膝下萧然，无儿无女。这一定加剧了他的不安全感，使他对诸弟（特别是长弟京兆王元愉）乃至叔父彭城王元勰更放心不下。他在强烈不安全感之下所表露的态度以及做法，更逼迫元愉在高英做皇后一个月之后反于冀州，进一步强化了宣武帝的疑惧。崔光奏言"陛下春秋已长，未有储体，皇子襁褓，至有夭失"，正是宣武帝最大的心事、最深的烦愁。

然而，在生育子嗣问题上，皇帝与皇后的利益是不一致的。对于皇帝来说，后妃中谁生皇子都是好的。对于皇后来说，如果其他女性在她之前生了皇子，她就会面临几乎难以应付的长远挑战。高英应该意识到自己处在后妃间的一场竞赛之中，比的是谁先生皇子。要保证自己从竞赛中胜出，高英就不得不尽力阻止宣武帝接触别的嫔妃。《北史·后妃传》：

> 宣武高后悍忌，嫔御有至帝崩不蒙侍接者。由是在洛二十余年，皇子全育者，唯明帝而已。

所谓"在洛二十余年"，包括了宣武朝十六年和孝文帝迁都后的六年。自把大冯接到洛阳，孝文帝就很难再接触其他后妃（当然包括废黜之前的皇后小冯），所谓"后宫接御，多见阻遏"，因而孝文帝从二十七八岁以后就再未生子。《北史·后妃传》："孝文时言于近臣，称妇人妒防，虽王者亦不能免，况士庶乎。"《魏书·天象志》："时高后席宠凶悍，虽人主犹畏之，莫敢动摇，故世宗胤嗣几绝。"

不过，如果相信宣武帝时众多嫔御"不蒙侍接"仅仅是因为高英"悍忌""席宠凶悍"，那就没有看到高英以及她背后的高肇也怀着某种不安全感。和之前常氏、冯氏一样，他们知道要确保家族的荣华富贵，仅有当今皇上的亲宠是不够的，还得保障下一代皇帝会延续并更新这一亲宠，而最可靠，甚至可以说唯一的解决方案，就是保证高英为宣武帝诞育长子。

可是尽管高英霸着宣武帝，她也没能再生出一个皇子，只在几年后生了一个皇女。如果由于她的"悍忌"，所有妃嫔都"至帝崩不蒙侍接"，那么宣武帝就连一个皇子也不会有了。好在总有个别的例外。

23　胡嫔充华

景明四年（503）高英入宫，与于劲上表"劝广嫔御"是否有关，尚不可知。但于劲上表得宣武帝同意诏可之后，必有一番选女。宣武帝嫔妃墓志今存者三人，有王肃之女王普贤、司马悦之女司马显姿和李续宝之女李氏。[1] 三人都未生育。李氏墓志不载年龄，只说葬于孝昌二年（526），大概亦卒于此年。王普贤死于延昌二年四月廿二日（513年6月10日），年二十七，则其生年在太和十一年（487）。司马显姿死于正光元年十二月十九日（521年1月12日），年三十，则其生年当在太和十五年（491）。只有司马显姿墓志明确说："正始初，

1　赵超：《汉魏南北朝墓志汇编》（修订本），第99—100页，第162—163页，第241—242页。

敕遣长秋，纳为贵华。"正始元年（504）司马显姿十四岁，被选入宫，应该跟于劲上表"劝广嫔御"有直接关系。这一年王普贤十九岁，不能肯定她是不是更早入宫。

问题是，一批符合条件的美女选入后宫，并不意味他们有机会蒙宣武帝"侍接"。除后来的孝明帝以外，今可考知的宣武帝子女一共三人，其中于皇后生一子，高英生一子一女，两个皇子都早早夭折。于皇后与高英，各有特殊家庭背景，权势弥漫于宫墙内外，没有人能阻止她们得到宣武帝的侍接。但她们（特别是高英）有足够的能力把宣武帝与其他后宫嫔妃隔离开，其结果就是除了她们二人所生，宣武帝再无其他子女，孝明帝成了唯一的例外。

而这个例外也不是偶然发生的，是相当一批人辛勤策划、周密安排的结果。

孝明帝的生母是武始伯胡国珍的女儿。《北史·外戚传》："（胡国珍）女以选入掖庭，生明帝，即灵太后也。"胡氏（灵太后）可能就是在于劲"劝广嫔御"之后选入掖庭的女子之一。《北史·后妃传》叙胡氏得幸于宣武帝，是因为她出家为尼的姑母在宫中讲道时"讽左右称后有姿行"，"帝闻之，乃召入掖庭，为充华世妇"。[1] 按这个叙事，胡氏被选入宫，还是因为她姑母

---

[1] "充华世妇"《魏书·皇后传》误为"承华世妇"。

找关系打通了关节，宣武帝才特地召她入宫。据《北史·后妃传》，胡氏的生母是胡国珍的前妻皇甫氏，胡氏出生后有京兆山北县善卜相者告诉胡国珍"贤女有大贵之表"云云，可见胡氏出生于长安。但《北史·外戚传》说皇甫氏景明三年（502）死于洛阳，而且还说"前世诸胡多在洛葬"，可见胡国珍家族在孝文迁都后也从长安搬到了洛阳。《北史·后妃传》说胡氏对姑母"幼相依托"，大概指初入洛阳时期。

大概在母亲去世不久，胡氏就通过"选女"的程序入宫，如果是这样，那么她入宫时间应该和司马显姿一样在正始元年。从正始元年到她生育皇子的永平三年（510），中间有六七年时间。无论她被选入宫是不是靠了姑母，但实际情况可能是，胡氏和众多选入掖庭的女子们一样，虽早早入宫，但"不蒙侍接"，见不到皇帝。胡氏的幸运在于，她的姑母以比丘尼身份在内宫讲道，结交了一批在皇帝身边说得上话、有一定影响力的人物（其中很多人属于史书所谓的"恩倖"）。

后宫的文化需求是多样的，比如，后宫上层女性甚至需要经史方面的教师或指导者，当然这些教师或指导者通常应该是女性。据《魏书·李彪传》，李彪有个女儿，"幼而聪令，彪每奇之，教之书学，读诵经传"。李彪惊异于这个女儿的才分，私下悄悄对家人说："此（女）当兴我家，卿曹容得其力。"李彪死于宣武帝亲政的景明二年（501），宣武帝在他死后听说了这个博学多才的女儿，"召为婕妤，以礼迎引"，请到宫里担任诸妹公主的文化课教师。李婕妤主要的教学内容，是读书写字，所读的书主要是经史，即传文所谓"婕妤在宫，常教帝妹书，诵授经史"。不仅公主们，后妃宫官都是她的学生，传文称"后宫咸师宗之"。后来嫁给高猛的宣武帝同母妹元瑛，应该就曾跟着李婕妤读过书。值得注意的是，这个李婕妤和宣武帝一样虔心信佛，好读经论。宣武帝死后，李婕妤出家，"通习经义"，成为一个对佛学有较深理解的比丘尼，常常登坛讲道，为洛阳僧伽所敬重，所谓"法座讲说，诸僧叹重之"。

胡氏（灵太后）的姑母"入讲禁中"，是为了满足宫中信佛的需求。对我们来说非常幸运的是，这位比丘尼姑母的墓志2000年春在河南洛阳孟津县（今孟津区）平乐镇朱仓村出土，首题"魏故比丘尼统法师释僧芝墓志铭"，知她的法号为僧芝。[1]根据墓志，僧芝死于孝明帝熙平元年正月十九日（516年3月7日），春秋七十五，则其生年当在太武帝太平真君三年（442）或稍早。据《北史·外戚传》，胡国珍死于神龟元年四月十二日（518年5月7日），年八十，则其生年当在太武帝太延五

---

[1] 赵君平、赵文成（编）：《河洛墓刻拾零》，北京图书馆出版社，2007年，第20页。对僧芝墓志的研究，请参王珊《北魏僧芝墓志考释》，载《北大史学》第13辑，北京大学出版社，2008年。

年（439）或稍早。可见僧芝比她哥哥胡国珍小三岁，两人都出生在其父胡渊自赫连夏入魏之后。胡氏虽为安定大姓，可能很早就定居长安了。墓志说僧芝"道识发于生知，神情出于天性，洗耶（邪）素里，习教玄门"，十七岁（文成帝太安五年或稍早）出家，二十岁已学有所成。又记僧芝与北魏皇室发生联系，始于冯太后对她"倾服徽猷，钦崇风旨，爰命驿车，应时征辟"，把她接到平城。僧芝到平城的时间，应该在孝文帝中期之前，僧芝三十至四十岁之时。

墓志首题称僧芝为比丘尼统，但志文不言其事，疑她实际并没有担任过这个职务，是死后追赠的。她长期服务于皇家，冯太后和孝文帝都很看重她。墓志说冯太后征她前往平城，"及至京都，敬以殊礼"，孝文帝对她"倾诚待遇，事绝常伦"。到宣武帝时期，她年资更高，礼遇也愈加隆重。墓志："世宗宣武皇帝信心三宝，弥加弥（疑为"珍"字误写）宠，引内闱掖，导训六宫。"如果僧芝是到了宣武帝时才在掖庭"导训六宫"，那么她之前在平城和初迁洛阳时，即便也常在掖庭走动，但地位并不突出，不似墓志所说的那样得到冯太后和孝文帝的特别礼遇。宣武帝信佛深笃，后宫风气想必更甚，需要有一定佛学修养的专业人士讲道说法，所以僧芝获得机会担任这个角色。

宣武帝亲政时，僧芝已差不多六十岁，在平城和洛阳的上层女性间走动将近三十年。如她这样有机会到后宫走动的女尼应该并不少，但从僧芝墓志称小冯、高英以及王肃的前妻谢氏等，"以法师道冠宇宙，德兼造物，故捐舍华俗，服膺法门，皆为法师弟子"来看，似乎这些地位很高的女性一开始都是在僧芝门下出家的，如果真是这样，那么僧芝在洛阳宫的女尼中一定享有很高声望。墓志说僧芝的弟子包括小冯、高英"逮诸夫嫔廿许人"，几乎包含了所有"六宫"妃嫔中愿意出家为尼者。那么，毫无疑问的是，王钟儿／慈庆一定是认识她的，甚至可能就是以她为师而出家。前节所说元愉的爱妾杨奥妃被于皇后强制出家，闭于内宫长达一年多，那么很可能僧芝也曾参与其事。

简而言之，僧芝这样一个老尼，在北魏皇宫活动时间久，认识重要人物多，人脉既广，阅历又富，能量甚大，却不太引人注意。无论僧芝的侄女胡氏（灵太后）是先以选入宫，还是因僧芝托人说情入宫，她入宫时，僧芝已经在宫里颇有影响。《北史·后妃传》："（胡）太后性聪悟，多才艺，姑既为尼，幼相依托，略得佛经大义。"僧芝被征至平城时，胡氏还没有出生，而胡家一直住在长安。后来搬家到洛阳，可能在孝文帝迁都之后不久。所谓"幼相依托"，应该是指胡氏之母皇甫氏去世之后。正始初入宫时，她应该只有十四五岁。僧芝"讽左右称后有姿行"，就是请那些能在宣武帝身边说得上话的"左右"，向皇上推荐胡氏。当高英"悍忌""宫人希得进御"之时，即便宣武帝动心,也需要掖庭相关人员配合,瞒天过海,暗度陈仓。有僧芝的人脉,才会有那么多关键人物协助安排。很可能,老尼慈庆也是帮了大忙的。

即便有人帮忙,胡氏获得的进御机会也不会太多。从孝明帝的出生时间(永平三年三月丙戌,即510年4月8日),可以推测受孕在永平二年五六月间。那么她确认怀孕,很可能在永平二年八九月间。这一确认当然立即成为后宫大事。再过两三个月,对子嗣问题忧惧极深的宣武帝推出了一项新法规。《魏书·世宗纪》:"(永平二年)十有一月甲申(509年12月7日),诏禁屠杀含孕,以为永制。"宣武帝下诏禁止屠宰繁殖期的雌性牛羊猪马等牲畜,并把这一禁令放进法律条文中,表面上看似乎跟宣武帝信佛有关,因为在发布这个诏书五天之后,"己丑(12月12日),帝于式乾殿为诸僧、朝臣讲《维摩诘经》"。宣武帝讲的《维摩诘经》,当然是鸠摩罗什译本。此经"是公认的中国中古时代流行最为深入广泛的佛教经典之一"。[1]胡适说:"《维摩经》为大乘佛典中的一部最有文学趣味的小说,鸠摩罗什的译笔又十分畅达,所以这部书渐渐成为中古时代最

---

[1] 陆扬:《论〈维摩诘经〉和净土思想在中国中古社会之关系》,载《人间净土与现代社会——第三届中华国际佛学会议论文集》,中华佛学研究所,1998年。

流行、最有势力的书。"[1]宣武帝登坛讲《维摩诘经》，反映了那时佛经讲论的风气。如果不了解此时正是胡氏妊娠进入第五六个月，可能会把宣武帝的禁屠受孕牲畜单纯与他信佛讲经联系起来，而难以察觉他精神深处的忧惧与恐慌。

宣武帝的紧张没有停留在干着急上，他还采取了比"禁屠杀含孕"更切实的行动。《北史·后妃传》："先是，宣武频丧皇子，自以年长，深加慎护。"大概从确认胡氏怀孕那一刻起，宣武帝就要为她建立一个"深加慎护"的团队，把她与掖庭日常体系隔离开来。这个团队既要防止后宫其他人（包括高皇后）伤害她，也要防止她自己伤害胎儿。《北史·后妃传》里的一段话，揭示了受孕妃嫔自我伤害的确是存在的：

> 而椒庭之中，以国旧制，相与祈祝，皆愿生诸王、公主，不愿生太子。唯后每称："夫人等言，何缘畏一身之死而令皇家不育冢嫡也？"明帝在孕，同列犹以故事相恐，劝为诸计。后固意确然，幽夜独誓，但使所怀是男，次第当长子，子生，身死不辞。

---

[1] 胡适：《海外读书杂记》，《胡适文存》三集卷四，《胡适全集》第三卷，安徽教育出版社，2003年，第384页。标点与原书不同。

胡氏为皇家大计慷慨无私，说出那么大义凛然的话，当然都是她后来当了太后追述的。事实上她怀孕后立即被一个特殊团队所看护，一举一动不再自由，就算她想怎么样也是做不到的。有意思的是这段话提到子贵母死的旧制，反映了平城时代这一反人性的制度在洛阳宫里并没有被遗忘，六宫妃嫔"相与祈祝，皆愿生诸王、公主，不愿生太子"。"不愿生太子"当然只是一个愿望，但如果比别人先怀孕，又无法预知男女，那怎么办呢？胡氏怀孕后，"同列"，就是其他充华夫人，"犹以故事相恐，劝为诸计"。如何"为诸计"？当然是想办法终止妊娠，即流产。这种做法在平城时代是否存在呢？如果存在，那么宫廷管理者应该也会发展出一套应对措施。

可以说，子贵母死旧制的阴影固然存在[1]，后宫妃嫔自我残害的可能性亦不能排除，但具体到胡氏，她怀孕之后应该迅速被保护起来了。对于前来保护她的团队而言，要防范的对象是很多的，其中包括孕妇自己。

那么，宣武帝精心组成的这个团队，由哪些人组成呢？

---

[1] 《北史·后妃传》说"子贵而其母必死"的平城旧制，"孝文终革其失"，似乎认为这个制度是由孝文帝废除的。也许孝文帝生前与作为太子的元恪谈到过这一点，但完全没有史料依据。我们只能说，宣武帝体会到孝文帝的态度，而且他自己深受这一旧制的伤害，是他主动决定不再理会这一制度的。但这一点可能他并没有公开讨论过，因此该制度的阴影依旧飘浮于洛阳宫。

过去读史者大概能够猜到,其中一定有御医王显。现在有了王钟儿/慈庆墓志,我们知道还有老尼慈庆。墓志载慈庆死后孝明帝的手诏云:"并复东华兆建之日,朕躬诞育之初,每被恩敕,委付侍守。"可见慈庆参加这个特殊团队,是宣武帝亲自安排的,专意委托她来"侍守"。常景所撰墓志称"保卫圣躬于载诞之日",这种"保卫",当然不会只在"载诞之日",必定包括出生前后很长一段时间。

问题是,永平二年夏胡氏怀上孝明帝时,慈庆已经七十一岁,就算身体康健,也不再能承担一般保母的工作。为什么宣武帝还要找她呢?首先,当然是因为信任。其次,不是要让她干体力活儿,而是要利用她近三十年前与王显共事的经历和资历。第三,也许是更重要的,她不是现有内宫体制下的一员。孝明帝出生后,宣武帝把他"养于别宫,皇后(高英)及充华(胡氏)皆莫得而抚视焉"。由此来看,宣武帝既不信任悍忌的高皇后,也不信任皇子的生母胡氏,而要把皇子与她们完全隔离开来。这么做需要两个前提条件,第一是必须使用他完全信任,也只对他忠诚的人,第二则是要建立一个在内宫工作,却是内宫体制之外的团队。

前一个条件,他找到了两个人担任团队领袖,就是照顾过他自己和他母亲高照容,并且多年来一直和他保持亲密联系的王显和王钟儿/慈庆。后一个条件,那就需要已经获得体制外身份的慈庆帮他在体制外另外找人。《北史·后妃传》记宣武帝组建团队，"为择乳保，皆取良家宜子者"。所谓"皆取良家宜子者"，就是摆脱内宫已有的体系，去宫墙外另觅合适人选。所谓"乳保"，包括乳娘和保母。所谓"宜子者"，就是养育孩子经验较多者。除了乳娘稍稍年轻些，生育过较多孩子的女性自然不会太年轻。这些乳保做的事虽然重要，但她们的身份毕竟低贱，为史书所轻忽，后世亦无从了解。不过十分幸运的是，今天我们可以读到其中一个所留下的墓志。这就是杜法真墓志。[1]

杜法真墓志没有志题，第一句就说"傅母宫大监杜法真者，黄如人也"。黄如地名不见于北朝，可能是误写。杜法真的宫职"傅母、宫大监"，傅母是她在宫内的工作，宫大监可能是死后追赠的。墓志说杜法真晚年"隐疏下邦，养身洛阳"，且"殒于洛阳"，死后"儿息涕恋，攀车结慕"，可见她的家人都在洛阳，并非罪犯家庭。据墓志，杜法真死于正光五年十月三日（524年11月14日），年六十六，则其生年当在文成帝太安五年（459）。墓志说杜法真"年有五十，奉身紫掖"，可见她是到了五十岁才入宫，而她五十岁，恰好就是永平二年（509），即胡氏怀孕之年。墓志称杜法真"何（荷）知遇于先朝，被顾

---

[1] 赵超：《汉魏南北朝墓志汇编》（修订本），第202页。

问于今上",强调她跟两代皇帝宣武帝(先朝)和孝明帝(今上)都有相当特别的关系。

老尼慈庆在永平二年秋紧急建立了一支由宫外良人组成的乳保团队,杜法真就是其中一员。"法真"之名,显示她出自信佛家庭,她本人很可能也是虔诚的佛教徒。慈庆能够找到她,也许与她信佛有关。当然这不是说慈庆以前就认识她。但杜法真信佛,应该会参加某个邑义(或称法义)。慈庆虽在宫内出家,却因比丘尼身份可以相对自由地出入禁中,可以想象,她在宫外的社会生活,主要与各种信徒社团组织有关。宣武帝请她,可能正是看中了她的这一特点。而她寻觅团队成员,一定会依赖她在洛阳的社会关系,其中当然包括各种邑义组织。

杜法真墓志说她在孝明帝即位后"历任虽清,非其愿也,遂隐疏下邦,养身洛阳",意思是杜法真本可以在宫内享清福(会给她很不错的职位),但她不愿意留在宫里,于是出宫回到她在洛阳的家里,和家人一起生活。可见慈庆建立的这个团队,入宫时固然都要转变身份成为宫女,但这个身份是有条件的,因为她们本来是良人,不是奚官奴。完成抚育孝明帝的任务后(获得报酬和奖励之后),她们都可以选择回到自己原有的生活中。

《魏书·肃宗纪》:"永平三年三月丙戌(510年4月8日),帝生于宣光殿之东北,有光照于庭中。"宣光殿在洛阳宫永巷以北，与永巷以南的显阳殿分别是禁中南北两大主殿，理论上皇后住宣光殿，皇帝住显阳殿。所谓"宣光殿之东北"，语义含混，不知道是指宣光殿周垣内东北角的一所房子，还是指周垣之外西游园的某所房子。这种含混不清，或许意味着胡氏生子的处所本来就是一个秘密，只有皇帝特许的极少数人知道。

如果孝明帝出生的地方已经有点神秘，那么他出生之后，立即被转移到一个更加神秘的地方。《北史·后妃传》说孝明帝出生后，由宣武帝亲自安排"养于别宫，皇后及充华皆莫得而抚视焉"。史书不言养于哪一个"别宫"，看来是秘而不宣的，这个地方只向皇帝特许的人开放。皇后高英贵为后宫之主，充华胡氏亲为皇子生母，都被禁止访问这所后宫中的"别宫"。那里只有慈庆的团队，正为大魏的未来服勤劬劳。

皇子出生时，宣武帝已经二十八岁，即位刚满一纪（十二年），即《魏书·世宗纪》载宣武帝十月丙申诏书所谓"乘乾御历，年周一纪"。这一年六月丁卯（510年7月18日），"名皇子曰诩"，元诩就是宣武帝唯一的子嗣。喜得皇子，促使宣武帝以行善的方式来纪念自己做皇帝年满一纪。十月丙申（510年12月14日），宣武帝发布诏书，决定建一所慈善医院，"使京畿内外疾病之徒，咸令居处，严敕医署，分师疗治"，另外还从卷帙浩繁的医书中摘抄条目，编写成简单易学的医书，分发到各地，"取三十余卷，以班九服，郡县备写，布下乡邑，使知救患之术耳"。

《魏书·术艺传》记王显受宣武帝之命"撰药方三十五卷，班布天下，以疗诸疾"，与前引诏书所说应该是同一件事。这时王显一身多职，特别是担任监察百官的御史中尉，位高权重，同时继续负责皇帝的医护。元诩出生后，王显又必须负责元诩的健康医护。虽说他"忧国如家"，工作卖力，毕竟时间有限。可以想象，实际上日常负责元诩抚育的，就是慈庆那个团队。

两年半之后，按那时的算法，元诩已年满三岁，可以立为太子了。《魏书·世宗纪》："（延昌元年）冬十月乙亥（512年11月12日），立皇子诩为皇太子。"二十天之后的十一月丙申（512年12月3日），宣武帝再下诏："朕运承天休，统御宸宇，太子体藉灵明，肇建宫华，明两既孚，三善方洽，宜泽均率壤，荣泛庶胤。其赐天下为父后者爵一级，孝子、顺孙、廉夫、节妇旌表门闾，量给粟帛。"《魏书·天象志》总结为："立皇太子，赐为父后者爵，旌孝友之家。"大概就在这一年前后，皇后高英生了一个女儿，是为建德公主。对宣武帝来说，这都是令他愁眉稍展的好消息。

东宫肇建，就要配一套东宫官。东宫官分两种，一种是名誉性的，一种是实质性的。地位隆崇的三师三少是前者，太子詹事、太子中庶子是后者。元澄为太子太保，郭祚为太子少师，崔光为太子少傅，甄琛为太子少保，都是名誉性的。东宫官实际上最重要的是太子詹事，宣武帝把这个职位给了王显。太子中庶子中，裴延儁、裴谭、高贞、王绍，要么是名门，要么是贵戚，另外还有一个侯刚，却是宣武朝最著名的皇家大厨，是绝对的亲信左右。而且，宣武帝还让侯刚担任了在禁军统帅中排名第三的右卫将军。看得出宣武帝安排太子官属十分讲究，实权都在自己最亲信的"左右""恩倖"手里。《魏书·术艺传》记王显云："东宫既建，以为太子詹事，委任甚厚。世宗每幸东宫，显常迎侍。出入禁中，仍奉医药。"

成为皇太子的元诩仍然是个幼儿，仍需要慈庆组建的傅母团队的抚育。据《魏书·杨播传》附《杨昱传》，当延昌三年（514）杨昱担任东宫官太子詹事丞时，看到皇太子总是由乳母、保母抱着各处行走，东宫官反而全不知情，亦不能干预："于时肃宗在怀抱之中，至于出入，左右乳母而已，不令宫僚闻知。"杨昱向宣武帝建议以后太子出入（"出入"指离开东宫入禁中见宣武帝）应该凭皇帝的"手敕"，让东宫官都知情，值班的宫僚应该陪同。宣武帝于是下诏："自今已后，若非朕手敕，勿令儿辄出。宫臣在直者，从至万岁门。"

不过到了延昌三年，皇太子元诩还不到五岁，老尼慈庆却已经七十六岁了。很可能她仍在东宫操劳。慈庆墓志赞扬她："虽劬劳密勿，未尝懈其心；力衰年暮，莫敢辞其事。寔亦直道之所依归，慈诚之所感结也。"恐怕不全是套话。

24　高肇之死

　　老尼慈庆七十五岁这一年，北魏最高层人事调整中发生了一个对后来政局有重大影响的变化，就是领军将军换人了。大概在永平元年（508）底或稍后，本来担任禁军副统帅左卫将军的元珍，对，就是那个亲自动手逼元勰饮下毒酒的元珍，升任领军将军。元珍墓志这样描述他的领军任命："始荷腹心之任，受六师之重，掩虎旅于神扉，启御侮而肃警。"[1] 墓志接着说："延昌二年，迁尚书左仆射。"从级别待遇上说，领军将军是二品上，尚书左仆射是从一品中，不只是升了，而且还跳了一级。但两个官职的权责差别很大。平时也许看不出领军将军这个职位的关键性，但到了最上层特别是皇权本身过渡或

---

[1] 赵超《汉魏南北朝墓志汇编》（修订本），第107—109页。

转移的关节点上，它就比几乎其他所有职位都更重要。元珍升为左仆射，领军将军由于忠接任。

于忠当然也是宣武帝最信任的武官之一。从推翻六辅体制到平定元禧叛乱，宣武帝依赖的都是领军将军于烈，而于烈之子于忠那时一直担任左右郎将、领直寝这样的御前侍卫军官，而且他一直是宣武帝与于烈之间最重要的联系人。于忠本名今已不知，太和中孝文帝给他赐名登。宣武帝又给他赐名忠，对他说："朕嘉卿忠款，今改卿名忠。既表贞固之诚，亦所以名实相副也。"于烈死后，于烈之弟、于皇后之父于劲继任领军将军，而于忠担任禁军高级将领中的武卫将军。同时于氏家族的多人都担任禁卫军官，可见于氏在禁军系统根基极深。

据《魏书·于忠传》，于忠曾与北海王元详关系紧张。元详甚至当面对他说："我忧在前见尔死，不忧尔见我死时也。"于忠怒怼道："人生于世，自有定分，若应死于王手，避亦不免；若其不尔，王不能杀。"虽然元详做手脚把于忠从禁中挤到外朝，但最后还是于忠看到了元详惨死。元详之死，史书多推给高肇，其实于氏只怕没少用力。正因为这样，后来元详之子元颢在南朝支持下称帝杀回洛阳后，虽然全力笼络朝野人物，却毫不客气地杀掉了于劲之子、位居尚书仆射的于晖。

领军将军一职从元珍转给于忠，对宣武帝来说差别不大，两人都长期在禁中担任禁卫军官，久经考验，完全信得过。可是对于高肇而言，局面就大大不同了。元珍与高肇交好，见《北史·魏诸宗室传》："宣武时，（元珍）曲事高肇，遂为帝宠昵。"而于忠偏偏是高肇在朝廷上比较少见的、公开的对头，这种强烈的敌意，也许至迟开始于于皇后及其子元昌神秘死去之时。据《魏书·于忠传》，当于忠任河南尹时，"高肇忌其为人，密欲出之，乃言于世宗……于是出授安北将军、定州刺史"。于忠为河南尹时，还担任河南邑中正，最重要的工作是受命与元晖、元匡和元苌一起"推定代方姓族"。这四个人在元苌墓志里称为"铨量鲜卑姓族四大中正"，可能是正式名称，墓志模糊地记此事于"永平中"。[1]而《魏书·世宗纪》载永平二年（509）十二月有论定五等诸侯选式的诏书，事与"推定代方姓族""铨量鲜卑姓族"虽不同却相关，看来这一年集中讨论过这类问题，故可推测于忠列名四大中正在永平二年。那么，高肇把他排挤出洛阳，应该也在这一年或稍后。

但皇子元诩出生后，宣武帝调整禁军人事，迫切需要把

---

[1] 元苌墓志，志题"魏故侍中镇北大将军定州刺史松滋成公元君墓志铭"，2002年出土于河南济源，现藏河南博物院。对墓志的介绍和研究，见刘莲香、蔡运章《北魏元苌墓志考略》，《中国历史文物》2006年第2期；以及刘军《北魏元苌墓志补释探究》，《郑州大学学报》2013年第5期。对墓志所称"铨量鲜卑姓族四大中正"的研究，见凌文超《鲜卑四大中正与分定姓族》，《文史》2008年第2期。

最可信赖的人放在禁军主要将官的位置上。《魏书·于忠传》记于忠出任定州刺史不久，宣武帝"既而悔之"，又把他调回来，"复授卫尉卿，领左卫将军、恒州大中正"。于忠以三卿领左卫将军（禁军副帅），堪称心膂有寄。不过定州刺史毕竟是一种荣授，所以宣武帝"密遣中使（宦官）"去见于忠，向他解释道："自比股肱褫落，心膂无寄。方任虽重，比此为轻。故辍兹外任，委以内务。当勤夙无怠，称朕所寄也。"元诩立为皇太子，于忠"除都官尚书，加平南将军，领左卫、中正如故，又加散骑常侍"，这些职务中最要紧的还是左卫将军。

据《魏书·于忠传》，有一次于忠"侍宴"，宣武帝把自己随身带的"剑杖"赐给于忠，还端起酒杯向他敬酒，说道："卿世秉贞节，故恒以禁卫相委。昔以卿行忠，赐名曰忠。今以卿才堪御侮，以所御剑杖相赐。循名取义，意在不轻。其出入周旋，恒以自防也。"到延昌二年（513），领军将军元珍升为尚书左仆射，于忠递补为领军将军，同时还任侍中。侍中是门下省长官，负责协助皇帝处理各类事务，是非常显要的位置，但日常工作跟文书打交道比较多，需要一定的文化素养。于忠觉得自己不适合，跟宣武帝说："臣无学识，不堪兼文武之任。"意思是只做领军就可以了，不必做侍中。宣武帝回答："当今学识有文者不少，但心直不如卿。欲使卿勋劳于下，我当无忧于上。"宣武帝的一大特点是念旧，看重老交情，十五年来他对于氏诸人的信任可谓历久弥新。

这就是宣武帝末年最重要的人事调整。从领军升至尚书左仆射的元珍，本来算是高肇在朝中的一大盟友，可他次年突然病死。元珍墓志："春秋卌七，以延昌三年岁次甲午五月戊申朔廿二日己巳(514年6月29日)寝疾不豫，薨于笃恭里第。"于是，高肇在朝堂内外比较重要的盟友只剩下王显，因为王显担任御史中尉，可以弹劾百官，又深得皇帝信任，有相当的威慑力。

当然，只要宣武帝健在，高肇以司徒之重，帝舅之尊，掌握朝权长达十二三年之威，大概也不用担心什么。即使宣武帝出了什么意外，只要高肇及时控制住皇太子，即位后搬出皇太后高英来听政，也是皇权制度下常见的操作。这就要求他要么一直跟现任的皇帝在一起，要么能及时掌控未来的皇帝。可是到了延昌三年底，高肇被宣武帝委以统帅之任，率大军征蜀，远远离开了京师洛阳，也就远远离开了现在的皇帝和未来的皇帝。

据《魏书·世宗纪》：延昌三年十一月"辛亥（514年12月8日），诏司徒高肇为大将军、平蜀大都督，步骑十五万西伐"。两个月之后，征蜀大军的前锋部队刚刚抵达梁州（今甘肃陇南），还没来得及展开对萧梁益州的进攻，就传来了罢军回师的命令。据《北史·外戚传》，高肇和征蜀主要将领如元

24 高肇之死

遥、甄琛等,接到以孝明帝名义写的书信,"称讳言以告凶问",报告了宣武帝去世的噩耗。

对高肇来说,情况真是不可思议的糟糕。不过,毕竟他指挥着北魏最重要的军队,如果有心利用这支军队,还是可能扭转形势的。《魏书·任城王澄传》:"世宗夜崩,时事仓卒,高肇拥兵于外,肃宗冲幼,朝野不安。"可见洛阳朝廷对此也是有点担心的。然而高肇不是那种敢做大事的人,而且统军诸将各有朝中音信,不见得会听他的。《北史·外戚传》:"肇承变,非唯仰慕,亦忧身祸,朝夕悲泣,至于赢悴。"自己先吓得半死了。

《魏书·世宗纪》:"延昌四年春正月甲寅(515年2月9日),帝不豫,丁巳(2月12日),崩于式乾殿,时年三十三。"宣武帝和他父亲孝文帝一样死得早,可能都是因为长期食用过多的五石散之类的补药。代北时期拓跋君主对华夏文化的吸收,至少在早期阶段,一个重要表现是痴迷于天象占卜谶纬等与神秘主义相关的知识。随着时间推移,华夏化程度越来越高,他们也会乐于尝试盛行于中古早期的食散进补等医学技术。孝文帝的早死,一定与食散有关。而宣武帝是不是也如其父一样痴迷食散,我们还不知道,只是一种可能。

无论宣武帝患了什么病,他于甲寅(2月9日)病倒,三天后(2月12日)的丁巳夜里去世,的确在洛阳宫造成了恐慌。

据《魏书·恩倖传》，宣武帝的最后几天，身边主要是几个恩倖左右，特别是徐义恭，"世宗不豫，义恭昼夜扶侍，崩于怀中"。朝官最早知道消息的，应该只有在禁中值班的文武官员，其中特别重要的是侍中兼领军于忠、侍中崔光、太子詹事王显、黄门郎元昭、太子中庶子裴延儁、中书舍人穆弼、大长秋卿（宫内宦官的最高长官）刘腾、右卫将军侯刚（皇家第一大厨，同时又谋到了一个禁军高级将领的职位）等，连皇后高英（因住在北宫，与中官相对隔绝）都不知道。相关记载集中见于《魏书·于忠传》和《魏书·礼志》，但《于忠传》在非常关键的地方有残缺，造成一定的模糊和混乱。

大位不可虚旷，所以这些官员在不能通知众朝臣的情况下，连夜完成了皇太子即位的典礼。据《魏书·礼志》，宣武帝驾崩，崔光、于忠、王显和侯刚"奉迎肃宗（皇太子元诩）于东宫"。《魏书·阉官传》："世宗之崩，群官迎肃宗于东宫，(王)温于卧中起肃宗，与保母扶抱肃宗，入践帝位。"王温是东宫的大宦官（中给事中），他和"保母"一起扶抱着不到六岁的元诩，和前来迎接的众大臣一起前往禁中。不知道这些"保母"中，有没有七十七岁的老尼慈庆。

据《魏书·礼志》，一行人从永巷的东门万岁门进宫，直接进入中宫的显阳殿，大概在那里才告诉皇太子发生了什么，皇太子"哭踊久之"。崔光和于忠提出立即举行皇帝即位仪式，王显却提出等到第二天。崔光问他:"天位不可暂旷,何待至明?"王显说应该先报告皇后("须奏中宫"),等皇后下达令书(皇帝所言为诏,皇后所言为令)。崔光说:"帝崩而太子立,国之常典,何须中宫令也。"于是立即举行仪式。

皇帝即位有一套礼制,主持和参与仪式的官员是相对固定的,而现在这些官员都不在场,只好让在场的人临时兼任那些官职。崔光兼太尉,元昭兼侍中,王显兼吏部尚书,裴延儁兼吏部郎,穆弼兼谒者仆射。崔光让六岁的元诩停止哭泣,站在显阳殿的东头,于忠和元昭扶着他,面朝西方,哭了十几声就停住,换上皇太子的正服。然后是仪式的核心阶段:崔光(以及《礼志》漏记的王显,分别代表太尉和吏部尚书)"奉策进玺绶",元诩跽跪受玺绶。接受了皇帝玺绶,就是皇帝了。之后起身,换上皇帝的衮冕服,从显阳殿向南经朱华门进入太极殿,来到太极前殿,向南而立(坐?)。陪侍皇帝的官员们,以崔光为首,从太极前殿的西阶下来,走到太极殿前的中庭,加入已经在那里列队的值班官员(应该还有禁卫军官和宦官),向北对着殿上的小皇帝,"稽首称万岁"。这样就算完成了即位仪式。元诩即位,后谥曰孝明,庙号肃宗。

然后,装殓宣武帝(大行皇帝),把棺材从式乾殿移到太极殿,以准备随后的吊丧典礼。此外,要连夜决定辅政人选。这时消息应已传至北宫,皇后高英已经知道了。按程序,由在

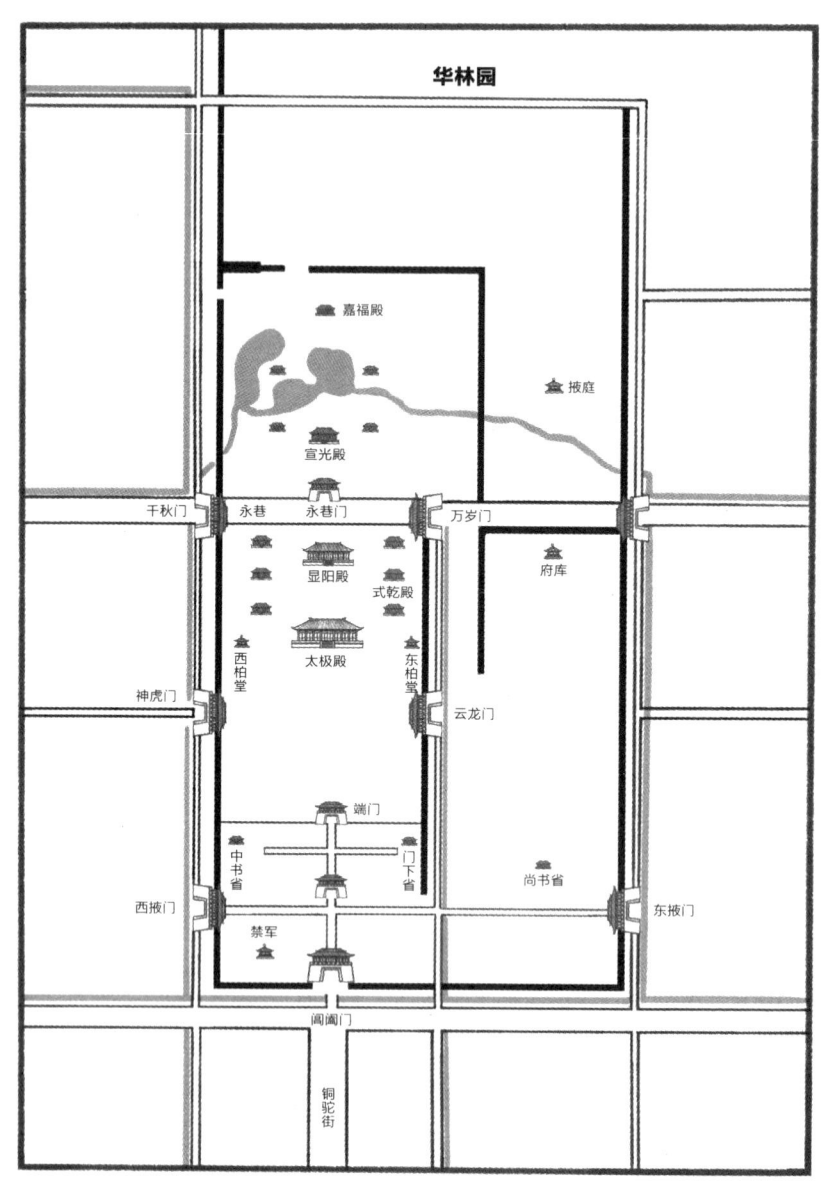

洛阳宫城示意图（参照钱国祥《北魏洛阳宫城的空间格局复原研究》相关复原图改绘）

24 高肇之死

场的两个门下省长官于忠和崔光向中宫（皇后高英）奏拟辅政者名单，中宫认可，即可发布诏书执行。

据《魏书·于忠传》，于忠一开始就决意撇开高肇，提出的人选是孝文帝诸弟中唯一在世的高阳王元雍。元雍当时的职务是太尉，位在司徒高肇之前。推出"属尊望重"的元雍，大概是为了防高英提出疑问。上奏提出请元雍入居太极殿西侧的西柏堂，在那里"省决庶政"。为什么要入居西柏堂呢？我猜可能是因为大行皇帝在太极殿，群臣吊丧要到太极殿前。另外他们还想到引入宣武帝时期一直不太得意的任城王元澄，请他担任尚书令，"总摄百揆"，目的大概是夺取高肇的日常行政权。

门下奏文送到高英手里，她哪里知道怎么办，自然是问日常最亲近的王显等人。王显和宦官孙伏连等"厉色不听"，坚决反对高英同意门下所奏，不予理睬。然后，就在这个关键的地方，《魏书·于忠传》出现了残缺，尽管也许缺字不多，却使我们无法推测发生了什么。紧接着，很可能是在王显等人的建议下，皇后（还不是皇太后）高英要求"侍中、黄门，但牒六辅姓字赍来"。显然，王显等人给高英出的主意是模仿宣武帝即位时的六辅制度，那样必定会包含高肇。宦官孙伏连替高英草拟的令书，宣布以高肇录尚书事，由王显和高猛担任侍中。这件令书发到于忠和崔光手里，当然是石沉大海一般。后来清河王元怿评价于忠这一夜的功绩，提到"拒违矫令"，就

289

是指他拒绝执行皇后的这一令书。也许高英的令书起到相反的作用，那就是促使于忠决定立即采取更激烈的手段。

大约与此同时，高英就被（孙伏连，甚或加上王显）建议，启动子贵母死旧制，杀掉孝明帝的生母充华嫔胡氏。这种事交给内宫宦官大头目刘腾去执行，刘腾（肯定是犹豫之下）告诉了有禁军右卫将军身份的侯刚，侯刚立即报告禁军统帅于忠。于忠问崔光怎么办，崔光回答："宜置胡嫔于别所，严加守卫，理必万全，计之上者。"

可以说，正是因为高英想利用子贵母死旧制除掉胡氏，提醒了于忠和崔光，使他们骤然瞥见了一条劈开眼前困局的大路——除掉高肇，皇后（很快就会是皇太后）怎么会善罢甘休呢？必定留下将来的巨大祸患。现经高英提醒，他们看到，孝明帝的生母恰恰是制衡高英的最佳人选，那就再没有什么后患可言。这样，于忠就可以对宫廷内外的高氏势力痛下重手了。

首先要除掉王显。《魏书·术艺传》："（王）显既蒙任遇，兼为法官，恃势使威，为时所疾。"说王显过去几年因卖力地纠察百官，得罪人很多。现在到了权力斗争的关键时刻，除掉他也不会引起朝野议论。"朝宰（即于忠）托以侍疗无效，执之禁中，诏削爵位。"于忠要除掉王显，借口是王显作为第一御医对宣武帝之死负有责任，所以直接在禁中把他抓了起来，

24 高肇之死

宣诏免官削爵。这里提到的诏书,一定不是高英批准的。说明于忠等人已撇开高英,不再遵守故有的程序。可以推测,这时高英身边为她卖力的宦官孙伏连等,也都被清除了,高英已成真正的孤家寡人,不再是一个威胁。

王显被捕后,连口喊冤,抓捕他的直阁(御前侍卫)"以刀镮撞其腋下,伤中吐血"。以刀镮撞击两胁,造成内脏损伤,表面却看不出来。卫士把王显押解到宫城以南、阊阖门外、铜驼街西的右卫将军府,那里是侯刚的地盘。王显到右卫将军府后"一宿死",高肇在朝中最有力的盟友就这样不复存在了。

非常可能,以上这一切都发生在宣武帝驾崩的丁巳(2月12日)夜至戊午(2月13日)晨之间。

这个混乱却关键的夜晚过去之后,到第二天,诏告百官,大赦天下。第三天(己未,2月14日),派人前去追赶高肇等西征诸将,下令罢军回师。《魏书·肃宗纪》:"己未,征下西讨东防诸军。"到这一天才正式通知西征大军(以及派到东边配合西征以防萧梁的军队),显然是因为针对高氏势力的内外安排需要两天才基本停当。这些安排中,一个重要却不大为人注意的人事调整,是让元匡接任王显空出来的御史中尉职位。宣武帝中后期,朝臣中曾公开顶撞高肇并遭受迫害的,只有一个元匡。据《北史·景穆十二王传》所附《元匡传》,元匡"性耿介,有气节"。《魏书·景穆十二王传》附《元匡传》:"(元)

匡与尚书令高肇不平，常无降下之色。"《北史》还有一段更形象的文字：

> 时宣武委政于高肇，宗室倾惮，唯匡与肇抗衡。先自造棺，置于听事，意欲舆棺诣阙，论肇罪恶，自杀切谏。肇闻而恶之。后因与太常卿刘芳议争权量，遂与肇声色。

于是御史中尉王显弹奏元匡，有关部门"处匡死刑"，宣武帝则只是把他"降为光禄大夫"。元匡极有个性，所造的棺材对付高肇没有用上，存放在一所寺庙里，后来他跟任城王元澄对抗上了，又想把这棺材抬出来用。就是这么一个人，于忠和崔光要利用他和高肇的仇怨，把他紧急提拔为御史中尉，让他在肃清高氏势力方面发挥作用。当然，一个如此耿介强直的人，不会一心只当别人的棍棒，不会一直受派别集团的边界限制，最终也会回过头乱打一气。后来元匡把火力先后对准于忠和元澄，给他自己带来巨大的麻烦。当然这是后话。

己未这一天，还出现了于忠和崔光不曾料到的紧急事态。当他们安排辅政人事时，只想到用"属尊望重"的元雍来压倒高肇，却没有想到宣武帝的几个弟弟也有自己的想法。特别是宣武帝的同母弟广平王元怀。对他来说，高肇也是舅舅，高英也是表妹，一起共事完全没有障碍。大概正是怀着这个念头，他在己未这一天入宫，把重要官员都叫过来，表示要哭临大行皇帝，还要见小皇帝。这么做，摆明了是要夺取辅政大权。《魏书·崔光传》：

> 帝崩后二日，广平王怀扶疾入临，以母弟之亲，径至太极西庑，哀恸禁内，呼侍中、黄门、领军、二卫，云身欲上殿哭大行，又须入见主上。诸人皆愕然相视，无敢抗对者。（崔）光独攘衰振杖，引汉光武初崩，太尉赵憙横剑当阶，推下亲王故事，辞色甚厉，闻者莫不称善，壮光理义有据。（元）怀声泪俱止，云："侍中以古事裁我，我不敢不服。"于是遂还，频遣左右致谢。

宣武帝似乎很不待见自己这个同母弟，从没有让他进入权力中心。即使不考虑这个因素，如果于忠和崔光把他拉进辅政的核心圈子，他一定会保护高肇，那样整个局面就会大变。但要堵住元怀夺权之路，不能只靠崔光效法东汉赵憙"横剑当阶，推下亲王"，还得在人事格局上让元怀不好再争。《魏书·肃宗纪》："庚申（2月15日），诏太保、高阳王雍入居西柏堂，决庶政，又诏任城王澄为尚书令，百官总己以听于二王。"这样就在形式上确定了元雍、元澄二王辅政的格局，二人的资历是其他宗王都比不上的，元怀自然不敢再争。这也决定了朝堂内外，再没有人为高肇说话。

接下来，洛阳上层都紧张地关注着西边的消息。虽然难知细节，以情理推，孝明帝"告凶问"的诏书从发出到抵达至少要十来天，"朝夕悲泣，至于羸悴"的高肇赶回洛阳，也需要差不多同样长的时间，那就到了二月上旬。可想而知，洛阳朝廷对他每天的行程一定十分清楚，报告他行踪的人员一日多批地出入洛阳，络绎于道。二月庚辰（515年3月7日），高肇抵达洛阳西郊，驻马不进，宿于城西的瀍涧驿亭。而同一天，洛阳宫里举办隆重仪式，尊皇后高英为皇太后。两件事发生于同一天，一定不是巧合。洛阳宫上演这场戏，当然是做给高肇看的，目的是让高肇安心进城。

据《北史·外戚传》，高肇住进瀍涧驿亭后，家人前来相迎，恐怕也是执政者特意放出来转告有关皇太后的消息。心事重重的高肇不见家人，继续他的忐忑不安。次日一早（515年3月8日），高肇从驿亭出发，东入洛阳，"直至阙下，缞服号哭，升太极殿，尽哀"。高肇在宣武帝的梓宫（棺材）前大哭一场，行礼完毕，司礼官引导他往西，似乎是到太极殿西侧的西柏堂见高阳王元雍，见之前先到紧挨西柏堂的舍人省（中书舍人值班的地方）休息。

元雍和于忠早已安排十多名直寝壮士埋伏在舍人省内，其中有后来成为北魏后期著名将领的伊瓮生。司礼官引导高肇走过太极殿西庑,前往舍人省时,在一旁行丧守孝的众多王公贵人都知道接下来会发生什么,难免指指点点,窃窃私语,其中就有曾和高肇发生过正面冲突的清河王元怿,以及一直小心翼翼不敢得罪高肇的任城王元澄。照说广平王元怀也应该在场,如果他在场,大概是会有点为舅舅感到难过的。高肇一踏入舍人省,"壮士搤而拉杀之"。然后辅政诸人"下诏暴其罪恶,称为自尽"。因暂时不愿牵扯太广,诏书特别强调"自余亲党,悉无追问",只对高肇本人"削除职爵,葬以士礼"。一直等到黄昏时分,街上行人稀少之时,"乃于厕门出其尸归家"。

据《北史》,高肇的败亡在出征时已见其兆。从洛阳出发前,他跟西征诸将二十多人一起,进入皇宫,到太极殿东堂辞别宣武帝,"亲奉规略"。入宫时,高肇的坐骑留在太极殿宫院的西门神虎门外,这匹骏马突然"无故惊倒,转卧渠中",极其狼狈地倒在门边的沟渠里,马背上的鞍具都折腾得破碎了。这一场景,当然足以引发"众咸怪异"。高肇辞别皇帝,出了神虎门,正待上马启程,却见到这番景象,"恶焉"。对事后诸葛亮们来说,这算是预言了三个月后高肇的下场。

25　灵后胡氏

高肇一死，执政诸臣看得很清楚，高氏势力中仍有潜在威胁的只剩下皇太后高英。按照制度与传统，在皇帝幼小、出现皇权停摆时，皇太后是唯一有制度性权力填补这一真空的。辅政者如果不能除掉皇太后（如孝文帝死后六辅之对付大冯），那么往往只好容忍她挟持幼君、以皇帝名义执政，从而分享或制衡辅政大臣的权力。对于延昌四年（515）春的辅政诸臣来说，他们最大的幸运是充华胡嫔的存在。在道武帝之后的北魏历史上，皇帝即位后生母仍然健在，这并不是第一次，上一次是文成帝即位时。[1] 与上一次不同的是，这一

---

[1] 文成帝的生母是郁久闾氏，死后追尊为恭皇后。《北史·后妃传》说她"生文成皇帝而薨"，《魏书·皇后传》说她"世祖末年薨"，都是不准确、不清晰的。据《魏书·高宗纪》，文成帝即位在正平二年（兴安元年）十月戊申（452年10月31日），郁久闾氏死在兴安元年十一月甲申（452年12月6日），十八天后的壬寅（452年12月24日）追尊为恭皇后。

次辅政诸臣的目标是抵制皇太后（文成帝即位时不存在这种情况）。把皇帝生母拉进这个角斗场，至少可以部分地打破皇太后主张自己制度性权力的可能。这一点，在宣武帝病死的那个夜晚，崔光和于忠就已经想到了。所以，他们为了哄骗高肇乖乖入城，就在高肇抵达洛阳西郊那天，尊高英为皇太后。

高肇死后，辅政诸臣立即整顿高层人事，重分蛋糕。据《魏书·肃宗纪》，二月癸未（515年3月10日），就是高肇死后第三天，按照资历拜命新的三公：高阳王元雍以太傅领太尉，班位最高，其次是清河王元怿任高肇腾出来的司徒，广平王元怀任元怿腾出来的司空。当然，接下来其他职务都有一番大调整。半个月后，大概权力分配和政治斗争战利品的分配告一段落，己亥（515年3月26日），"尊胡充华为皇太妃"。也许出于早已协商好的安排，胡氏尊为皇太妃五天后，三月甲辰（515年3月31日），"皇太后出俗为尼，徙御金墉"，彻底被排斥到权力场以外。高英出家为尼，法号慈义，墓志和《北史》都说她出家之地在瑶光寺。这里说"徙御金墉"，是指出家后她被移出北宫，先到了金墉城。出于安全考虑，执政者会先控制她一段时间，不知这段时间有多长，总之她后来进了瑶光寺。

铲除高氏之初，辅政大臣名义上以高阳王元雍为首，形式上是元雍与于忠二人分司内外的共治,其实是于忠大权独揽。元雍能力有限,自孝文帝至宣武帝都看不上他。《魏书·献文六王传》之《高阳王雍传》说他"识怀短浅,又无学业,虽位居朝首,不为时情所推","不能守正匡弼,唯唯而已"。真正掌权的是于忠。《魏书·于忠传》:"忠既居门下(侍中),又总禁卫(领军),遂秉朝政,权倾一时。"手上握有禁军,同时又掌握了百官表奏的最终处理权和皇帝诏敕的颁发权,自然"权倾一时"。

《高阳王雍传》载元雍上表回忆于忠擅权时期,"诏旨之行,一由门下,而臣出君行,不以悛意",意思是诏书都由门下省发出,而于忠作为门下省第一号人物,实际上成了诏书的来源。他还说于忠以禁军统帅职务,阻断了小皇帝与辅政诸臣的联系,身为朝宰的元雍却见不到皇帝,"于忠身居武司,禁勒自在,限以内外,朝谒简绝"。正是因此,于忠掌握了最重要的人事任命权,用元雍的话说,就是"令仆卿相,任情进黜,迁官授职,多不经旬,斥退贤良,专纳心腹,威振百僚,势倾朝野"。

这样就引发了元雍所代表的外朝与于忠所控制的内朝之间的斗争。

于忠虽然握有实权,但班位还不算高。他对元雍说,宣武帝生前同意过给他"优转",就是提高级别。《魏书·于忠传》:

"（元）雍惮忠威权，便顺其意，加忠车骑大将军。"于忠过去只是二品上，现在提高到一品下，而且在一品下的官职中车骑大将军的位次排在仪同三司之前，可谓大大优转。满足这一点之后，于忠又表示自己在宣武帝去世后，"有安社稷之功"，明示暗示希望在爵位方面有点奖励，其实就是希望封公。封公的事要由三公提出来，当时的三公元雍、元怿和元怀不好驳他的面子（"难违其意"），"议封忠常山郡开国公，食邑二千户"。于忠不太好意思一个人得这么大的好处（"难于独受"），又让人提出"同在门下者皆加封邑"。

《魏书·郭祚传》："领军于忠恃宠骄恣，崔光之徒，曲躬承奉，（郭）祚心恶之，乃遣子太尉从事中郎景尚说高阳王雍，令出忠为州。"郭祚是尚书左仆射，曾做过太子少师，算是孝明帝的"师傅"，属于资历和名望都非常高的重臣。他认为应该警惕权力膨胀的于忠，于是派自己的儿子郭景尚去见元雍，建议把于忠调离洛阳，外出担任州刺史，这就意味着解除他的侍中和领军两个关键职务。同有此心的还有度支尚书裴植和都水使者韦儁，当然他们也代表一个不小的势力。元雍可能被他们说服了，但还没有来得及做什么，却被耳目广布的于忠抢先下了手。《魏书·于忠传》：

> 尚书左仆射郭祚、尚书裴植以忠权势日盛，劝雍出忠。

忠闻之,逼有司诬奏其罪。郭祚有师傅旧恩,裴植拥地入国,忠并矫诏杀之。朝野愤怨,莫不切齿,王公已下,畏之累迹。又欲杀高阳王雍,侍中崔光固执,乃止,遂免雍太尉,以王还第。自此之后,诏命生杀,皆出于忠。

前面说过,于忠跟宣武帝说"臣无学识,不堪兼文武之任",宣武帝也承认他文化不高。那么,他怎么能熟练地应付朝堂上这些需要一点复杂技术的政治斗争?《北史·魏诸宗室传》之《常山王遵传》记拓跋遵的后人元昭在宣武帝死时,以黄门郎在禁中值班,发挥过重要作用,之后"曲事"于忠,"忠专权擅威,枉陷忠良,多昭所指导也"。于忠的另一个军师是名臣李崇的长子李世哲。《魏书·李崇传》说李世哲在高肇、刘腾当权时跟他们"亲善",因善于钻营,世号"李锥"。《魏书·于忠传》说于忠当权,李世哲找关系靠近他,"遂被赏爱,引为腹心,忠擅权昧进,为崇训之由,皆世哲计也"。原来于忠有元昭、李世哲这样的人在背后出谋划策。既然元昭以及其他谋士能指导于忠"枉陷忠良",自然也会指导他谨慎面对"朝野愤怨,莫不切齿"的局面。

一方面杀害形象好名望高的郭祚、裴植等人,另一方面还把宗室中"属尊望重"排名第一的高阳王元雍赶出朝廷,朝中已无人可以制衡于忠,这也意味着他突然把自己置于非常危险的境地。[1]《魏书·于忠传》:"于氏自曾祖四世贵盛,一皇后,四赠三公,领军、尚书令,三开国公。"这种荣耀到于忠达到巅峰,但巅峰也是最危险的时刻。可能出于元昭等人的策划,于忠明白自己必须做点什么才能稍稍闪避朝野的怒视和狐疑,而皇太妃胡氏再一次成为他的方便工具。

据《魏书·肃宗纪》,于忠发出诏书诛杀郭祚、裴植等,逼迫元雍解除官职"以王还第",发生在延昌四年八月乙亥(515年8月29日)。第二天,即八月丙子(515年8月30日),于忠就采取行动,"尊皇太妃为皇太后"。之前,杀高肇的权臣于忠、元雍、崔光等,为自身长远安全而逼迫高英出家。现在于忠排挤了辅政朝宰元雍,杀害尚书省高级官员多人,当必须向朝野表明自己全无危及皇权的野心时,又不得不抬出胡氏来填补高英的位置。他相信,以他在宣武帝死后从高英手下救过胡氏的大功,胡氏对他只有感激,全无威胁。

然而,也许他始料未及的是,胡太后远比高太后更有性格、更有能力。《北史·后妃传》:"(胡)太后性聪悟,多才艺,姑既为尼,幼相依托,略得佛经大义。亲览万机,手笔断决。"经历了内宫十余年的艰难磨砺,她已从一个天真少女成长为颇

---

[1] 这种危险就是《魏书·于忠传》传末史论所说的:"苟非女主之世,何以全其门族?其不诛灭,抑天幸也。"

有见识的成熟女性。高英出家,虽然获利最大的是胡氏,但这并不是她主动操作的。她那时初得解放,连亲生儿子都还没见到,自然没有能力排挤高太后。被尊为皇太后固然是她的一大梦想(或者是她过去都不敢梦想的),可是同样,这也不是她自己可以争取的,而是于忠和元雍争权、朝中政局发展的结果。如果于忠和元雍(及二人所代表的政治势力之间)不生嫌隙,或至少维持某种平衡,那么胡氏可能会一直枯坐别宫,短时间内连儿子都见不到。从少年入宫到现在,她一直是被动的,逆来顺受,任凭命运摆布。不过,从被尊为皇太后开始,她终于可以主宰自己的命运了,因为她知道如何利用制度赋予的自由空间,来为自己争利益。

胡太后要争的第一个利益,是和自己的儿子团聚。据《肃宗纪》,胡氏被尊为皇太后在八月丙子(515年8月30日),十二天之后的八月戊子(515年9月11日),"帝朝皇太后于宣光殿"。宣光殿是后妃所住的北宫的正殿,孝明帝从中宫的显阳殿经永巷门来到北宫,在宣光殿见到自己的母亲,对孝明帝来说,这是他平生第一次。自从五年半以前分娩成功,母子立即被分离,那时胡氏可能都没有机会,或没有力气认真看一眼孩子。重聚之时,按照那时的算法,孝明帝已经六岁半,可以说是七岁了。虽然史书不载,可以想象二人必是涕泪涟涟。

胡太后既然与儿子相聚,自然不会放他离开,从此母子要同吃同住了。这样，于忠与皇帝之间就出现了一道新屏障。尽管于忠作为侍中仍然出纳王言，但王言的具体内容却不再完全由他说了算，而要经过胡太后这一关。同日发布诏书，大赦天下，以庆贺皇帝与皇太后重聚。第二天（9月12日），颁布诏书，调整元雍去职之后的三公，元怿代替元雍以太傅领太尉，元怀以太保领司徒，元澄从尚书令升为司空。再过一天（9月13日），于忠得到元澄腾出的尚书令。据《魏书·于忠传》，于忠这一次新得到的职务是仪同三司、尚书令、领崇训卫尉，同时"侍中、领军如故"。尚书令已是朝官之最，离三公只有一步之遥了。不过也许在于忠看来这还只是正常升迁，而得到崇训卫尉一职就很不寻常了。胡太后在北宫住在崇训宫，她肯给于忠加崇训卫尉，是显示把自己的安全防卫完全交到他手里，显示了极大的宠信。

胡太后一开始就表现出相当的政治智慧，她对于忠的宠信是一种交换，要交换的是于忠支持她临朝称制。据《魏书·肃宗纪》，八月壬辰（515年9月15日），"群臣奏请皇太后临朝称制"。临朝称制，就是制度性的皇太后代替皇帝行使皇权。称制，是代表皇帝说话，特殊情况下大臣也可以称制。但在制度意义上，临朝称制的几乎只能是皇太后。看不惯或敌视于忠的内外朝官，当然希望以太后临朝称制来制约或削弱于忠的威权，所以一定会有很多大臣附和这一提案。但是，如果于忠坚决反对，他也一定能找到办法阻止这一提案得到批准。只不过，胡太后刚刚向他表达了无比的亲近姿态，显然听政后也不会对他有什么不利，他有什么必要去冒险抵制呢？这大概是于忠那时的基本心态。

不知是不是于忠犹豫不决，或宫廷内外另有势力需要协调协商，具体情况已无从了解，但看起来并非一帆风顺，而是过了十三天才有结论。《魏书·肃宗纪》："九月乙巳（515年9月28日），皇太后亲览万机。"这是胡太后在北魏政治史上崛起的时刻。今后许多年里，北魏政治的许多发展，至少在表面上，就要以她为中心了。跟以前相比，女主听政的最大不同，是太后要真正与百官见面，听他们汇报政务，当场作出决定。这是朝官都在场、都见证的，辅政权臣没有办法在中间制造一个可由自己控制的间隔。只要太后和皇帝在一起（这是太后临朝听政的必要条件），就没有人能够以皇帝的名义反对太后。太后的意志以诏敕的形式下达，胆敢违抗者就是与北魏国家机器对抗。

在冯太后于太和十年（486）结束听政之后，整整三十年过去了，现在再次出现了女主听政。

胡太后听政后要做的第一件大事，就是把于忠从权力中心赶出去。在朝廷，宣武帝的几个弟弟，特别是清河王元怿，可能会是太后的重要智囊。在内宫，曾救过她性命的宦官刘腾也会给她出主意。因此，胡太后对付于忠显得非常讲策略，是分阶段、分步骤的。第一步，解除他的侍中和领军职务，特别是后者，剥夺其军权才能从根本上消除隐患。《魏书·于忠传》："灵太后临朝，解忠侍中、领军、崇训卫尉，止为仪同、尚书令，加侍中。"解除了这些内朝职务之后，又给他"加侍中"，显然是为了宽慰他，可是加侍中不是侍中正员，且很可能只是一个名义，不能如正牌侍中一样在禁中上班。另外一个宽慰于忠的措施，是拜于忠的夫人元氏为女侍中，赐号范阳郡君。这位元夫人比于忠有文化，史称"微解诗书"。这可能发生在十月至十一月间。

当然，被解除了那么多职务之后，于忠还是尚书令，是行政执行机构尚书省的首脑，号称端右，是非常显要的。又过了十来天，才进入第二步。太后在崇训宫见门下省的侍官（侍中、黄门郎等），问道："（于）忠在端右，声听何如？"众人都回答："不称厥位。"于是下诏，外派于忠去担任冀州刺史。这个过程中，于忠基本上没有抵抗的机会，有的只是担心情况会更糟。好在胡太后念他救命有功，虽然后来元雍、元匡等请求加以重罪，太后都替他遮挡了，算是"软着陆"，后来竟得善终。

此后四年，都是胡太后临朝称制。

这四年间，与我们所关注的老尼慈庆相关的，主要是一些人物的死亡。对于这样一个上了年岁的人，她听到的消息中最能引发她关切的，总是那些在她生命中出现过、重要过的人的死亡。首先是胡太后的姑母比丘尼僧芝的去世。据僧芝墓志，僧芝在熙平元年正月十九日（516年3月7日）夜分，"终于乐安公主寺"，享年七十五岁。她总算看到了侄女荣耀时光的到来，侄女对她的报答只能是隆重安葬。但似乎下葬很快，墓志说"其月廿四日辛卯迁窆于洛阳北芒山之阳"。照说胡太后会参加丧礼，但也许只是其中某一个环节。慈庆也一定会前去吊丧。慈庆可能早在平城宫时就认识僧芝，后来在洛阳宫出家后一定与她联系更多。考虑到慈庆年事已高，未必能去送葬，另外我们知道的一些人物，比如一年前出家的宣武帝皇后高英（现在是比丘尼慈义），一定会去参加。还有孝文帝的废皇后小冯，以及王肃的前夫人谢氏，如果她们这时都还健在，也一定会参加，因为她们都是僧芝的弟子。

一年多以后，熙平二年三月丁亥（517年5月2日），广平王元怀病逝。元怀是慈庆抚育过的，应该一直都有一些联系。如果慈庆参加元怀的葬礼，她应有机会见到高猛和他妻子长乐公主元瑛。元瑛对慈庆，应该也有她哥哥宣武帝那种感情。如果高英也来吊丧，慈庆跟她当然毫不陌生。相见说起往事，必有万千感慨。

再过一年半，高英也去世了。

于忠等辅政大臣在延昌四年三月甲辰（515年3月31日），逼迫皇太后高英"出俗为尼"，一开始"徙御金墉"，后来进入瑶光寺。据僧芝墓志，高英出家后拜僧芝为师。高英墓志说她"帝崩，志愿道门，出俗为尼"。《北史·后妃传》："寻为尼，居瑶光寺，非大节庆不入宫中。"高英出家后，她的女儿建德公主就由胡太后抚养。《魏书·皇后传》："建德公主始五六岁，灵太后恒置左右，抚爱之。"高英年纪轻轻（出家时大概只有二十五六岁，死时不到二十九岁），突然暴死，是胡太后安排的。

《魏书·肃宗纪》："（神龟元年九月）戊申（518年11月14日），皇太后高氏崩于瑶光寺。"高英墓志："以神龟元年九月廿四日（518年11月12日）薨于寺。"墓志记高英死日比《魏书》早两天，但两者都说她死于瑶光寺。其实高英死在自己母亲家里。高英的父亲高偃死于太和十年，母亲王氏辛苦带大了几个孩子。高英拜皇后的第二年，王氏被封为武邑郡君。据《魏书·皇后传》，那段时间（应该不是一天而已），高英离开瑶光寺回娘家看望母亲。偏偏这一天"天文有变"，出现了不利于后宫之主的天象。什么天象呢？《魏书·天象志》："闰月戊午，月犯轩辕，又女主之谪。"《天象志》的这一部分不是魏收书原文，可能是用唐人书补的，时间错误很多。神龟元年闰月在七月[1]，但闰七月没有戊午日。随后的小字注占文也问题多多："月犯轩辕，女主忧之。其后皇太后高尼崩于瑶光寺。……胡太后害高氏以厌天变，乃以后礼葬之。"概而言之，所谓"天文有变"就是月犯轩辕，占曰"女主之谪"。照说这种祸事会应在胡太后身上，她当然要想办法转移给别人。于是她想到了前皇太后高英、现在的比丘尼慈义。《北史·后妃传》："灵太后欲以当祸，是夜暴崩，天下冤之。"

按胡太后的指令，高英在母亲家里被杀害，然后"丧还瑶光佛寺，殡葬皆以尼礼"。根据高英墓志，主持和参与丧事的是"弟子法王等一百人"。这里说的"弟子"，可能并不是高英／慈义的弟子，而是"佛弟子"的省称，指瑶光寺与高英有关联的比丘尼，当然她们中一定有不少本是宫女，是在高英出家时随她成为比丘尼的。高英下葬时间在十月丁卯（518年12月3日）。据《魏书·礼志》，当皇帝（其实是胡太后）问如何安排葬礼时，朝臣建议"内外群官，权改常服，单衣邪巾，奉送至墓，列位哭拜，事讫而除。止在京师，更不宣下"。既不是正常的比丘尼葬礼，也不是皇太后葬礼，算是某种折中之后的简化。

前往北邙山送葬的一定有高猛夫妇。那时高家在世的人

---

[1] 陈垣：《二十史朔闰表》，古籍出版社，1956年，第73页。

尽管还有一些，不过都成了明日黄花，只有高猛的妻子长乐公主元瑛以宣武帝同母妹的身份，尚能得胡太后礼待，仍然活跃在宫廷内外。老尼慈庆是否会去吊丧、送葬，已无从猜测。

接下来，是一个慈庆必定会参加的丧葬仪式，不过并非新丧，而是改葬。胡太后对一个早在二十三年前就已去世并安葬的人，举行隆重的改葬，这个人就是宣武帝的生母、孝明帝的祖亲高照容。《魏书·肃宗纪》："是月（神龟二年正月），改葬文昭皇太后高氏。"高照容墓志残存文字也提到改葬时间在神龟二年（519），只可惜接下来的月日已严重残泐。[1] 有证据显示，至迟在前一年高英下葬后不久，胡太后就考虑要给高照容重新安葬。比如，《魏书·礼志》记神龟元年十一月尚书省祠部曹预备改葬事，就与典礼相关的皇帝、皇太后和群臣服制，发符给国子学士要求给出意见，崔光因兼国子祭酒，最后代表众学士上报他们讨论的结果。高英死后，殡葬皆以尼礼，不得配飨世宗，那么将来胡太后死后，是不是可以配飨呢？这次改葬高照容，就是为将来做准备。

《北史·后妃传》："（文昭皇）后先葬在长陵东南，陵制卑局。"高照容以普通妃嫔身份，陪葬于孝文帝的长陵陵园，

---

[1] 罗新、叶炜：《新出魏晋南北朝墓志疏证》，第86—87页。

时在太和二十年（496），孝文帝健在，大冯当道，当然不会隆重其事，所以坟墓规模较小，所谓"陵制卑局"。宣武帝亲政后，追尊为文昭皇后，配飨高祖，但并没有改葬，只是在原来封土之上扩大规模，增大了封丘，所谓"因就起山陵，号终宁陵，置邑户五百家"，做了表面功夫，实未涉及封土之下的墓室棺椁。

据《北史·后妃传》，到神龟二年正月，在胡太后主持下，"更上尊号太后，以同汉晋之典，正姑妇之礼，庙号如旧文昭"。据《魏书·皇后传》，这句话实际出自孝明帝的诏书："文昭皇太后尊配高祖，祔庙定号，促令迁奉，自终及始，太后当主，可更上尊号，称太皇太后，以同汉晋之典，正姑妇之礼。庙号如旧。""姑妇之礼"，是指胡太后与高照容之间的婆媳关系，因胡太后在这次改葬大典中要自为丧主，所以须正其礼。可是，什么是汉晋之典呢？

孝明帝诏书还提到"废吕尊薄，礼伸汉代"，指的是汉文帝生母薄姬故事。薄姬虽在汉文帝时尊为太后，死后未入刘邦长陵，而在文帝的霸陵附近独营一陵，且未得配飨高庙。东汉初，光武帝刘秀建武中元元年十月甲申（56年11月15日），派司空冯鲂告祠高庙，称"吕太后不宜配食高庙，同祧至尊"，而"薄太后母德慈仁，孝文皇帝贤明临国，子孙赖福，延祚至今"，于是，"其上薄太后尊号曰高皇后，配食地祇，迁吕太后庙主于园,四时上祭",是为尊薄黜吕。[1] 光武帝"废吕尊薄",显然是考虑为身后立规矩。这就是所谓汉典。所谓晋典,是指东晋的简文宣郑太后。郑太后是晋元帝称帝前所纳的妾,是简文帝的生母,虽然简文帝即位后并没有尊她为太后,而简文帝之子孝武帝却追尊祖母为简文太后。[2] 很显然,所引据的汉晋之典,都事关皇帝生母应该享有正宫地位。诏书倡言"废吕尊薄",表面上取譬当今之抑黜大冯、尊崇高照容,实际上,是为将来胡太后自己终得配飨宣武帝,预做制度和理论的安排。

改葬高照容,就是在孝文帝长陵西北不远处(相距六十步),另挖墓穴,然后打开宣武帝时所增扩的终宁陵,向下挖了好几丈深,取出棺椁,移入新挖的陵兆。《北史·后妃传》:"迁灵榇于长陵兆内西北六十步。"因为极大地靠近了长陵,可以算是祔葬。然而,在终宁陵取棺椁时,棺上卧着一条大蛇:"初,开终宁陵数丈,于梓宫上获大蛇,长丈余,黑色,头有王字,蛰而不动,灵榇既迁,还置蛇旧处。"据此,移棺时必定先移开大蛇,棺椁迁入新陵之后,又将这条仍在冬眠状态、"蛰而不动"的大蛇,放回棺上。

这一盛大隆重的改葬仪式,自胡太后和孝明帝以下,内

---

[1] 《后汉书》卷一下《光武帝纪下》,中华书局标点本,1965年,第83页。
[2] 《晋书》卷三二《后妃传》,中华书局标点本,1974年,第979—980页。

外百官、朝野僧俗，不知有多少人参加。高照容的儿女中现在只有长乐公主元瑛在世，她和丈夫高猛自然会参加。高家诸人一定也会参加。还有在高照容身边服务过的宫女宦官们，如宫内司杨氏，不用说也会参加，他们中就有老尼慈庆。当然，这一大典其实不是关于高照容的，高照容不过是文章的题目，文章的内容还是胡太后自己。胡太后"自为丧主"，在全部仪典中始终居于中心位置。只是，对于慈庆和长乐公主这样的老人、家人来说，她们大概多少会感激胡太后此举。无论如何，对于岁月未能弥平的伤害，这样的哀荣多少是个安慰。

这一年老尼慈庆八十一岁。至迟从孝明帝即位以来，她已隐入洛阳宫高墙华屋的暗影深处。只在很少的时刻，比如高照容改葬大典，我们知道她一定会出现，不过即使我们那时在场，也不大可能看得见她。一个团缩龙钟、昏眊重腿的老尼，在车水马龙、人山人海之中，不过是一片若有若无的轻尘。

余音：时间休止

就在改葬高照容之后大概不到一个月，即神龟二年二月庚午（519年4月5日），洛阳城里发生了一起引人注目的群体事件。《魏书·肃宗纪》："羽林千余人焚征西将军张彝第，殴伤彝，烧杀其子始均。"《魏书·张彝传》详细记录了这一事件的始末。张彝十四五年前想娶陈留公主，得罪了同样有这心思却被公主嫌弃的高肇，于是给他找麻烦，迫使他"停废"了一些年，即无官可做，从而也破坏了他和公主的婚事。后来张彝中风，几乎成了偏瘫，经过努力锻炼，"稍能朝拜"。这当然限制了他的仕宦，但他还是关心朝政，孜孜不休。他的第二个儿子张仲瑀大概在这一年年初，在张彝的支持下，奏上一件有关改革官员选拔制度的封事。

官员选拔制度是政权职务的分配体系，而皇朝政治的最重要资源是政权职务。除了皇朝草创期,这个资源与需求之间从来不可能是供过于求的。但不同时期的供给方式存在很大差别,供给配比的变化造成需求市场的结构性变化。北魏平城时代武重于文,世代兵将的代人求财逐利只靠弓马驰骤,贵胄子弟加入羽林虎贲不愁没有好发展。然而随着皇朝偏向引入越来越多的文治型人才,原羽林虎贲型人才仕进之路变得越来越窄。战事减少固然是百姓之福,但对于切望在战场上立功积劳以求升官的武人来说,并不是好消息。尉陵墓志:"孝明之始,四海无波,贯鱼以次,难用超越。"[1]《魏书·山伟传》:"时天下无事,进仕路难,代迁之人,多不霑预。"都是说宣武帝和孝明帝时期洛阳代人子弟的升迁困境。

当然,代人子弟中有不少因应时代变化,成功实现了文化转型,但更多的还是固守传统。这种情况下,选官方面的微小变化,都会牵动好多人的利益。高肇声誉不佳,跟他选官时损害武官利益有关。《北史·外戚传》:"(高)肇既当衡轴,每事任己,本无学识,动违礼度,好改先朝旧制,减削封秩,抑黜勋人,由是怨声盈路矣。"勋人主要集中于禁军,"抑黜勋人"自然在禁军树敌极多。于忠能够顺利击溃高氏势力,与这个背景有很大关系。

---

[1] 侯璐(编著):《保定出土墓志选注》,河北美术出版社,2003年,第4—7页。

余音：时间休止

张仲瑀所上封事的内容，是"求铨别选格，排抑武人，不使预在清品"。按张仲瑀这个建议，选官时要区别文武，候选官员按出身分为文武，两者各成一个序列。官职有文武清浊之分，所谓清品是指某些品秩不高但名誉特好的职务，经历这些职务的一大好处是此后的升迁速度会特别快。如果把武官序列候选人排除在这些清品职务之外，意味着他们今后的升迁更慢，声誉更差，由此衍生的经济利益更糟。

这种提议能够提出来，说明朝中文士出身的官员占比已相当大。回到十年前，无法想象有人敢提这样的建议，而这在平城时代必会招致灭顶之灾。不过，即使时代已经发生了很大变化，提这样的建议也是公然与众多中下层禁卫武官为敌。在羽林虎贲中，因文化转型、制度变革所带来的失意和不满，积累已久，酝酿已深，早就在寻找一个爆发口。张仲瑀上的明明是封事，即不对外公开的秘密上奏，可有人及时把这份文件（或只是部分内容）散布到社会上。羽林虎贲立即就炸锅了。

据《魏书·张彝传》，在庚午日攻击张彝宅之前，有过好几天的串联、动员和组织："由是众口喧喧，谤讟盈路，立榜大巷，克期会集，屠害其家。"这样公开宣传组织，朝廷不以为意，张家亦泰然处之，似乎都不信真的会发生什么。"（张）彝殊无畏避之意，父子安然。"行动不便的张彝没想到出去躲躲,他的儿子们竟也全不担心。到二月庚午(4月5日)这一天,羽林虎贲聚集了近千人,一开始显得像是和平游行,都不带兵仗。他们先到了尚书省,因为张彝的长子张始均以著作佐郎长兼尚书左民郎中。抗议者"相率至尚书省诟骂",希望找到张始均。恰好张始均这一天不在,尚书省紧闭大门,不放抗议者进门搜索。于是抗议者"以瓦石击打公门",闹了一通。尚书省是国家最高行政机构,被如此攻击之际,"上下畏惧,莫敢讨抑"。

街头抗议的一大特点是越来越激烈,越来越人多势众。这近千人的羽林虎贲在一起,在尚书省虽一无所得,却绝不会善罢甘休。

他们要把多年来对一切事物的不满倾泻在张家父子身上。一不做,二不休,他们点起火把,沿街夺取薪柴和可燃物,以木棍石块为兵器,冲入张家大宅。《张彝传》:"遂便持火,虏掠道中薪蒿,以杖石为兵器,直造其第。"张家大宅是比较豪侈的,张彝此前"大起第宅,微号华侈",现在众羽林虎贲进到如此豪宅,敌忾之气只会更炽。

他们冲进来时,张彝的两个儿子张始均和张仲瑀抵抗了一下,各自受伤,只好翻后院北墙跑掉了,只有行动不便的张彝留在家里。抗议者把张彝拖到厅堂之下的庭院,一顿暴揍,直打得大声悲呼。然后他们用带来的火把薪柴点燃了整个宅

余音：时间休止

第。张始均本已脱逃，这时返回，向羽林虎贲们跪拜，请求饶过老父性命。张仲瑀没有返回，是因为他已受重伤。羽林虎贲们先痛殴张始均，然后把他丢进火堆活活烧死。后来从烟灰堆里找到尸骸，从表面已无从辨认（因张宅死人众多），只凭了发髻中的一个小钗才知道哪个是他。

这一通发泄之后，羽林虎贲洋洋散去，张彝仅余微喘，被抬到隔壁的佛寺。"远近闻见，莫不惋骇。"

张彝过了两天也死了。这时张仲瑀被送到荥阳养伤，不在张彝身边。张彝死前挣扎着口述了一封上书，仍然是为张仲瑀封事背书，说"臣第二息仲瑀所上之事，益治实多"云云。朝廷如何处理呢？这近千人的羽林虎贲，很多都是官贵子弟，在朝中根深叶茂，牵连极广，当然不能都予惩治。《张彝传》："官为收掩羽林凶强者八人斩之，不能穷诛群竖，即为大赦以安众心。有识者知国纪之将坠矣。"杀了八个人敷衍一下，立即对其他人实行大赦，所有过犯不予追究。

胡太后对张彝父子的遭遇"特垂矜恻，数月犹追言泣下"，真是非常伤心的。她对侍臣说："吾为张彝饮食不御，乃至首发微有亏落。悲痛之苦，以至于此。"

可是，这绝对不意味着朝廷会采纳张仲瑀的建议。恰恰相反，因为这一事件，当朝官员发明了完全顺着羽林虎贲等人群意志的选官制度，即"停年格"。《魏书·崔亮传》："（崔亮为吏部尚书)时羽林新害张彝之后,灵太后令武官得依资入选。官员既少,应选者多,前尚书李韶循常擢人,百姓大为嗟怨。亮乃奏为格制,不问士之贤愚,专以停解日月为断。虽复官须此人,停日后者终于不得;庸才下品,年月久者灼然先用。沉滞者皆称其能。"史臣虽然倾向于批评崔亮的停年格,但不得不承认,这个办法缓和了相当一部分人的不满情绪。

《张彝传》说"有识者知国纪之将坠矣",这个"有识者"也许是有特指的,就是指东魏北齐的建国者高欢。

神龟二年二月,高欢作为北边六镇之一的怀朔镇负责送文件的小军官(函使),正好在洛阳,目睹了这场骚乱,也看到了最后的处理。据《北史·齐本纪》,高欢从洛阳回到怀朔(今内蒙古包头固阳县)后,"倾产以结客",就是尽自家财力来结交朋友。可能这是某种程度的改变,引起了亲朋故旧的注意,问他为什么要这样。高欢回答:"吾至洛阳,宿卫羽林相率焚领军张彝宅,朝廷惧其乱而不问,为政若此,事可知也。财物岂可常守邪?"史称高欢"自是乃有澄清天下之志",结交了一批"奔走之友",积攒在国家秩序解体时靠自己生存下去的人脉资源。《资治通鉴》叙此事,胡三省注云:"高欢事始此。"

高欢登场,说明历史的这一幕虽尚未结束,下一幕却已经开启。或者说,历史的中心舞台即将转移到别的地方,一大

余音：时间休止

批我们一直未曾留意的人物即将分领他们各自的角色。

　　历史就要发生重大转折了，可是，没有谁可以意识得到。这时的洛阳，上自太后皇帝王公大人，下至兵卒商贩奴婢僧尼，人人都还在旧有的生活世界里。

　　历史和故事不同：故事有主人公，有开始，有结束，历史没有。故事是江河，有源头有终端。历史是海洋，没有起点，也没有终点。

　　对于本书讲述的王钟儿/慈庆来说，她是历史的一部分，但她个人的生命有清晰的开始与结束。神龟二年之后，她还有五年的余生。这五年里，洛阳宫换了另一番景象，胡太后被软禁在北宫，小皇帝被控制在中宫，一条永巷隔开了母子，也隔开了权力。这也许给了慈庆某些机会看望小皇帝。同时,她熟悉的人,和她一起分享过奚官奴人生的人,也都一个一个离开了。比如曾一起在高照容宫中服务的宫内司杨氏,于正光二年去世,那时慈庆八十三岁。这样的人走得越多,慈庆的生命萎缩得越严重,仿佛每一个逝者都会带走她的一部分生命。我们不知道到最后,正光五年的四五月间,当她躺在昭仪寺等待迁神的那个最后时刻,她是否会回想起汝水环抱的悬瓠城,以及那些许多年许多年前的人和事。

对于我们的故事来说,时间到此就该休止了。

尽管历史还会继续。

最后,请允许我引用杜法真墓志的一句铭辞,来献给本书提到过的所有人——

魂兮永逝,名举风旋。

后 记

很多年前，初读先师田余庆先生《拓跋史探》解析子贵母死之制那几篇时，我第一次意识到王钟儿（慈庆）墓志可能蕴含着一个值得深挖的故事。田先生去世后，我开始考虑把这个故事写出来，作为尝试，几次把这个故事当作讲座主题。不过真鼓起勇气动笔，是到了2020年春天，一边在线上课，一边写王钟儿。可是随着四月底北京放松管控，忙起别的事，这个工作就暂停了。2021年春我利用给研究生开的"北朝史专题"课，把已写的部分发给同学们讨论，同时继续往下写。基本上每周在课上讨论一节文稿，同学们提修改意见，对我的帮助当然是很大的，但我不敢保证同学们会有多大收获。可是，到六月上旬课程结束时，才写到孝文帝病逝。一放假又放下了。一本小册子，竟拖拖拉拉，《漫长的余生》演化成漫长的写作。

今年春节后再捡起来，写了近两个月，终于勉强完稿。

写得如此拖沓，一个可能的解释是，我不知道这个写法是否具有学科的意义。现代历史学最鲜明的特征是解释性和分析性，不是单纯讲故事，更不是一味发感慨。讲述王钟儿的故事，谈不上太多的文献考订、史事分析或史学解释，无法紧贴某一两个备受关注的学科性主题，因此很难说是一项研究。可是我犹豫来犹豫去，无法挣脱这个故事对我的吸引，而且很显然，在完成这个工作之前，似乎也难以集中精力做别的事。尽管一定不是唯一真实的理由，我激励自己时总是说，这个故事值得讲述，因为主人公在任何意义上都是弱者和边缘人，而关心弱者、为边缘人发声，不正是当下历史学人的重要责任吗？

写作就是生米做成熟饭，出版就是木已成舟，箭已离弦。田余庆先生常常告诫学生，要追求高境界，要写有分量的作品。我随侍先生有年，训诲无时敢忘，深惭资质驽钝，愧负期许。诚如谢灵运的诗句："明月在云间，迢迢不可得。"高境界自然不容易达到，不过心中既然存了这个追求，有了这个标准，到了交稿的时候，总不免逡巡往复。

封禁之下，春已尽，夏未来，落英萧然满地。庾信有句："无妨对春日，怀抱只言秋。"

罗新

壬寅岁春夏之际于朗润园

图书在版编目（CIP）数据

漫长的余生：一个北魏宫女和她的时代 / 罗新著. -- 北京：北京日报出版社，2022.7（2025.5 重印）
ISBN 978-7-5477-4312-6

Ⅰ. ①漫⋯ Ⅱ. ①罗⋯ Ⅲ. ①中国历史－研究－北魏 Ⅳ. ① K239.210.7

中国版本图书馆 CIP 数据核字（2022）第 078523 号

责任编辑：许庆元
特约编辑：黄旭东
装帧设计：陆智昌
内文制作：陈基胜
内文插图：赵大威

出版发行	：北京日报出版社
地　　址	：北京市东城区东单三条 8-16 号东方广场东配楼四层
邮　　编	：100005
电　　话	：发行部：（010）65255876
	总编室：（010）65252135
印　　刷	：山东韵杰文化科技有限公司
经　　销	：各地新华书店
版　　次	：2022 年 7 月第 1 版
	2025 年 5 月第 10 次印刷
开　　本	：787 毫米 ×1092 毫米　1/32
印　　张	：10.25
字　　数	：190 千字
定　　价	：65.00 元

版权所有，侵权必究，未经许可，不得转载

如发现印装质量问题，影响阅读，请与印刷厂联系调换：0533-8510898